微光

师爱点亮童年

李腊华　徐小琳　杨利娟 / 著

湖南大学出版社

· 长沙 ·

图书在版编目（CIP）数据

微光：师爱点亮童年/李腊华，徐小琳，杨利娟著. —长沙：湖南大学出版社，2022.6

ISBN 978-7-5667-2565-3

Ⅰ.①微… Ⅱ.①李… ②徐… ③杨… Ⅲ.①小学教育—教育研究—文集 Ⅳ.①G622.0-53

中国版本图书馆 CIP 数据核字（2022）第 121623 号

微光——师爱点亮童年
WEIGUANG——SHIAI DIANLIANG TONGNIAN

著　　者：李腊华　徐小琳　杨利娟	
责任编辑：周文娟	
印　　装：长沙创峰印务有限公司	
开　　本：640 mm×930 mm　1/16　**印　张**：19　**字　数**：246 千字	
版　　次：2022 年 6 月第 1 版　**印　次**：2022 年 6 月第 1 次印刷	
书　　号：ISBN 978-7-5667-2565-3	
定　　价：72.00 元	

出 版 人：李文邦

出版发行：湖南大学出版社

社　　址：湖南·长沙·岳麓山　　　**邮　编**：410082

电　　话：0731-88822559（营销部），88821593（编辑室），88821006（出版部）

传　　真：0731-88822264（总编室）

网　　址：http://www.hnupress.com

电子邮箱：464827408@qq.com

前　言

这是我们深圳一线教师书写的教育教学故事。全部素材都来自我们的亲身经历，书中的人名和地名都作了化名处理。故事中的每一个孩子都是那么亲切，每个孩子都能在每所学校找到他们的身影。

本书分为五个部分，包括助力生命绽放，养成行为习惯，引导走过青春期，构建和谐家校关系以及塑造教师阳光心态，这些都是我们日常教育教学中遇到过的或者将来会遇到的十分常见的教育问题。处理这些教育问题的方法有我们从专家那里习得的间接经验，也有从有经验的教师那里习得的隐性知识，但更多的来自我们自身对教育本质更深层的思考与探寻，是对理论与实践相结合的教育智慧的总结与提炼，对一线教师的工作具有积极的指导借鉴作用。

在整理各种类型的故事中，我们提高了分析问题的能力，优化了解决问题的方法，学会了多元化的复杂性思考，从而避免了将教育工作简单化、脸谱化、僵硬化的倾向。我们还在继续努力着、实践着、成长着。

我们虽从事教育工作多年，但始终保持一颗童心。我们平时严于律己，以高尚的师德为尺子，规范自身言行，志在塑造学生美好的心灵，立志把学生培养成善良的人，提升我们的获得感和幸福感。

我们所做的也许很简单，但即使是一个微笑，一次点头，一句激励性的话语，也会影响一个孩子的一生，托起一个家庭的幸福。在专业成长的路上，纵使困难重重，我们依然不忘初心，像一束微光，引领孩子一路前行。

　　最后感谢合作伙伴徐小琳和杨利娟老师，感谢一路帮助我们成长的所有人！

李腊华

2022 年 3 月于深圳

目　次

第一章
助力生命绽放

不要抹死一只蚂蚁

"老师，一只蚂蚁如果从飞机上落下来，会怎么样？"孩子们遇到老师就问这个问题。"摔死。"吴老师、杨老师、刘老师打趣道。"不对，不对！摔不死的，它太轻了！"笑声脆生生，一阵阵的。于是老师们也毫不吝惜自己的赞美，又是一阵欢笑。

"如果它落到广袤无垠的大海里，会被淹死；如果落到人迹罕至的北极，会被冻死；如果落到一望无际的非洲大沙漠，会被烫死；如果落到印第安人的部落，它就变成了树木花草的兄弟姐妹……"

"哈哈，老师，您好有想象力。答案是它会被饿死。"还不等我问，孩子们就七嘴八舌地讲述，"因为蚂蚁的身体太轻太轻了呀，降落的速度会非常非常慢，再加上高空中的风力和各种气流的作用，所以它落下来需要很长时间，时间长到会在降落过程中饿死……科学课上老师教的。""哇，你们懂得可真多！"我伸出大拇指。自从上了科学课，孩子们突然对蚂蚁感兴趣了。

林梦梦的课桌里残存一些吃剩的面包屑，还有没喝完的牛奶，五六颗拆开包装纸的糖，导致蚂蚁云集。扫地的孩子们使劲地踩四处急急逃窜的蚂蚁，以此为乐。杨梓清把保温水杯拧开，将一股冒着热气的水泼向地面。开水迅速蔓延，来不及逃生的蚂蚁痛苦地挣扎着，一群群奔来的蚂蚁也相继丧命。梓清笑嘻嘻地喊着："太好玩了！太好玩了！"小雨等几个女生纷纷跑过来告诉我："老师，杨梓清烫死蚂蚁，太残忍了！"

"一只小蚂蚁，也是一条生命，你怎么能这么对待它呢？"我质问道。杨梓清居然理直气壮地争辩："老师，我这是为民除害。""几只小蚂蚁，又没伤到你。抽屉里没有这些吃的，也招不来它们。"我继续试着与他讲道理。"就几只蚂蚁嘛。老师，您不也很怕蚂蚁吗?"他小声嘟囔着。他指的是上次我坐在花坛边和同学谈话，突然一只小蚂蚁爬到我胳膊上，咬得我有些刺疼，我吓得惊叫起来的事。

不能随意伤害动物，要善待生命的教育并没有触动他们，蚂蚁事件还在升级。

午间，孩子们经常去花坛边，花坛里新种了一些不知名的花，不知怎的，花坛边总有一些蚂蚁来来往往。孩子们看到小蚂蚁就用棍子使劲地抽打，那样子，好像跟小蚂蚁前世有仇。有的兴致勃勃地去打开水洒在蚂蚁身上，看着一只只蚂蚁挣扎而死，他们的笑声快活肆意。还有的把小蚂蚁抓到瓶子里，盖上盖子，然后用针在盖子上扎个孔，将瓶里的空气抽干，看着小蚂蚁缺氧而死，美其名曰在探索动物奥秘。

孩子们不知道在自己看似好玩的行为中，有种叫作"恶"的东西正在滋生。围观的孩子也有极力劝谏的，也有起哄看热闹的。

我告诉自己，不要骂学生，不能体罚学生，因为这样既容易伤他们的心，又显出老师处理事件的无力感。我沉思，转而更愿意去相信，他们只是在模仿、复制某些游戏中的残忍情节。面对稚气的孩子，我的耐心、修养和教育经验受到了严峻的考验。

课堂上，我和孩子们一起分享了一篇有关蚂蚁逃生智慧的文章。"你们现在还小看蚂蚁吗?"面对我的引导，孩子们侃侃而谈：

"不，我很佩服小蚂蚁! 外层的蚂蚁在火海中牺牲自我，是为了保全整个团队。牺牲小我，成全大我，太了不起了!"

"它们抱成团，便于滚落时加快速度，这真是一种团队智慧!"

……

随后，孩子们翻开课本，开始朗读《这片土地是神圣的》这篇课文：

对我们这个民族来说，这片土地的每一部分都是神圣的。

每一处沙滩，每一片耕地，每一座山脉，每一条河流，每一根闪闪发光的松针，每一只嗡嗡鸣叫的昆虫，还有那浓密丛林中的薄雾，蓝天上的白云，在我们这个民族的记忆和体验中，都是圣洁的。

我们是大地的一部分，大地也是我们的一部分。青草、绿叶、花朵是我们的姐妹，麋鹿、骏马、雄鹰是我们的兄弟。树汁流经树干，就像血液流经我们的血管一样。我们和大地上的山峦河流、动物植物共同属于一个家园。

……

印第安人对生命的敬畏深深地打动了孩子们，人与大自然和谐共处，这样的家园多么美好！他们美美地读着。我及时抛出问题：我们能随便捏死一只蚂蚁，随便掐掉一朵花，我们还能利用大自然，改造大自然，人类真的是大自然的主宰吗？

洪水、干旱、泥石流……视频里触目惊心的画面引起孩子们的思考：不计其数的灾难正是大自然对破坏环境的人们的惩罚，人类只是自然的一部分，人类属于自然，而自然不属于人类，人类和一切生物都应当是平等的。

"老师，我爸爸给我讲过美国海洋生物学家蕾切尔·卡逊的《寂静的春天》。这本书讲的就是人与环境的关系。里面有一个片段我印象特别深刻，说有科学家预言，如果地球上没有蜜蜂，人类在地球上只能活四年。地球上生物之间关系是密切的。"一个孩子的话激起千层浪。"有这么严重吗？一只蜜蜂有这么重要？我也想看这本书。"有孩子马上回应。也有孩子惊叫："明白了，这就是蝴蝶效应！"然后滔滔不绝地分享：一只南美洲的蝴蝶扇动翅膀有可能会引发太平洋上的一场风暴……

孩子们的阅读面真广泛，懂得的可真不少！

我把孩子们的想法引向深处："不是一只蜜蜂，而是蜜蜂这个物种的消失最终会引发人类的灭亡。"孩子们惊诧不已："那不是我们自己给自己掘坟墓吗？"

我的声音变得低沉："孩子们，让我们想象一下，若干年后的某一个春天，在某个村庄里，一切声音都没有了，没有蜜蜂嗡嗡地飞来飞去，没有小鸟歌唱，没有家畜啼叫，只有一片寂静覆盖着田野、树林和池沼，这不是魔法，也不是恐怖片的剧情。这一切将有多么可怕，令人不寒而栗。而造成这一切的，正是人类自己。"

音乐声中，我带着孩子们深情地一遍遍朗诵香港诗人黄灿然的小诗：

不要抹死一只蚂蚁

不要抹死一只蚂蚁

他们是我们能见和常见的

最细小的生命

他们也像我们一生营营役役

你一根手指和一块小抹布

常常是他们的地震、海啸、种族灭绝

你已经忘了祖父怎样死于天灾或饥饿

而他们可能还在讲述你几天前顺手给他们制造的一场

横祸

他们的泪水我们看不见

他们的哀号我们听不见

他们讲述的英雄故事我们前所未闻

他们怎样为了一个种族的温饱

而被你顺手掀起的大洪水淹没

……

不要抹死一只蚂蚁

你见到这句话

即是见到一份盟约

你心里同意即是签字

……

孩子们在伤感的音乐声中轻轻地反复念："不要抹死一只蚂蚁/你见到这句话/即是见到一份盟约/你心里同意即是签字。"过后，他们纷纷发表感慨："这首诗写得太感人了！不知怎的就是让人有一种想要哭的冲动。"谁说不是呢？老师也想哭。

"老师，杨梓清哭了！""曾梓洋也哭了！""他们前几天还烧蚂蚁呢？烧死好多蚂蚁。"

孩子，哭吧！哭吧！

后来，再也没有发生孩子们残害蚂蚁的事件了。

成长感悟

曾有专家指出，没有生命的教育是现行教育的一大缺失。《人民日报》曾发文说，生命教育是教育的基础。学校通过对学生进行生存教育、发展生命的教育、死亡教育，让他们对自身、对他人、对弱小的动物等都抱有尊重和珍惜的态度。在学生受教育的过程中培养学生对社会的爱心，使学生在人格上获得全面发展。

小学生由于好奇，在探究世界的过程中往往会犯一些小错误而不自知。小学生可以从热爱身边的小动物做起，珍惜一花一草，体会生命的珍贵、生命的美丽、生命的脆弱。

当德育总是陷入一种板着面孔的说教时，或者是当老师一张嘴学生就明白老师的教育的目的时，教育效果本身就大打折扣。教育的形式有时候会影响教育的效果。如果是这样的方式，我们得到的结果往往是失败。

如果盛开的花朵需要肥沃的土壤，就让我们化为春泥伏在花的根下，当花儿含苞绽放时，谁说这不是一种幸福？

老师也曾是个迟钝的孩子

新生的第一次见面课，我精心准备。前面的活动按设计流程来，进行得很顺利。到了自我介绍环节，孩子们表现欲望十分强烈，一个个争相上台展示自己，课堂气氛异常活跃。

一个孩子点开PPT，大大方方地说："我叫林苏乐童，名字前两个字是我爸妈的姓；他们两个是音乐老师，'乐童'是他们对我的期待。我遗传了他们的音乐天赋，三年级时钢琴就已考过英皇四级了。这些是我在全国各地比赛的照片。这是在香港'肖邦钢琴音乐节'比赛时的照片。去年我也考过了书法五级，这是我的书法作品。我的成绩上学期是年级前五。这是我去年获得的奖状。我爱好阅读，在妈妈的带领下我背了好多古文。现在我给大家背诵一篇。"然后开始大段大段地背诵起来。这孩子真不错！我在心里说。每个上台的孩子不管说得如何，都会赢得掌声。这个班孩子的文化素养和心理素养都不错。

轮到最后一个孩子，他站起来说："我没什么爱好，学钢琴考了二级就放弃了。我最大的特点就是迟钝。"我愣了一下，班上也有些骚动起来。"我做什么都比别人慢两拍，说得不好听就是笨。我还有点口吃，其他没什么了。"说完就坐下了，班上顿时一阵窃笑。

我定了下神大声说："同学们，安静！天啦，徐老师怎么觉得跟你的经历好相似。你叫什么名字？"他的同桌迅速帮他报上大名："老师，他叫王梓俊。""好。梓俊，徐老师小时候也是有点迟钝。跟你说的一样，我做什么都比别人慢两拍。真的，我学一个舞蹈动作，别的同学看老师示范一遍就会，我就是学不会。我为了能和其他同学一样上台表演，回家还得一遍遍练习，第二天才能跟得上。你看就这个动作。"边说我边演示了一个双晃手的动作。孩子们笑起来，有几个女生说："老师，我舞蹈过七级了。这个动作太简单啦！"马上有女生附和："就是！就是！"

"当年我就是接受起来比别人慢。还有，跑步比赛时，我起跑总比同学慢那么一点，不知道为什么。"王梓俊笑了，站了起来，一点都不口吃地说："徐老师，你是不是怕听到发令枪的响声？"我点点头说："我没找到原因，可能是吧。反正我就是比别人慢一点。"我继续说："梓俊，我小时候也是个结巴，结巴就是口吃，不相信吧？"梓俊笑起来："老师，真的吗？"我笑着说："我小时候说话结巴。但我特喜欢唱歌，唱歌音准很好，很好听，唱歌时一点都不结巴，我也不知道为什么。我妈说，这孩子奇了！"有孩子好奇地问："徐老师，后来你怎么变得不结巴了呢？"

"孩子们，你们知道英国首相丘吉尔口吃的故事吗？"大部分孩子摇了摇头。

一个叫张章的孩子绘声绘色地说道："丘吉尔以前有很严重的口吃，他就刻苦练习，读报、说话，后来不但是个成功的首相，而且还是世界上杰出的演说家。到网上去搜一搜就能看到他的演讲视频。"我示意他坐下，说："看得出，张章同学博闻强识，是个爱阅读的孩子！我呀，小时候读了一本杂志《演讲与口才》，读到丘吉尔的故事后，就不害怕了。我学着不断地练习说话，一遍遍地说。我想我已经很结巴了，不可能变得更结巴，所以我每一天多练习，我就能有进步。后来我唱歌不结巴，说话也不结巴了。高中毕业时，我选择了读师范院校。"我捕捉到那个叫梓俊的孩子眼中闪烁出了异样的光芒。

"梓俊，你刚才说你笨，可是我想起历史上好多成功者，比如牛顿、爱因斯坦，他们小时候是大家公认的笨孩子，当年那些似乎比他们聪明的孩子，又有多少成功了呢？'天道酬勤'，勇敢地承认自己的不足，脚踏实地地去努力，那一定会成功。我们应当为你的勇气而鼓掌！"班长站起来，也大声说："我们也为徐老师的勇气而鼓掌！"一时间，掌声雷动。

后来，王梓俊在一次作文中写道：在我生命的旅程中，曾有这样一位引路人，她就是徐老师……

成长感悟

太阳因为爱，每天都是新的。在学生成长的历程中，老师一定是他们的引路人。如果老师在学生面前表现得很强势，强到足以使学生感到自己卑微无能和渺小脆弱，学生就会对教师敬而远之。因此，老师要学会"示弱"。

示弱是一种高超的教育艺术，适度示弱可以改善师生关系，使学生更自信。很多学生学业表现不理想，很多时候并不是智力的问题，而是缺乏学习动力与奋进的勇气。王梓俊的成长经历正验证了这一推断。

如果老师总是以强者自居，在学生面前放不下"权威"的身段，往往会让学生感到自己的怯弱无能，甚至是价值受损，事情可能朝反方向发展。学生对老师要么敬而远之，要么敬而仰之。示弱是适当后退，是站在和学生平等的台阶上与学生对话。示弱是激励、唤醒与鼓舞。

"我自己知道"

这段时间学校活动特别多。这不，第二节课一下课，一小半的学生就出去排练了。杨雨乔由于参加了语文节"百人朗诵团"，一边等同学，一边在走道里念念有词地背诵稿子。同样参加此项活动的鲁亮亮和王钰却在写英语作业。我纳闷：他们两个怎么不去参加朗诵团活动呢？

"你们两个怎么还在写作业？快点走啊！"雨乔站在门口，朝着他俩喊道。鲁亮亮笑着说："就你急，整天背呀背的。那么长的稿子背得下来吗？我还有好多作业要做，回家还要上书法课。"说着两人麻利地收拾好作业随雨乔一起去功能厅排练了。

过了几天，我见他们三个走进教室，笑着问："亮亮，节目准备得怎么样啦？又是朗诵节目，又是艺术节的篮球训练，可把你给忙的。"

"还好啊！"鲁亮亮笑嘻嘻地回答，又赶紧回座位做作业去了。雨乔悄悄地凑近我，说："老师，我跟您反映个问题。他们两个都不背稿的，朗诵时就是对口形。"我一下子没反应过来。

"他们两个说，这个稿子太长了，这么短的时间根本背不下来。我觉得他们是骗人的，他俩的成绩那么优秀，记忆力特别好，怎么会背不下来？然后他们说，一百多人的节目，谁在背，根本看不出来，并且有六个拿着话筒的主朗诵。配上那么响亮的背景音乐，他们站在最后一排，不出声观众和老师也听不出来。还叫我不用费那么大的力气去背稿子。"我终于听明白了。我逗她："雨乔，你也可以这样做的呀，你不出声确实没人知道。"雨乔红着脸说："老师，您怎么可以这么说呢？别人听不见，别人不知道，可是我自己知道呀！老师，您可不能出卖我呀，我告诉您这个秘密。"我答应了，一定替她保密。

"别人不知道，可是我自己知道。"回味一下这句话，的确很有意思。

直到朗诵团活动结束，我都没有提起这件事。我知道，越是优秀的孩子参加的集体活动就越多，他们既要听课，又要忙作业，还要参加活动，放学了还要参加各种艺术班，整天跟打仗似的。亮亮和王钰可是刚刚在区里的一次现场演讲大赛中取得了好成绩，我决定过一段时间再跟他们谈。

这天，我看到讲台上躺着三张朗诵团发的奖状。我让鲁亮亮上台来拿，哪知好多孩子大声笑起来，还小声夹杂着"对口形"之类的词。王钰站起来说："老师，我们不要那张奖状。他们嘲笑我们是对口形对来的，是假的。"我正在思索如何处理时，有孩子小声告诉我鲁亮亮哭了。

我没有特意处理这件事，而是继续上课，但我知道一整节课鲁亮亮和王钰都无精打采的。快下课时，我让孩子们讨论一下这件事。江琳琳首先发言："老师，以后能不能把一些表演的机会分给我们，我们也能行的。不能老是安排鲁亮亮他们几个去。他们是参加的机会多了，就不珍惜。要是我，能站上舞台去朗诵，不知道多高兴。多长的稿子我都要背下来。台上一分钟，台下十年功嘛。"马海洋发表意见："我认为他们做得不对，这不跟南郭先生一样了吗？多丢人！这奖状他们就不该拿！"亮亮很委屈："我只是最后两段背得不熟，我怕背错了，反倒影响整体效果，就对了一下口形，又不是所有都背不下来。你们想想，那么多活动，每次都想要做到最好，怎么可能，那段时间我写作业每天都到十一点。"我一向不主张当场就某事得出结论，希望孩子们畅所欲言，在讨论中认清问题，所以这件事的讨论还在继续中。

第二节课后，王钰和鲁亮亮主动找到我，向我认错。王钰说："老师，这次的奖状我们都没有资格拿，就放您那儿吧。请老师原谅我们，是我们自己偷了懒。还有我跟林老师推荐了江琳琳，林老师把稿子给江琳琳试了一下，觉得她的声音和气质特别好，就安排她明天去校门口做小导游。我觉得同学们说得不错，应当多给些机会让他们表现。"我点头："知道错，能改就是好孩子，江琳琳在校外上过主持人班，正在学舞蹈，各方面条件还不错的。"

我跟两个孩子聊起来："你们知道吗？雨乔有句话感动了我，我一直想找机会跟你们聊聊。雨乔说，别人不知道，可是我自己知道。这让我想起小时候读过的一个故事。我跟你们讲讲。"两个孩子坐在我身边，听我讲故事。

"一个跟师傅学做木工的小徒弟，总是将箱子内侧刨得光滑平整。师傅说，里面别人又看不见，费那功夫干吗？小徒弟说，尽管别人看不见，但我自己看得见，我自己知道。这个小徒弟也许手艺不如他师傅，但人品却远远在他师傅之上。有些事呀，一个人最难过的那一关就是自己的良心，就是一个人对自己的诚实。诚实往往是在别人看不到的地方体现出来的，它会让你内心宁静。你们不要那张奖状是因为你们内心无法宁静，对吧？"王钰点点头。

鲁亮亮说："老师，那张奖状给我吧。它会时刻警醒我，以后无论做什么事，都要先对得起自己的内心，就像杨雨乔说的那样。"我拍拍他的肩："悟性不错，我感受到此刻你内心宁静了。勇于面对错误，很了不起。你们真正地长大了！"

后来鲁亮亮在作文中写道：那一刻，我从难过到羞愧，从逃避到从容面对，我感觉自己真正地长大了。

成长感悟

学生犯了错误，不宜马上就批评、指责，而要找找错误形成的原因。这就是我听了雨乔的秘密后不急于找两个孩子谈话的原因。

一位教育家说，当学生意识到老师是在教育他的时候，就意味着你教育的失败。虽然两个孩子的错误没有造成什么不良后果，但此事也值得我们重视。因为批评是要从行为的动机出发，我们要批评的首先是学生的不良动机，其次是错误的行为。当动机不纯时，即使行为没有造成严重的后果，也要批评。反过来，当动机是好的，而结果不好时，有时也是可以原谅的。

鲁亮亮心态的转变在于老师的巧妙引导，用讲故事的方式更容易引起孩子的共鸣，减轻犯错的羞愧感，激发孩子深层次的情感体验以及自我修炼的情感需要。

对 手

我的桌前摆着一张毕业合影照。我站在中间，两边是我以前的得意门生王钰和宋哲，少年的脸庞洋溢着生机勃勃的活力。

王钰一直是老师们喜爱的学生，他各科学业成绩优秀，是年级学生学习的榜样，喜爱运动，篮球尤其打得好。王钰小时候背诵了大量古文，口才特别好，说话有条有理，做事脑瓜子特别活泛。前任语文老师向我透露，王钰的家长曾在王钰七岁那年带他到广州去查过智商，专家说他的智商很高，所以全家对这个孩子寄予了厚望。

我对智商之类的话题了解实在不多。不过听到这话后，我的确感受到一股压力。

谢丽华从低年级开始就是王钰的同桌。谢丽华成绩特别优秀，性格活泼，也颇受老师和同学们喜欢。两个孩子在学业上你追我赶，一直是年级中的佼佼者。他们经常一起主持节目，当然王钰也和其他女生合作过，但是和谢丽华搭档时，我感觉效果是最好的。王钰有时候有些小心眼，惹得谢丽华不开心，不过他嘴巴甜，会道歉，两人很快就好了。

这天午读时，两人不知怎么的，发生点小矛盾。原来是谢丽华练字时不小心把胳膊肘伸到了王钰的桌子边沿，而王钰正在用铅笔画图，他就拿铅笔头猛地扎了谢丽华的胳膊一下，谢丽华当场哭了起来。很显然王钰是故意的。虽然是铅笔头，但是用力戳，还是很疼的。以前做错事，王钰准会一个劲地向谢丽华道歉，今天却不。我感觉到这里面有问题。

果然，问到原因时，王钰一脸不高兴地说："谁叫她几次英语考试成绩都比我好。"刚巧英语老师听到了，走过来劝慰说："你就是错了一道小题，知识掌握得不错了。谢丽华拿了满分，你考得也很好，你们俩都是 A^{++}，都很优秀呀。下次你细心点，也能全对。"我又气又好笑："英语考试考得比你好，你就拿铅笔扎人家？"王钰哭开了："我妈笑话我考不过谢丽华，我爸总批评我粗心，错了不该错的，这以后怎么考哈佛？我的英语以前总是全对，现在她全对次数比我多。"我忙轻声安慰："王钰，你已经很优秀了，不要自己给自己压力，你这么优秀都还不开心，那班上其他孩子怎么办呀？"站在旁边的孩子羡慕地说："就是！就是！我要拿个 A^{++}，我妈都笑得合不拢嘴。"王钰小声说："不是我不开心，是我妈不开心。"我心想，得和家长正面沟通一下，先解决用铅笔扎人的事，不过家长给王钰的压力也太大了。

后来，我找了个时间专门和王钰聊了聊对手的事。我问他知不知道世界羽毛球名将林丹和李宗伟，他点头说："李宗伟嘛，'千年老二'。我爸经常笑我是'千年老二'。"这么评价李宗伟，还拿自己打比，可见孩子心结挺深的。我开导他说："只要是比赛，总会有胜负之分。'千年老二'的李宗伟也是世界顶尖的高手，在世界羽毛球名将中，林丹是他最有力的对手。李宗伟认为和林丹做对手，是件很荣耀的事情。而且林丹在很多公开场合也表示过自己的运动生涯中非常感谢李宗伟，是李宗伟成就了自己的辉煌。他俩可以说既是对手也是朋友，相互激励，一起成长。对手越强，更能激励自己变得强大。对手强大，是因为自己也很强。所以从某种意义上来说，对手具有双重意义。一个人的成长离不开对手，当没有对手时，有的人就把自己的昨天当成自己的对手。所以你要摆正学习心态，如果去怨恨对手，你就会患眼盲症，学不到对方身上的优点，反倒不利于自己的成长。你看，谢丽华很细心，你跟她同桌后，看到她细心检查作业，你也变得细心了。是不是？谢丽华的口才没你好，但是在你的影响下，她也十分注意说话的条理性，还学着你背了不少的古文，她的语文成绩也越来越好。这些都是你俩相互学习，做学习对手的好处啊。你说，老师说得对不对？"他笑了。看他十分开心，我也挺欣慰。我继续开导他："山外有山，楼外还有高楼。任何一个人都很难做常胜将军，别人拿第一，你就扎别人，那这个世界岂不乱了。因为谁也不能保证自己永远是第一呀。如果总是把眼光盯在第一上，必然会错过更多的属于自己的精彩。一个人的成长不会只有一个维度，成绩只是其中的一个方面。你看齐钰，成绩不冒尖，但是围棋下得好，数学学得精。你看周一浩，成绩一般，可是足球踢得好，都踢进市赛了，成了市里的足球小明星，将来准是个妥妥的体育人才。我读书时也是中等偏上，同样进大学、考研，现在生活不比当年班上的优秀学生差呀。老把眼光盯在分数上，说实在的，有点见识短浅，这一点我可不佩服你。"我故意激他，让他有所感悟。

后来我们约请了王钰爸爸，见面后，把孩子的焦虑和表现跟爸爸作了交流。

数学老师说："像王钰这么好的成绩，家长还这么焦虑，真是越优秀的孩子家长越着急。难道您当年读书时，门门课都能拿满分吗？目前，深圳孩子进优质高中的形势确实十分严峻，可孩子才上小学，这学业压力提前空降到孩子身上，难怪一向以活泼机灵著称的王钰像变了个人似的，心理不痛快嘛。再说了，学习成绩不等于智力水平，更不等于成就，它只是参考因数之一。"数学老师说话这样直接，王爸爸脸上有点挂不住了。

我也说："王钰是那种好胜心很强的孩子，很善于自我反思，是马不扬鞭自奋蹄的那种孩子，可能家长不逼那么紧，效果反而好。孩子是自己的，老拿着智商给孩子贴标签，不是件好事。他已经具备一定的学习能力，实在不用那么焦虑。孩子也就不会怨恨学业比他优秀的孩子了。"王爸爸听后点点头，表示会调整自己的心态的。

这事过去后，王钰的精神状态似乎好了一些，期末时，他考得不错，科科优秀。

六年级时，班上转来一个男生宋哲，瘦瘦高高的，脸色苍白，一副营养不良的样子。刚开始的一周，宋哲一点也不起眼，上课不怎么回答问题，安安静静地坐在最后面。开学几天，天天踩点到教室。我推测这是个学习习惯很差的学生。但批改他的作业时倒是让我吃了一惊，字写得好，质量没得说。第一篇作文交上来后，我彻底改变了看法：这是个妥妥的优秀生。

后来了解情况，宋哲每天都是叔叔开车送来学校的。他由叔叔婶婶带大，为了享受深圳的教育条件，所以远离家乡的父母来这里求学。

很快，宋哲的成绩显示出惊人的稳定。他比王钰更稳，尤其是数学，有些拓展题，好多孩子都要想好久，而宋哲看到题就能直接说出怎么做。两次区级联考调研，宋哲硬是把全年级的优秀生们甩在后面，用大家的话说："一两次优秀算什么，每次优秀才牛。宋哲就是这样的。"就是一点，宋哲显得有些忧郁。他和王钰都喜欢阅读，喜欢读历史类书籍。我推荐一些难度大一点的名著给他俩看，比如《苏东坡传》《悲惨世界》《巴黎圣母院》等，俩孩子经常讨论交流读书收获，有时争得脸红耳赤。我看在眼里，喜在心里。宋哲也变得活泼了些。

我想宋哲的到来真是件好事，可以激励王钰更好地认识对手，推动班级形成积极向上的良好学风。

有一天，一向文静的王钰与宋哲居然为了一道题争执起来。王钰推了宋哲一把，宋哲哭了。我批评了王钰，他却一脸不高兴地说："他老是做数学做得比我快，哼！"

这件事太严重了，其实与谢丽华的摩擦已经显示出王钰不良的竞争心态。家长这次了解情况后忧心忡忡，一反常态，求教于老师，还反映王钰晚上经常做噩梦，梦游过几回，早上醒来根本不知道梦游的事情。白天无精打采的，看过中医，吃过十几剂中药，总是提不起精神来，现在最担心的是孩子的精神状态。我反映王钰课堂表现还好。可能家长也意识到自己的问题，答应积极调整教育方式。王钰的状态开始转变。

有一次在交流读书收获时，我让俩孩子讨论一下苏东坡和王安石的关系。宋哲先说："他们俩朝堂上是政敌，一个赞成新法，一个不赞成。两个人的阵营不同，但是私下又是很好的朋友。"我称赞他读书仔细，这句话启发了王钰，他说："王安石虽然在政治上反对苏东坡，但是对苏东坡的人品才气是发自内心的欣赏。"我点拨："这就是对手的境界，君子和而不同。两个伟人，用不凡的人格魅力书写北宋文坛传奇。历史上有很多对手是惺惺相惜的，因为相互了解，相互敬重。这样的故事数不胜数。"宋哲说，康熙皇帝执政60年时大宴群臣，还感谢一度要置自己于险地的鳌拜、吴三桂和妄图独占台湾的昌平王，感谢这些敌人让自己更强大。我连连点头。王钰说，所以他能称为千古一帝，文韬武略。我接了一句："能感谢对手，这需要多大的胸襟！"宋哲伸手揽住王钰的肩膀："老师，我们早就和解了。现在我们周末经常一起去书城，去公园，一起……"王钰做了个保密的手势。我笑了，不管怎样，我都为王钰的成长而高兴。

有一次放学，我偶尔发现王钰和宋哲还有一帮同学抱着篮球奔向球场，王钰喜欢上打球是我没想到的。

六年级最后一次的篮球赛如期举行，我由于参加其他比赛，没能去观赛。我们班居然赢了体育强班四班，孩子们欢呼雀跃，当场把宋哲和王钰举起来往上抛，而体育老师也赞赏王钰和宋哲的神配合。原来王钰抢到球奔向球筐，可是对手的防守密不透风。王钰做了个假动作，目不斜视，出其不意弯腰把球从胯下传给了后方伺机出击的宋哲，宋哲的三分球投篮相当准。神合作！两个打配合，这球就像长眼睛一样。这样的神配合处处皆是，防不胜防，对方完全乱了阵脚，我班小将们见此情形，士气大涨，夺得冠军也在情理之中。

我请他俩分享秘诀，宋哲笑笑说："哪有那么多秘诀，练呗。"王钰也笑笑："但手熟尔，无他。"王钰终于走出了心理的"高原期"。后来，两人双双通过了市内名校的自主招生面试。他俩告诉我，在那次升学考试中，作文的题目是"对手"，王钰写的《感谢对手》，宋哲写的《拥抱对手》。

我望着照片中的两个孩子，又一次笑了。

成长感悟

这是一个成功的案例，我积极联合学科老师和家长力量，找到问题的症结所在，攻心为上。在区家庭教育心理咨询师的帮助下，逐渐缓解了家长的焦虑。孩子也很争气，在不断的交往与体育活动中，两个孩子磨合得越来越好。这是心理咨询师给的方案，在运动中发泄情绪，在活动中体现自我。而阅读活动，又促使孩子们自读自省自悟，对孩子健康心理的养成作用不可小觑。

做一粒珍珠

中午，张微和吴方怡在教室门口告诉我，申欣又没去参加舞蹈训练，被舞蹈老师扣了班分。

我一听有点惊讶：申欣，舞蹈队的领舞，平常对舞蹈培训很热心，为什么最近会逃训。我没有在意扣的班分。我始终认为，制度的主要功能就是提醒和教育，而非事后惩罚或惩戒。正好申欣从教室里走出来，我叫住她，问她为什么不去参加舞蹈训练。她说："我退出舞蹈队了。"张微听到后反驳道："老师，她没有退出舞蹈队，舞蹈老师根本不知道。我们现在排的这个节目是要参加比赛的，整个节目她都排练过。舞蹈老师今天还问起她了。"我默不作声地盯着申欣，她眼圈红了，不敢看我，嗫嚅道："我跟妈妈说好了，只是没跟舞蹈老师说退出舞蹈队。"

我忍住怒火："你还记得当时选队员的事吗？因为名额限制，多少孩子想进都进不去，好多孩子还哭过。家长们找我们班主任说情，我们也无能为力，这是学校定下来的名额。舞蹈社团每一年都有比赛，参赛的节目在区里也是响当当的。你们这个社团培养了你们四年，社团老师也是学校花了钱从外面请的。怎么能说退就退呢？你就是要退，也要让舞蹈老师知道呀！"

我当即拨通她妈妈的号码，问起这事。她妈妈笑着说："她吃饭时跟我们说了一下，我们批评她，说她做事没毅力。欣欣就是有点偷懒。老师，您帮我引导引导，该批评的就批评她。拜托了！"果不其然，申欣妈妈是中学德育主任，我了解的，她绝不会支持孩子退出舞蹈队。因为申欣从一年级开始进舞蹈队，风里来雨里去，练了整整四年。这里面肯定有原因。

我摸了摸她的头，耐心地说："欣欣，你妈妈跟我说过，你腿长，腰软，领悟力好，身段灵活，很有舞蹈天赋，她希望你能坚持下去。你跟老师说说，发生什么事了？是不是舞蹈老师批评你了？"她小声说："没有。"然后一声不吭。

我继续引导，"欣欣，我记得你以前多喜欢跳舞呀，有好几个节目都是你领舞的，说舞蹈是你的生命也不为过吧。"她终于开口了："那是很久以前的事了。现在老师不喜欢我了，上次跳街舞，张微她们去区里参赛了，老师没让我参加。""哦，原来是这样，那么你想想，老师为什么没选你参加呢？"我问道。"我也不知道。"她声音更低了。

我猜到了大致原因，想了想说："欣欣，老师打个比方，我们站在沙滩上，捡起一粒沙子，把它扔到前方，然后你再去把那粒沙子捡出来，你能找出来吗？"她说："沙滩上满是沙子，那怎么能找出来呢？""回答得好。那如果我拿起一颗珍珠扔过去，你能从沙子里找出珍珠来吗？"我问她。欣欣十分肯定地说："能！"

"你现在在舞蹈队好比一粒沙子，所以老师发现不了你。但如果你刻苦练习，把自己变成一颗珍珠，那老师一下子就能发现你。老师之所以没选你参加街舞比赛，是因为你还不够出众。那么你只能勤奋练习，刻苦练功。如果你因此而放弃了，老师就会想，呵，这个申欣就是个没毅力的孩子。当初我没有看错她，她跳得就是一般般。想想吧，你甘心吗？学了四年多，你那么喜爱舞蹈。记得你有一篇日记写道：一穿上又轻又软的洁白的舞蹈鞋，我就忘记了所有烦恼。去练吧，欣欣，别半途而废，去把自己练成一粒珍珠吧。我相信，你会变成那粒珍珠的。"申欣什么也没说，点了点头。

下午第二节课，我看着她穿上舞蹈鞋和张微、吴方怡一块儿朝功能室走去。

我呢，只要有空，一定去舞蹈队看孩子们训练，和舞蹈老师交流交流。我看到申欣练得特别认真。周末排练节目时，申欣的妈妈也抽空来了两次，给女儿加油鼓劲。后来区里舞蹈比赛，中间的蒙古女孩，最漂亮的领舞小明星就是申欣。瞧，她的身段多美！

成长感悟

毕淑敏说，谁能改变一个孩子的童年体验，谁就能改变他眼中的世界和人生蓝图。教育有时就是这么神奇，当你"征服"了某一个孩子，然后再把更多的关注投向他时，你总能在他身上得到春天的消息。如同太阳，它把光芒投向小草，小草便以碧绿的生机回报它。

什么是人生最重要的

六年级下学期，为了备战小学毕业考试，各科作业多了起来。孩子们倒也懂事，知道自己肩膀上的责任，认真学习的孩子也多了起来。

学校的活动倒是没减，各种比赛，各种展示，接二连三的，什么学生演讲比赛、足球比赛、舞蹈表演赛、合唱表演赛，特色社团展示也在紧锣密鼓地进行着。一堆的名校面向全市家长举办开放日活动，孩子们也忙着准备五花八门的比赛，都希望给自己增加一些闪光的履历。那段时间孩子们十分浮躁。

各科老师反映，孩子们的作业质量明显下降，有的孩子好几天的作业都没做，问原因，说是在刷一些名校放出来的往届题，没时间了。他们下课时的聊天也少不了这些话题。要求读的课外书好些天都没碰了，一问，刷题、上才艺班成为"作业"，因为一些名校招收学生除了成绩优异外，还有一个重要的必备条件，就是学生要有一门特长。

现在社会充满竞争，很多人过多地关注外在的得失，每天疲于奔命，表现出浮躁的情绪，这种情绪感染了孩子，蔓延到学校，我们的校园也似乎难以安静下来。第一次模拟小测结果出来了，数学附加题答得好，可是基础掌握不牢，小失误太多，总体得分不高；而语文要背诵的古诗文都掌握得不扎实，错别字遍地开花，十道默写题人均只对二三道，作文普遍开头、结尾语言优美，中间却空洞无物。孩子们的试卷处处显示"浮躁"二字。

我想起一个著名的心理实验。那天，我带着一个透明的塑料瓶和两个分别装着核桃和黄豆的布袋走进教室。孩子们一听说做实验，马上兴趣盎然。我把核桃装进塑料瓶里，直到塞不进去为止，我问道："现在瓶子满了吗？""满了，满了。"孩子们笑着回答。

我拿出黄豆，用黄豆填充核桃留下的空间。我笑着问："你们不是说瓶子满了吗？你们看我又装了这么多的黄豆。"

"老师，我知道了！我在网上看过这个实验！"吴哲同学迫不及待地举手发言。我点头示意他站起来。他略有些得意地说："如果先装黄豆，那么能装很多很多，但是装满后装不了核桃了。如果像老师这样先装核桃，结果就相反，还能装好多黄豆。就是说先拣大的装还能装小的，先拣小的装，因为它把空间塞满了，就不能装别的了。"

我表扬了吴哲，接着提问："孩子们，知道老师想从这个实验中让你们懂得什么道理吗？"孩子们皱着眉头思考起来。

我继续启发："如果把核桃比喻成人生中的重大事件，那么黄豆可以比喻成什么？"马上有孩子回应："老师，是不是黄豆就象征着生活中琐细的微不足道的小事？"

学生发言开始踊跃起来。

"我觉得老师您是要告诉我们，人生中我们不要被无关紧要的小事困扰，要牢记我们的大目标。"

"我觉得核桃还可以比喻成生活中对自己真正重要的事情。比如说老师要我们每天坚持阅读课外书，不能随便中断。即使我们考不上市里的名校，可是我们还有很多条路可以选择，阅读是学习语文最重要的事。老师要我们知道，哪些是真正重要的事情，哪些是琐细的不那么重要的事情。我们不能沉浸在琐事中，浪费宝贵的时间，而忽略重要的事情。"

我一字一句地说道："是的，读书是永无止境的，它需要我们日复一日，年复一年的坚守。用最初的心做永远的事。这是我们人生中的大事情。"

语文科代表起来补充："我们只有踏实学习，才能在初中具有竞争力。我们只有保持进取心，才能永远立于不败之地。有些同学频繁请假去参加校外机构的比赛和培训，想为自己多争得一些奖状和资历，却把学校的课堂给忽略了。我们这次考得不好，应当好好反思，我们应当静下心来认真学习。"

"是啊，人的生命有限，我们必须清晰地认识到自己这一生最重要的是什么。对于学生是这样，对于我们成年人也是如此。"

这节课过后，孩子们的心开始静下来了。

成长感悟

如果外面的世界是喧闹的，校园应还之以宁静。宁静方能致远。引导孩子静心读书、踏实学习，不断成长是教育者的责任。

鼓　掌

婧婷是个十分文静清秀的女孩，话不多，每天总是拼命地学习。每天她都第一个到教室，因为她的错题太多了，所以等她订正完了，基本就是最后一个离校了。可是她的基础实在太差了，好多常见的汉字都写反了，教过很多次，仍然外甥打灯笼——照旧。各科成绩总是在及格线徘徊。

"她不爱学习。"她的母亲曾这样告诉我。

记得开学仅几天，我发现婧婷和同伴在一起玩时，只是站在一边静静地看，从不参与。课堂上也从不举手发言。

在班级分组小组合作时，她被分到了陈鲁组，组员对她倒也不排斥。陈鲁是个非常优秀的小组长，热情、善良、自信，尤其善于团结他人。小组发言时，一般由1号婧婷先发言，刚开始她发言很小声，但是陈鲁和组员们总是听她说，哪怕说一句也表扬她。我注意到她的话多了起来，小组的同学肯定给了她信心。有一天上课，我要求所有小组的1号代表小组发言，时间约2分钟。

　　发言是要评比的，每个小组谁也不甘落后。小组的孩子们围着各自的1号，各显神通地想把所有的想法传递给1号。学生教学生，场面十分热烈。婧婷尤其认真，组员把自己的笔记拿给她，让她综合起来，一遍一遍地念。说漏了马上有同学帮她补充。

　　轮到婧婷上台发言了，小组同学一个劲地鼓励她。她咬了咬唇，把头低了下去，很显然她还是没有勇气上台。小组同学像约好了似的一起喊："婧婷，你行的！婧婷，你行的！"大家都把目光投向她，等待着她，她还在犹豫，全班一齐等待着她。

　　我微笑着对孩子们说："我有一次参加演讲比赛，由于紧张，忘词了。突然台下响起一阵热烈的掌声，鼓掌的人都带着一脸的真诚，毫无敷衍之意。我很感动，在掌声中我突然记起了后面的内容。那天我的演讲由于准备不充分，中断了两处，讲得并不是特别好，但是我多次听到热烈的掌声。从此，我上台演讲也不紧张了，因为我知道台下的听众不会让我尴尬的，我也变得越来越自信。下面——请举起你们的左手，然后再举起你们的右手，为她双击你们的左右手！给婧婷一些勇气！"孩子们笑盈盈地，掌声连成一片。

　　婧婷似乎下定了决心，猛地站了起来。我注意到她的眼圈红了。在全班同学的掌声中，她走上讲台开始发言，记得不牢的地方，有时还看一下笔记本，尽管声音不大，但是很好听，2分钟的发言结束后，她很有礼貌地向我深鞠一躬，又向同学们深鞠一躬。教室里又响起掌声，在掌声中她飞快地跑回座位。婧婷小组的同学个个都喜滋滋的，婧婷的脸也亮晶晶、红扑扑的。

后来，在小组同学的帮助下，婧婷上台的次数越来越多，每一次她都能获得真诚的掌声，她变得自信起来。

生本阅读实验（生本阅读实验就是为促进学生自学互学，以小组阅读为主要方式，实践效果特别好，深圳的学校一直推广这种形式）的开展，使婧婷开始爱上了阅读。我们发现婧婷其实口才挺好的。她下课和同学走得越来越近，脸上时常挂着笑容，我甚至发现她还有点小调皮，这在以前从未有过。而且更令人惊奇的是，她越来越爱写作文，一篇作文写三四页是常事，写错字的现象越来越少。

她在一篇《第一次上台发言》的作文中写道：我永远不会忘记那一次的掌声，因为它使我明白，老师和同学们并没有歧视我，反而使我鼓起勇气，微笑面对生活，我发现其实我也很精彩！

成长感悟

其实人生是需要掌声的。在人生的舞台上，我们都是表演者，又都是观众，没有人不希望自己获得掌声，何况是关于生命成长的掌声。

生命的林子

记得，那是一个十三岁的小女孩，生命之树才初现绿意，却在日记中留下了令人惊颤的文字："此刻，我的心已随着爸爸的那句话变成了碎石。"还有一些令人心颤的字眼。小飞，本可以是一个活泼阳光的女孩儿，但命运对她似乎并不那么垂怜。她自幼被亲生父母遗弃，幸逢养母待她如亲生，百般疼爱，却不料在她七岁时病逝。养父又结婚了，后母生下女儿后，对小飞的关爱从此渐渐少了。小飞懂事、要强，却敏感易伤。那一天，姐妹俩都因肚子饿要吃月饼，于是起了争执，养父将小飞呵斥一番，也就有了开始那一段令人震惊的话语。

许是一时气话，但终是有此念想。若让其扎根，那生命岂不脆弱如玻璃，一旦震荡，岂不摇摇如风中残叶？这一棵小小的生命树多么需要坚实的呵护啊！于是，在她的日记下，我郑重地写道："在你身边，有许多默默关心你的人：干妈、哥哥、老师……心胸放开阔，理想放长远，一切都用微笑来抵挡。因为，你可以主宰命运！"写完最后一个字，我的心情却越发沉重。这棵小小的生命树，根植在怎样一片贫瘠的土壤中？圈画了日记中那句令人心颤的语句，我给她的日记评了 A，并在旁边写道："如此细腻可感的文章，老师为何不给你 A^{++} 呢？细想一番，你终究会明白老师的期待的。"

后来，我将日记本发还给她，并递上另一本日记，那是小玥的日记本（已征得小玥的同意），她跟着母亲与继父一起生活。但在她的日记里却处处体现着父母的辛劳，真诚的感激之情溢于字里行间。这是另一棵生命树，虽然同样幼小，却充盈着丰润的绿，那涨溢着蓬勃生命激情的绿，也是小飞应该拥有的啊！

拿到日记本，小飞便趴在桌上抽泣起来。后来，见她平静了许多，我将她叫到外面的走廊，轻搂着她那瘦小的肩："哭过了，感觉好受点了吗？"她微微点着头。"老师并非要求你像小玥那样感激父母，但至少爸妈给了你一个挡风遮雨的家……好好的，天堂里的妈妈才会微笑啊。"她轻轻地点着头，清亮的眸子里却透出了坚定。

点滴的呵护可能无法企及母爱对生命的恩泽，但那终是一次生命的引领，引领着这棵小小的生命树向着阳光奋力向上！

忘不了因考试不理想而遭父母批评的小霞，在我赶至她家与她父母见面交流后，她一头钻进我的怀里，请求我带她回学校。坐在我自行车后凳上，她将头贴着我的背，双手紧紧地搂着我，一刻都不曾松开。忘不了因脑瘫而行动困难的小杰，在他重重地摔倒在讲台边，我俯身将他扶起，并为他拍去身上尘土之时，他努力地凑到我的耳边，用一般人听不见的声音说句"谢谢"。更忘不了因性格孤僻而始终交不到一个朋友的小哲，在毕业之时，将我两年来与他每日交流情感的短消息完整地打印在一张纸上，并将纸折成仙鹤，递至我的手中。那一刻，我分明望见他的眼中噙满了泪水……

成长感悟

我明白教育的等待并非守株待兔，它是一种积极主动的无声呼唤，是一种智慧的等待。很多时候，孩子的豁然开朗、顿悟清醒，也许就在我们耐心等待的一刹那之后。对于小飞、小霞、小杰、小哲的这份等待，是我对他们的理解，更是对他们自尊的呵护。正是这份等待让他们在平静之后能够从容地抬起头，也正是在等待中，我享受到了别样的幸福。

我们漫步森林，内心总会涌起莫名的感动：那一棵棵执着向上的绿色生命树，竟如此自由奔放地舒展着生命的华彩乐章。当我们徜徉于学生的心灵世界，那一份感动化为无声的震颤：这里，遍植的竟也是一片生命的林子。

错版的科学练习册

科学课上，布置学生完成练习册的任务后，很快有学生嚷嚷起来，声音最大的是何进，他叫道："老师，我的练习册没有第六课！"他这么一叫，很多学生纷纷翻开练习册，不断有学生发现自己的练习册要么缺了第二单元的几课，要么就是重复前面几课，要么就是跳到第三单元电磁一课。

学生们第一次经历这种正规练习册排错版的情况。我统计了一下，一共有十七位同学的练习册出现错误，真让人啼笑皆非。

"我们运气真是太差了！""我们中奖了！"马上又有人叫道："是不是我们不用做漏掉的作业了，老师？"我笑了笑，没说话。又有学生问："为什么会出现这种问题呢？"

我开玩笑地说："可能装订练习册的人那天心情不好，跟家里人吵架了，就出错了。"有学生接着说："或者是头一晚打游戏打得太晚了，所以第二天一走神就装错了吧。""说不定，头一天被老板K了一顿，太沮丧了就出错了。""肯定读书时就是个粗心鬼！""太粗心了！老师，怎么可以这样呢？"大家七嘴八舌的。

我顺势引导："是啊，老师平时强调学习做事要认真就是这个意思，不然给别人给自己造成很大的麻烦。"我顿了顿，又说，"你们这样一边说话，一边写作业，很有可能做错题目的，到时我可要批评你们了。大家写作业要认真啊。"

教室里乱了好一会儿，终于安静下来，学生自觉找到练习册正确的同学，挪动位置一起写起了作业。

第二天，我到自己班上科学课。我采取了不一样的方法，把做《知能》（练习册的名字）改为做选择题练习卷。讲完新课后，还有15分钟时间留给他们做题，由各小组组长领答案，准备做完后进行组内批改。

为了避免出现六（1）的骚乱情况，我平静地对学生说："请大家要保持安静，用心听，看哪个小组能快速安静地执行。"我把重音放在"安静""快速"这两个词上，"现在同桌之间翻开《知能》相互核对一下页面，看有没有出现装订错了的现象。如果有，把相关页面折起来，由各小组组长将错版的《知能》收上来，下课后商量如何解决。"孩子们略微有些惊奇，然后一分半钟，各小组收集完毕，一共有18本《知能》错装了。孩子们继续低头做练习，全是选择题，很快就完成了，并进行了组内批改订正。

下课后我抽出几分钟时间请孩子们讨论：我们怎么看待《知能》错装这件事。

李婷婷小组的2号先发言，她笑眯眯地说："我们小组觉得很好笑，也很奇怪。"马上有其他小组的同学提醒她："说重点！说重点！"她调整了下，说："这种事情比较少见，我们第一次遇到，所以选择原谅出版社。金无足赤，人无完人。"

陈超代表他们小组发言，他的发言很有条理性："首先我要说的是，我们小组的观点与李婷婷组相反，我们选择不原谅！我们要写信，不，发 E-mail、打电话给出版社的客服反映这件事，重点放在如何解决这件事情上。因为邮件有时候回复会晚一些，但是致电客服是可以及时得到反馈的。而发邮件与这个不矛盾，双管齐下，表示重视。"我点头，陈超还不坐下，扭头向着李婷婷组，问："我要问李婷婷组，你们选择原谅，据我了解，你们组有2本是错装的。你们怎么做这个作业？请回答。"全班学生笑起来，有点剑拔弩张的意味。

钱珍珠小组的2号起来发表观点："其实我们跟陈超的意见差不多。

但是我要补充我们为什么要这么做。必要的投诉可以帮助出版社改正错误，要让他们有关部门去调查这件事，比如，质检时为什么没有查出来？要让他们认识到错误，不能这么不明不白的。不给他们教训，他们就会出现更多的错误，给我们的学习带来不便。"

刘详代表他们组发言："俗话说'千里之堤，溃于蚁穴'。这是出版社图书质量不过关。深圳的很多工地上都挂着'质量是我们的生命线!'，对各行各业来说都是一样的。"

还有小组同学要发言，我看下课时间差不多到了，就对同学们说："写下来吧，孩子们，班长汇总一下，形成一份电子邮件，以六（3）全体同学的名义，发到出版社的邮箱。"我的话音刚落，孩子们飞快地喊班长的名字，一会儿小脑袋们聚到一起，还能隐约听到声音："语气不能太犀利，要委婉一些……"

我微笑着走出教室。

成长感悟

在教育中，某一类教育资源是否有效，关键在于教师能够赋予它什么样的意义。在师生沟通过程中，由于教师成人地位的客观性，在回应时往往会挤占学生发言的机会；或者下结论太早，封闭了学生的谈论空间。这样做往往是因为教师过高地估计了自己发言的价值，而低估了学生发言的价值。

第二章
养成行为习惯

耐心等待，守候花开的幸福

记得那是一个冬日的午后，我正坐在办公室里批改作业，门突然被推开了，只见可欣哭成了小泪人。"怎么啦？谁欺负你的，快告诉老师。"她伤心地哭着说："我今天刚带来的跳绳不见了，这是我北京的大姑帮我新买的……"我忙问："是什么样的？什么时候不见的？"和她同来的同桌连声说："她的跳绳可漂亮了，还是带计数器的，早上第四节体育课时，我和她还在一起比赛了。可中午到校后，就不见了。""你把它放在什么地方，会不会带回家了啊？""没有，我放学时就把它放在了抽屉里，我想下午来的时候再跳。""那我们快去班里找找，说不定放在角落里没发现呢？"

于是，我来到教室发动全班孩子说："你们见过可欣那根漂亮的跳绳吗？"同学们都叽叽喳喳地说见过。"可欣想把跳绳借给大家玩，可是忘了把跳绳放在哪儿了，你们能帮忙找找吗？"全班孩子一起找遍了教室的每个角落，但令人失望的是，还是没找到。看来不得不承认：是有人喜欢上了这根跳绳，把它悄悄"借"走了。

怎么办？望着一张张天真可爱的小脸蛋，我实在找不出怀疑的对象。还是等等吧，兴许跳绳能自己出现呢！回到办公室，其他老师帮忙出谋划策："你一个一个地仔细观察，也可让孩子们互相观察，发现异常情况就向你报告。""找一面他们未见过的镜子，可以美其名曰'魔镜'，让全班孩子都来照一照，不敢照的那肯定与这根跳绳有关系。""你干脆告诉孩子们教室里有监控……"看着好心的同事，我不免有些担忧：这些主意也许会有效，但会给孩子心理造成一定的压力，互相揭发会使孩子们互相不信任；照"魔镜"，利用监控会让"借"跳绳的孩子心怀恐惧而不愿上学。

怎么办？总不能让这事不了了之吧。事发第二天，我在特级教师李镇西的《心灵写诗——李镇西班主任日记》中找到了答案：班主任最重要的不是管理，而是走进心灵，用"悄悄话"的方式可以解决很多问题。我想要是老师和孩子之间说悄悄话，是不是可以拉近我和孩子的距离？如果孩子都把我当朋友，跟我说实话，那么，"借"跳绳这事也就迎刃而解了。

虽然这么想，可我心里还是没底：先试试这种方法，看看能否奏效。于是，我立即在班里举行了一个"朋友，我想告诉你一个秘密"的讲悄悄话活动。我对孩子们说："同学们，老师就是你们的大朋友，今天我这位大朋友想和你们做一个讲悄悄话的游戏，愿意吗？"教室里一下炸开了锅，"太好了，我想和老师交朋友。"这群顽皮的孩子忍不住欢呼起来。我借机鼓励道："我们每个人都会犯错误，老师也会，如果大朋友做错了事，现在知道错了，很想改正错误，你们会原谅我吗？""会！""我也会！"孩子们回答得很真诚。眼看时机成熟，我赶紧揭示游戏主题——"我想告诉你一个秘密和知错能改"，并宣布游戏要求："下面我们就找自己要好的朋友，向他诉说压在你心里的秘密。倾听秘密的朋友要做到：帮助他保守秘密，提醒他改正错误！悄悄话游戏开始！"

一年级的孩子，是那么天真、纯洁。话音刚落，一些活泼可爱的孩子就离开了自己的座位，走向好朋友，开始轻声细语起来。看着孩子们一个一个从自己的身边走过，感觉有点失落：孩子们就不能把他们的秘密告诉我吗？毕竟我是他们的老师！万一没有孩子来找我，丢失的跳绳怎么办？还能找得回来吗？我的心中也充满忧虑。这时，活泼开朗的小宇蹦蹦跳跳地来到我的身边，"小宇，你想告诉我什么秘密呀？"他咧着嘴笑呵呵地说："大朋友，我告诉你一个秘密。有一次，我的同桌子琪把我的文具盒碰翻了，我就悄悄把她的橡皮擦藏了起来！"我趁势引导："小朋友，你一定知道该怎么做吧！"他马上回到座位就把橡皮擦还给子琪，还向她深深鞠了一个躬，说："对不起！"没想到孩子能当场认错，我情不自禁地为他竖起大拇指。不一会儿，又有孩子来与我说悄悄话，有一些还勇敢承认自己犯过的一些小错误。他们都得到了我的表扬，"真是勇敢的孩子！"

"丁零零"下课了，可还是没有任何有关跳绳的消息，可我想：只要我把这个游戏坚持下去，相信会有更多的惊喜在等着我。第二天放学，我在教室关门窗时，一个平日里性格内向的孩子晓晴还在慢吞吞地整理书包。"要不要老师帮忙？"她低着头，不说话。我走到她身边，她红着脸低声说："老师，我也要告诉你一个秘密，可欣的跳绳是我拿的，你不要告诉别人，行吗？"我心里长长地吁了一口气：经过漫长而又短暂的三天等待，"借"跳绳事件终于可以结案了。"知错敢于承认，你真是个了不起的孩子！那你准备怎么办呢？""我不敢自己还给她。""明天你悄悄把跳绳放在老师讲台的抽屉里，我帮你还。不过，以后'借'东西时，一定要先征得别人的同意，好吗？"我用了一个"借"字，她听后使劲地点点头，我笑了，她也笑了。

成长感悟

在我心中，每个孩子都是一朵会开的花，或迟或早，或高或矮；或迎风招展，潇潇洒洒；或含苞欲放，羞羞答答……需要我们用爱去呵护。尤其是孩子犯错误时，更需要我们怀有一颗爱心，耐心地等待，送一缕阳光温暖他们，化一丝春风爱抚他们，就一定会听到世界上最美的声音——花开的声音！

用讲悄悄话的方式增进师生沟通交流，其本质是尊重学生。只有尊重学生才能打开学生的心门。要相信学生有这样一种能力：越是信任越是尊重与爱，越能产生出自我改错的强烈愿望。当老师把主动权交给学生时，他们内心焕发出来的积极性和力量可能会产生意想不到的效果。

师爱，在平凡中绽放绚烂

人世间，母爱是伟大的，师爱是神圣的！作为人师，心中有爱，纯净如小荷，花开无声，芬芳无限；心中有爱，温暖如春风，滋润心田，荡涤灵魂；心中有爱，明朗如星辰，清清朗朗，点亮心扉……

我非常喜欢美国女科学家麦克林托克的一句话："我是一朵秋天里的雏菊。我相信不是每一朵花都在春天里开放。"尊重孩子的"花期"，相信他们终会"开放"，是我对自己班主任工作的期望，也是对孩子们成长的承诺。

我是一名普通的小学老师，是一名幸福的班主任。幸福是什么？我的幸福是学生的成长，是看到一向不拘小节的孩子主动捡起地上的纸屑，有了自我约束的意识；是看到孩子勇敢竞聘小岗位，有了独闯世界的勇气；是看到孩子发现问题主动解决，有了解决问题的能力；是看到孩子面对来校访客发问自信应答，有了主人翁的姿态。

14 年的班主任工作生涯，留存在我记忆深处的不是取得的成绩、荣誉，而是那些错误、问题，还有遗憾。正是它们帮助我一步步地成长。人往往都是在一次次的错误中历练和成长的，我是如此，学生亦如此。我们也许就是那秋天的雏菊，期盼爱、等待爱。

记得，一次我上完语文课，边埋头批改作业，边回味上节课学生的精彩回答。突然，耳畔传来一声焦急而又低低的呼唤声："老师，老师……"我抬头一看，原来是班里学习勤奋又略带腼腆的男孩子小斌。"怎么了？"我放下手中的笔，微笑着问道。"老师，我……"小斌白净的脸憋得通红，边说边不停地跺脚，双手紧紧地攥着运动裤上的两条带子。我立即明白了他的困扰，原来小家伙不小心把运动裤上的带子系了死结。还没等他说完，我立即蹲下来动手去帮他解结。显然，那结经过孩子情急之下用力地拉扯已经不容易打开，孩子站在我的面前，向我传递着那份焦急与不安。我抬起头，微笑着安慰小斌："别急，老师马上帮你解开。"我的安慰似乎起到了安抚的效果，小斌渐渐平静下来，安静地站着。过了好一会儿，那结终于被我解开了，我顾不得自己因用力拉扯绳子而生疼的手指，只觉得暗自松了一口气。小斌来不及跟我道谢，一溜烟儿地跑出了教室。望着他的背影，我不禁笑了。

　　每个孩子的潜能都是巨大的，哪怕是一个看起来木讷的孩子，身上都蕴藏着极大的潜力。我们班还有一位特殊的学生小伟。小伟，因为听力有障碍，所以学习困难。他孤独，他自卑，心灵深处，很渴望别人的呵护。一次，我看见他神情专注，用蜷曲的手指抓着笔，一笔一画地写着字，写得很艰难，也很难看，可他不放弃，小小的身躯透露着小草一般的韧劲。我轻轻走到他的身边，弯下腰，凑近着他的小脸，轻轻地说："小伟，好好写，你能行！"顿时，他略带羞涩地笑了，这是甜美的笑，这是幸福的笑。临下课，小伟上来交作业，不料摔倒在讲台边，我急忙起身去扶他，在我的搀扶下孩子艰难地站了起来。我蹲下去，一边轻轻拍去他身上的灰尘，一边拉着他的手，凑到他耳边心疼地问："小伟，摔疼了吗？"他使劲地摇摇头，然后轻声说了一声："谢谢！"看着这个坚强、懂事的孩子，我的眼眶久久地蓄满了泪水。

师爱，是什么？师爱，就是帮孩子解开一个结。师爱，就是给孩子纯真幼小的心灵送去一缕温暖的阳光。师爱，就是真诚地说一声："孩子，疼吗？"

成长感悟

爱一切的孩子，爱孩子的一切。

在教育生活中，老师的角色是多重的。面对不同差异的学生，我们的真诚相待，会让孩子感受温暖和力量。低年纪的孩子总是愿意把老师看成妈妈一样，因为老师温柔，关爱他们。

孩子们一声"谢谢"和来不及说出来的"谢谢"都是对我们日常工作的奖赏，幸福来自平凡，幸福就是如此简单。

保护"好奇心"

那是上学期考试前的最后一堂课，我信步来到教室。教室里除了一位女生在小声地抽泣之外出奇的静，静得似乎有几分可怕。还没等我反应过来，抽泣的女生急不可耐地跑到我身边向我告状："老师，我……我爸爸昨天给我买的手表……被……被人偷去了。"看着她哭得像个泪人，我怎能坐视不理、袖手旁观？我怎能纵容那些犯了错误的学生？我越想越觉得来气。

学生犯了错误，狠狠地、严肃地处理一下可以让受到伤害的孩子心灵得到一点安慰，同时也可让其他孩子引以为戒。可是，明天就要期末考试了，对于孩子们来说，利用这个时间好好地复习一下功课，为明天考试做准备，太有必要了。我又犹豫了。

迟疑了片刻，让女生回到座位，然后我镇定自若地来到了讲台，用眼睛环视了一下端坐的孩子们后郑重地作出了个决定。我说："同学们，大家都知道，明天我们就要考试了，利用大家 10 分钟的时间老师带你们做一次特殊的练习，你们只要用眼、用耳、用心就行。"

孩子们一听有些惊异，教室内更加安静了。他们以为老师会因此事大发雷霆，或者会进行地毯式大搜查。

我继续说："同学们，你们知道好奇心吗？好奇心，其实是每一个孩子都会有的，这是每个人学东西的动力，比如大科学家牛顿就凭借看到苹果从树上掉下来的好奇心不断学习、研究，最终发现了'万有引力定律'。好奇心可是一种值得珍惜爱护的心理啊！今天，我就发现了我们班里有一位同学对手表产生了强烈的好奇心，也很想通过正当的途径一饱眼福的，可由于种种原因不能如愿，所以他就先拿了看看，本想看完后马上还回去，没想到这么快失主就发现了。估计他想还的，但又怕被同学们说成是小偷，因此直到现在还没有还。虽然这个同学的做法欠妥，但我们要保护这种'好奇心'哦！"我认真地说着，大家听得鸦雀无声。

接着，我又给孩子们讲了个自己小时候的故事："我小时候的数学老师对学生用本子有个规定，如果谁的本子用完了，可以用写完的本子去指定的地点换新的。一次我的本子用完了，来到换本子的地方准备换新的，当看到那里有许多新本子时就产生了多拿一本的念头，于是我那次拿了两本。这事到现在可能也只有我自己知道，可是，同学们，我要告诉你们，直到今天我只要想到这件事，心理就没有平静过，总觉得自己做了亏心事，内心一直深深的自责，总希望时间能重来。我可不希望你们重蹈我的覆辙，忍受心灵的折磨啊！"

孩子们凝视着我，那样真诚、理解和信任。

第二天早晨，那位丢失东西的女生兴奋地告诉我："老师，我的手表回来啦！"稍停了一下又接着说，"我知道拿我手表的人，但我会为他保密。"听到这，我欣慰地笑了。

成长感悟

　　"学生幼小的心灵好比荷叶上的露珠，晶莹透亮而又特别需要小心翼翼地呵护。若稍不小心就会滚落、破碎。"苏联教育家苏霍姆林斯基曾经这样比喻。是啊，孩子的心灵是脆弱的、易碎的，如果少了对学生心灵的呵护，少了爱，少了智慧的教育，那么孩子就好像露珠少了荷叶一样，没有了依托，没有了内涵和魅力。用教育智慧引导犯错误的学生，用教育智慧撑起教师的灵性，值得我们不断地去思索、去实践。

绽放的花季

　　"在这个班级，我们经历过风雨，经历过彩虹。在老师接这个班时，是一个开满鲜花的季节。当我们毕业时，也是一个开满鲜花的季节。这是和老师在一起的日子，这是让我记忆深刻的花季。"

　　此段文字节选于我们六（1）班班级博客《花季》一文。

　　我刚接手六（1）班的时候已是五年级了，接手之前，自己是有心理准备的。孩子们都比较活跃，学习也是有着充分进步空间的。

　　故事就这样发生了，开学第一天，班里面首先冒出来捣乱的就是小凯，讲台上好好的一盆花被他撞得粉碎。此事是个意外，却让我一下子就牢牢地记住了他。一经了解，我知道他的调皮捣蛋让所有科任老师都为之头痛。可在我的观察下发现，除了第一天的意外事件外，平时的他倒不爱言语，很少与同学沟通，极少参加集体活动。这让我疑惑了，难道消息有误，小凯并不是我所听说的那样。我决定还是要深入调查，方知分晓。经过明察暗访，我发现他有一帮社会的兄弟为他撑腰，芝麻大的事就会找他的兄弟为他解决，为此同学们都不愿靠近他。他就成为班里的"孤侠"。

我想我要真正了解他转化他，一定要和他交上朋友。于是我就经常找他谈心。可每次谈心他总是低着头，即便抬起了头，眼神也不敢正视我。从他的言语、行为、神态中我深深地感受到他内心的苦闷和他承受的压力。由于患有侏儒症，他有一种深深的自卑感，他怕表现，也总认为同学们嫌弃他，瞧不起他，因而与同学们越走越远了。症结我已找到，我想小凯所需要的是一剂心灵良药。

在"六一"儿童节到来之际，学校以班为单位组织大合唱比赛，每班需指定一名指挥。而我听音乐老师说过，小凯的节奏感不错，就是太不喜欢表现。我想这不正是让他表现的机会呀。我找他谈心，当谈到让他当指挥时他愣了一下，又忙摇头说："我不行！"我微笑着鼓励他："我调查过了，你是班上节奏感最强的同学，音乐老师和我对你担任指挥都信心满满。"他的眼睛闪过一抹亮光，随即跑开了。我以为他不愿意，有些失望。正当我准备离开办公室时，他又跑到我身边说："老师，什么时候开始排练呀？"听他这么一问，我心里非常高兴，朋友式地拍拍他的肩膀说："好样的，我们今天下午就开始排练。"在排练的过程中，小凯表现相当积极，对自己指挥的动作要求严格，甚至同学们都在休息，他一个人躲在角落里练手势。合唱比赛过后，我发现小凯的笑声多了，人也阳光了，开始参加集体活动了，开始与同学们交谈了。看到他的这些转变，我真为他感到高兴。

转眼间，又一个"六一"儿童节到来了，对于即将小学毕业的孩子们来说这是他们最后一个儿童节。学校还是像往年一样组织大合唱比赛，我心想这次还让小凯当指挥。可没等我开口，他就主动找我要担此重任，我很高兴地答应了。这也证明他变得更主动了，集体感变强了。他练习很认真，一个动作要反复练习好几遍，听他妈妈说在家里他还自己边唱边练。比赛那天，他站在舞台上，大有指挥家的风范，音乐响起，他和同学们迅速进入角色。在他出色的指挥下我班的合唱表演圆满结束。最后的退场，学校规定从右侧退场，不知什么原因小凯的手势打成了从左侧退场。等我回到班里，发现小凯趴在桌子上哭了。我想他肯定是认为自己的失误给班级丢脸了，对不起老师和同学们。我抚摸着他的头，轻轻地对他说："你今天能够站在舞台上尽职指挥就证明你已经成功了，看到你激情满怀的表现，老师为你骄傲。退场手势的失误也许是你有些紧张，以后多参加这样的活动，多加锻炼自己就不会紧张了。老师还要感谢你呢，是你的小插曲给老师和同学们留下了更难忘的回忆。"小凯抬起了头，冲我笑了。正如花蕾绽放时或许会有几多风雨，但终于是开花了，这艰难的过程中融入了几多苦，几多乐！

人生就是有苦就有乐，这在与孩子接触的过程中得以鲜明的体现。

运动会上，大家的心连在一起，为成功欢呼；对于暂时的失败，虽然也会难受，但能报以乐观的心态，也不失为一种很好的收获。

教师节的时候，总是在不知情的情况下我的办公桌上会出现这样那样的贺卡，一枝枝漂亮的鲜花，一行行感动的文字，那时的我深深地感受到了爱的回报。

平时的他们还时常戏称我为"六月"老师，意思就是我情绪比较多变。也常称我为老徐，觉得我是个啰唆的人。从他们的另类别名中，我体会到了另外一种温暖。

永远的六（1）班已经毕业了，陪他们一起走过了属于我们六（1）班的花季。那些人，那些事，一直深深地烙在我的脑海里，是那么的温馨如故，那么的意味深远。

成长感悟

一把沉重的铁锁挂在门上，有人拿一根铁棒去敲打它，不管用怎样的力气都打不开。这时，另外一个人来了，他拿出一片小小的钥匙，"咔嚓"一声，锁就开了。

疑惑不解的铁棒问小钥匙："为什么我用那么大的力气都打不开锁，你轻轻一下就可以打开呢?"小钥匙回答："因为我懂得锁的心。"

"懂得锁的心"，多好的解释呀。作为教育工作者，特别是一名小学教师要了解学生、读懂学生的心是尤为重要的。小学生处于花季年华、精彩童年，他们心里想什么，需求什么，老师们是否了解。

有句话这样讲："要蹲下来和学生讲话。"这话说得很有道理。教师习惯于俯视学生。蹲下来和孩子说话，体现了一种平等的教育思想，教师要和孩子沟通、对话、交流，把学生当作朋友。

读懂儿童，读懂儿童的心，要学会换位思考。如果我是学生，我会干什么? 我会想什么? 还可以回忆一下自己的童年时代，那时，自己的内心世界是怎样的? 只有读懂孩子，教育之路才会变得越来越宽敞。

她又迟到了

"老师!"门口闪过颖的那张脸,马上又缩回去了。"什么事?进来吧。""老师,我今天又迟到了。"颖进来时,一副嘻嘻哈哈的表情。我这才注意到桌面上的两张迟到扣分单,其中一张单上赫然写着:五(3)班,颖迟到扣 1 分。

这样的扣分单,几乎每周都会收到两三张。考勤值日生都知晓她的大名,有时睁只眼闭只眼,有时就没那么好运了。其实她家住得不远,走路最多十几分钟。我查看她以前的评价手册,发现老师最头疼的就是她爱迟到,做事很磨蹭。

据调查,她生活在单亲家庭,爸爸当年净身出户,目前在国外生活,她爸爸每月依然负担她和她妈妈的生活费用。颖家住的是豪宅,她妈妈即使不用上班,钱也够生活了。可能是愧疚吧,她妈妈特别宠爱颖,在生活上把孩子照顾得特别好,生怕孩子受一点儿委屈,也一直没有成家。

学生迟到在班级纪律评比中,是最刺眼的一个指标。她之前的三任班主任经常为这事发火,经常请家长来,家校之间矛盾很大。

我想起前几天在《读者》杂志上读到一篇教育文章《迟到》,说的是澳大利亚的两个孩子经常迟到,某一天又迟到了。班主任问原因,两人异口同声地说是他们坐的车到半路时轮胎爆掉了一个。班主任处理的方式很有趣。他和孩子们共同做一个开车闯关的游戏,重现坐车来学校的情景,游戏中要回答两个问题:爆掉的轮胎是哪个?是在哪个地方爆掉的?结果两个孩子一个说是左轮胎,一个说是右轮胎,而且爆掉的地点也不一样。当老师向两个孩子出示结果时,两个撒谎的孩子都哈哈大笑，而后窘得脸都红了。

我欣赏的是老师对待孩子们犯错的方式与心态。试想，遇到孩子迟到，你会放慢工作节奏，和孩子们共同体验一场游戏吗？这其中没有我们惯用的疾言厉色谈撒谎的害处，没有冷漠的语言暴力，没有恨铁不成钢、苦口婆心的唠叨，有的是好玩的智慧和轻松的工作心态，让头疼的学生转化工作变得慢而有趣。

想起这个故事，我的心突然平静了一些。我得放下手头工作，静下来思考思考。

是的，面对繁杂的班主任工作，面对越来越难搞定的家长群体，面对来了又去、去了又来的问题学生，面对我们体检时日益增多的亚健康数据，面对深圳的快节奏生活，故事中老师的良好心态不正是我们缺乏的吗？

一般来说，学生经常迟到有以下几个原因：恐惧老师，恐惧学校，以前的老问题给孩子留下了心理阴影；家长纵容造成的习惯性迟到，家长根本没有把孩子每天按时上学看成是一种早期的纪律训练和规则意识训练，或包办过多造成的习惯性迟到；学习动力不足，缺乏长远的目标。

我考虑再三，觉得还得先从家长入手。

于是我先约谈家长，家长态度非常好。说自己骂也骂了，罚也罚了，动之以情，晓之以理，大道理讲了无数，自己嘴皮子都快磨破了，好不了几天，孩子又开始迟到。

我笑着说："你讲的道理孩子听了多少遍？如果你说了一百遍，那么你的孩子听了可能上千遍了。"家长愣了一下，然后话题一转，愤愤不平地说以前的班主任对她孩子如何如何不好，老是批评罚抄，颖总是说不喜欢班主任。那个班主任总是批评她不会教育孩子，溺爱孩子等等，然后说颖的外婆的确很宠颖，自己要求严格，外婆却护着孩子等等。又说孩子迟到确实是自己有问题，生活不规律，经常睡懒觉，没做好榜样。我终于听到了一句她的反思。我认识到家长和老师根本不是一个阵营的，她的教育观念出了问题，缺少方法。

我进行初步分析：家校关系不和，孩子不喜欢班主任，班主任的话作用不大。家庭教育中观点不一致，外婆掣肘，孩子有保护伞，孩子做事磨蹭。家长的生活习惯也不好。我让家长试试三招：从明天起让孩子自己起床，自己设闹铃。迟到是她的事，家长不必自责。让孩子早上叫家长起床，家长和孩子互换角色。孩子不起床，不唠叨，不批评。家长马上说："以前的老师也这样教过我，我试过，不管用。"我笑了："好的教育方法要持续用，要坚持用，用几天是没有效果的。"家长不好意思地说自己确实没有坚持，她本身是个没毅力的人，做什么事都三分钟热度。

我继续指导家长：跟孩子说清楚，让孩子自己负责自己的事情。家长好奇地问我是不是不在乎文明班级，以前的班主任老因为这事批评颖，可颖说你从来没有批评过她。我笑着说："当然在乎，这就是我找你谈话的目的呀。我没有家长说得那么神，你不帮我，我是寸步难行的。相较于文明班级的荣誉，颖的成长才是我更关心的。她是你这辈子的全部希望嘛。"家长眼圈红了。"你想想看，她将来上大学，到公司上班，都得自己起床呀，你不能跟她一辈子，更不用说外婆了。你得训练她。"家长点头。

家长反映一件事：以前的班主任批评颖爱迟到时，颖捂起耳朵叫起来。颖说听到谁说"爱迟到"三个字，她就想吼叫。从那以后，班主任老师也不管她了，但是说话时总是阴阳怪气的。我嘱咐她过去的事过去了，总提起对孩子心理影响很大。记住七个字：不唠叨，坚持努力。

家访后没多久，颖又迟到了，不过这几天深圳连续下雨。我不急不躁，微笑着看着她理不直气不壮地进教室。我看了看后面的钟，说："今天比昨天早到三分钟，虽然你迟到了。"其他孩子们哈哈大笑，她也笑了。"颖，你若能一个星期不迟到，我免你一次作业。一个月不迟到，我的奖励是，邀请你和我去区文化中心听一场音乐会。"我知道她喜欢音乐。"哇，这么好——"孩子们羡慕地望着她，她在座位上若有所思。不知道是我有意识地淡化了她的迟到，还是因为有所期待。慢慢地，她迟到的次数越来越少了。

因为有进步，颖获得在班会课分享自己进步的机会。颖犹犹豫豫，脚步迟疑，介绍自己每天叫妈妈起床的经历时，同学们听得眼睛都睁大了。颖说妈妈居然很听话，有时候妈妈赖床时，自己就像大人一样批评她，妈妈点头虚心接受批评。她说那一刻她感觉自己长大了，像个大人了。我感受到家长背后的用心。

破天荒地，她居然两个星期没迟到。我走过去当着全班同学的面真心地拥抱她，拍了拍孩子有些瘦削的肩。那一刻，我真的是有一种别样的感觉。颖的脸微红了，那节课，她听得好认真，好认真，第一次发现她的眼神好亮，好美。

可是一个坏习惯想要短时间彻底改掉是很困难的，因为孩子成长的过程是不断试错的过程。基于这样的规律，就会有反复，我就更需要良好的心态。于是我等待着她再一次迟到。

一个月后，这一天我终于等到了。

她不好意思地在众目睽睽之下走进教室，同样是迟到，但那种不好意思的表情是以前没有的。我惊喜："天啦，四个星期没迟到呀，你怎么做到的？"并请她上讲台讲述战胜困难的过程。我真诚地说："孩子，我们每个人身上都有毛病，但是有时候明知道要改可就是改不掉，我是真心地觉得你了不起，我想听听你的故事，你一定付出很多，虽然你今天迟到了。讲吧。"她絮絮叨叨地讲起来，腰挺得越来越直，其他孩子听得认认真真，我不断点头："不容易，不容易，还能早起读点英语，越来越上进了，为你点赞！"我是真的觉得她不容易，一个五年来读书老迟到的毛病要改掉谈何容易，我带头鼓掌。

迟到还是有，但只是偶有之。她红着的脸，让我觉得说任何批评的话都是多余，我拍拍她的肩，微笑，表示理解。就是用这种方式，我慢慢地走进了她的心。她曾悄悄地跟我说过她跟闺蜜之间的事。慢慢地这个孩子爱上了语文课，爱上了学习。有一次我在全班朗诵她写的一篇作文《一声闺蜜，一生闺蜜》，的确很感人。同学们发现其实她还是个才女。

颖的进步让家长十分感激，她又开始在家长群里帮我做宣传了。

成长感悟

当孩子出现行为习惯问题时，不能直接跟他（她）说你这样做是错误的，是不应该的。这叫作是非判断，道德归因。经验告诉我们：这类"教育"基本属于废话，做无用功。请问哪一个孩子不知道迟到旷课是不对的，基本都知道。他们基本上是明知故犯。如果我们认为他们之所以犯错误就是因为他们没有认识到这是错误，一旦认识到了就会改正，说明我们处理问题不够专业。白白在无用的说教方面浪费时间，明知无效还是要苦口婆心，是因为作是非判断是容易的，而做进一步的研究是困难的。

孩子们在行为习惯方面的错误常常是反复的，所以过程会很慢很慢。正因为反复才让我们感受到转变的不易，心情焦躁时，难免失去耐心。其实当你正向看待这一过程，并不断鼓励孩子时，细心观察会发现，孩子在一次次的反复中整体上还是呈螺旋上升的趋势，因为没有哪个孩子天性不愿意上进。有人担心，我们就是对孩子表扬太多，所以现在的孩子越来越脆弱。事实证明，我们的大拇指竖起来的时候还是太少。

学生成长的美丽就在于他（她）的慢过程，而这个过程老师不早不晚恰好出现在他（她）的生命里，看见了他（她）的成长，真好！有了这种欣赏的心情，就会有探究的心理，而且用这种眼光与心态去看待学生重复发生的问题，审视孩子成长中犯下的小错误，就会变得平静从容。

慢不是工作拖拉，不是不要雷霆万钧，不是不要疾风骤雨，而是用另一种心态，用孩子的心去看待孩子，处理事情。

感谢孩子们，是他们丰富了我生命的色彩，让我在繁忙的工作之余，总有倚窗喝一杯咖啡的闲适心情。

丢掉的那一支支笔

最近一段时间，扫地的孩子每天都能扫出一支支扔掉的笔。我拿起笔来在纸上一画，能出墨，还能用。于是我把这些笔擦拭干净，放在讲台上，等着第二天它的主人来领它们回家。

笔在讲台上放了几天，都无人认领。倒是每一天仍然能扫出一堆好东西，比如画笔呀，橡皮呀，尺子呀，本子呀，讲台上放满了。问是谁丢的，问要不要拿回去，都摇头。

偶尔拿着知道主人是谁的笔和尺子去问主人是否要认领，他们或者说"我早买新的啦！"或者说"老师，我不要了。"然后从笔盒里拿出一把，"瞧，这是我妈昨天给我买的新笔。"

我不解地说："可是这笔和尺子还能用啊！你们拿回去吧。"他们坚决不要了。

说给同事们听，大家纷纷说："别说笔了，什么雨伞呀，水杯呀，校服呀，鞋子呀一堆堆。这些家长也不知道怎么啦，孩子衣服没穿回去，伞没带回去也不知道。放在教室里生细菌，只好定期清理一些。"

"班会课上多少次讲勤俭节约是传统美德，我们要继承发扬。你猜那学生怎么说？"年纪大的江老师说，"老师，你们那一辈人，生活在物质紧张、商品短缺的年代。我们现在不同了，生活条件好了，根本不用像过去那样精打细算了。我老家的奶奶早就不用手洗衣服，改为用洗衣机啦。也不摇扇子，改吹空调啦，多舒服！我们扔点不要的小东西，不影响别人的生活。"

"也不能怪学生，毕竟他们没经历过贫穷，一出生就处在最好的时代。班会课呢，多是站在道德的制高点说教，效果可以想见。纸上得来终觉浅，绝知此事要躬行啦！"刘老师的话颇有深意。

我决定开一次班会。这次的班会采用问题解决式的形式展开，每个小组根据选定的问题准备材料。

"名言搜集组"的孩子上台背诵、讲解关于节俭的名言：

一粥一饭，当思来处不易；半丝半缕，恒念物力维艰。——《朱子家训》

历览前贤国与家，成由勤俭败由奢。——李商隐

夫君子之行，静以修身，俭以养德。——诸葛亮

不念居安思危，戒奢以俭；斯以伐根而求木茂，塞源而欲流长也。——魏徵

班长说：是的。这一条条一句句名言都是我们中华民族流传下来的瑰宝。现在国家提出建设节约型社会正是此意。有的同学认为我们扔点不要的小东西，不影响别人的生活。你们知道一支笔、一张纸、一件衣服是怎么来的吗？下面请"科技组"的同学上台展示他们从新浪网搜集的视频。

看完视频，同学们感叹：没想到制造一支铅笔这么复杂，30多道工序，单单一个圆珠笔头就多达20道工序！全部制作完成需要上百人的努力啊！

班长小结说：同学们，我们丢一支笔一张纸就等于是浪费这么多工人付出的劳动。我们的行为真的不影响别人的生活吗？

班长说完，同学们若有所思。

"文学组"的同学上台讲解：历史上的夏桀和商纣是两个有名的昏君，不顾老百姓的死活，骄奢淫逸，灭了国。隋炀帝二世而亡，走了老路。慈禧太后60大寿花费数百万两白银，而当初建立北洋海军也不过几百万两白银。元代诗人张养浩曾写下这样的名句：兴，百姓苦；亡，百姓苦。

"文学组"的同学继续发言：一部《红楼梦》，那么大那么繁华的四大家族，为什么落得家败人亡，白茫茫一片真干净？其实展现的就是封建社会灭亡的必然趋势。贾府的子弟有几个是勤勉上进的？贾赦、贾珍、贾琏都是穷奢极欲、吃用无度。元妃省亲时，连贾元春都说"太奢华了！"刘姥姥赞叹贾府一顿普通的饭食够得上庄户人家吃一年的，一部《红楼梦》成为警醒世人的教材。

班长说：可能有的同学说，那已经是过去的历史了。有同学说，现在中国经济快速增长，我们不用勤俭节约。现在我们的社会物质丰富得很，事实如此吗？请听"新闻组"的报道。

"新闻组"报道一则事例：新中国成立后，周恩来总理的一件睡衣补了又补，穿了十多年。一国之总理，难道穿不起一件睡衣吗？总理为国人树立了一个节俭的榜样。

"新闻组"接着播放了几则短视频，讲两个孩子的爸爸妈妈理性消费的家庭故事。有句话孩子们印象很深："我们穿得起名牌衣服，但是我们觉得没必要件件名牌；我们能高消费，但是我们不瞎消费。勤俭节约这个传统不能丢啊！"家长的参与，让孩子们更容易受到感染。

班长小结说：勤俭节约不光是中国人的传统。我们来看看"国外信息报道组"的同学怎么说？

"国外信息报道组"展示 PPT：

事件一：瑞士是世界上有名的经济发达国家。人均年收入高达几万美元。在这个生产"劳力士""欧米茄"等品牌手表的国度里，国民大多却使用普通的手表，甚至是连我们都已嫌弃的塑料电子表。

事件二：英国的财富在全世界都能排上号，可英国人都十分"小气"，大学课本的纸一般是正反面书写，中小学生课本一般是上一年级的学生留下的。

事件三：美国很富有，可美国人在生活中却很节俭。一般美国人请客，甭指望能吃到"满汉全席"，他们最多给客人叫一块牛排或一片肉饼，至于酒，要客人自带。

同学们赞叹不止，也对自己之前的认知有些动摇。

班长做总结：不是外国人买不起，用不起，而是他们也有勤俭节约的生活态度。可见勤俭节约是世界人民的共识。在过去条件艰苦的时候如此，在生活条件得到改善的今天也如此，今后生活更加富裕的时候，更要这样。

班长说完，全班响起热烈掌声。

最后我做小结：各个小组准备很充分。我相信很多乱扔东西的同学也受到了教育。当我们每个家庭的生活变好了，有能力满足自我时，适当改善生活条件无可厚非。但是消费不等于浪费，消费要有节制。像乱扔能用的笔、纸、水杯，然后转手就去买新的，我认为这就是非理性消费，这种行为对个人对社会对国家都是一种浪费。节约从我做起，从小事做起。

最后，我念了报纸上登载的一则让我心酸和感动的故事。孩子们以为故事是发生在"新三年，旧三年，缝缝补补又三年"的物质匮乏年代的。而实际上这是一份出版没多久的报纸，这就是发生在我们周围的真实故事。故事展示的都是龙岗真实的困难户的生活，有真实姓名、真实地址，是政府一个个核实的。孩子们太惊讶了，一个个争着看投影仪上的那份报纸。报纸的标题是：赠人玫瑰，手有余香。

教室里瞬间沸腾起来，有些孩子眼角还有了泪花。

 成长感悟

勤俭节约是中华民族的优良传统。无论时代如何变化，都应该倡导与发扬。通过班会课，孩子们认识到，勤俭节约也可以变成一种生活新时尚。

放手让学生搜索资料，上台展示的过程实际上是学生自我教育、自我完善的过程。德育是小事，处处皆德育。当孩子们的认知出现问题时，老师要善于抓住契机，然后不动声色地引导，修正，创造机会。老师是组织者，是引导者，有时还是站在一旁鼓掌的啦啦队员。

让愤怒转个弯

下课时，一群孩子急忙跑进办公室，说："李老师，张杰和谢隆快打起来了，你快去看看吧！"

我赶紧去教室，田菲刚从地上爬起来，面前是一地碎玻璃片。张杰和谢隆面红耳赤，掐着对方的脖子不松手。一见我，张杰气呼呼地松开了手。张杰是班上出了名的"老鼠过街，人人喊打"的角色。我仔细检查了一下田菲，还好，只是胳膊上有点红。谢隆也说玻璃片没伤到他。我又忙抓起张杰的手，察看有没有被玻璃片擦伤，结果发现张杰的手背上被划了一道伤痕，还挺深。张杰却说："这一点小伤没事。"我看了一眼，吩咐谢隆说："谢隆，你陪着张杰赶紧去校医室。得了破伤风，会有生命危险的。其余的同学帮忙清扫玻璃，小心不要扎到脚。"谢隆刚开始一副不愿意的样子，不过还是陪着张杰去了一楼校医室。一场风波暂时平息了。

我询问周围的同学怎么回事。他们说谢隆带了玻璃瓶做科学实验，大家都在旁边看。张杰也挤进来看，还用手摸，谢隆不让他碰，可是张杰不听，还把桌子推倒了，瓶子也碎了。田菲没站稳，滑了一脚倒在地上。谢隆就和张杰打起来了。他们还说张杰以前经常搞事，常被各科老师批评。听到这里，我若有所思。

张杰和谢隆从一楼上来后直接来到我办公室。谢隆指着张杰的手说："校医给张杰涂了点消炎药，包扎了。"我拉着张杰的手，问："疼吗？"他摇头。"没想到，张杰很坚强啊，像个男子汉！"我轻声说，"不过，你以后要小心点，要是被碎玻璃片扎到同学，可就麻烦了。是不是？"他点点头。"谢隆你看，张杰还是挺懂事的呀。"我说，"张杰，你现在知道你错在哪里吗？"张杰转身向谢隆道歉。

我问张杰："你知道为什么谢隆和你起冲突吗？"张杰说："他怕我搞破坏，我一生气就把他的玻璃瓶摔碎了。"我笑起来："能看清自己的问题，不错。你想去摸是因为你好奇，是吧？"他点头："我跟他说我保证不搞破坏，谢隆不相信我的话。所以我就很生气。"谢隆生气地说："你的保证不管用，过去你保证了多少次，老惹事。四年级时，安老师哪天不批评你个十次八次的，恨不得整天嘴巴搁你身上。哼！"我制止了谢隆，说："那些事已经过去了，不要提了。我看现在张杰表现还是有进步的。第一，我看见你俩时，是张杰先松开了手，这说明他意识到自己错了。第二，你俩去了校医室一趟，张杰还愿意到办公室来解决问题，很尊重老师。这又是进步。第三，能忍住痛，眉头都没皱一下，有男子汉的风范。第四，对学习有好奇心，也是个和谢隆你一样爱探索的孩子。是不是这样，谢隆，你觉得我分析得有道理吗？"谢隆点头。我又转头对张杰说："我不管过去别人对你怎么看，我只管你现在开始怎么做，我对你有信心。"

张杰主动说："谢隆，我下午保证给你带两个有刻度线的瓶子来。有刻度线的瓶子可以看得很清楚。你下午能不能让我看你做实验？"我又表扬张杰："不错嘛，勇于认错，还能采用协商的方式解决问题，知错能改，真是长大了。"谢隆答应了张杰，也算是原谅了他。张杰笑了："我保证不捣乱，谢隆。保证能做到。""李老师百分之两百地相信你。"我拍拍他的肩。谢隆说："张杰，你的手这几天不要浸水啊。"张杰点头："谢谢你。"

中午，张杰的妈妈打电话来问："李老师，张杰说您表扬他了，他说他不小心把谢隆做实验的玻璃瓶弄破了。有这事吗？"我笑着说："小事，已经过去了。他的手指还疼吗？您问问他，让他别浸水。""谢谢老师的关心。玻璃瓶我家阁楼上有，张杰自己清洗了，准备下午带过去！老师，自从您教我家孩子后，我感觉他变了很多。他经常回来说喜欢您。谢谢您，老师。"我在电话这头笑了。

下午张杰果然带了用布袋包好的有刻度线的玻璃瓶。我让谢隆教张杰做实验，谢隆答应了。我听见张杰对旁边的同学说："你们离桌子稍稍远一点，不要碰到桌子。"

成长感悟

面对过去时常挨批评的却没有大的改变的学生，得改变方法。批评不能轻易使用。一个常处于批评中的孩子，会对自己丧失信心，会慢慢变得沮丧，进而产生报复心理——不断地搞破坏。一个常处于批评中的孩子，也会让周围的同学产生一种弊导思维：凡事总是往坏的方面着想。这等于给孩子贴上了一张错误的标签。老师的任务是慢慢用积极的方式帮孩子揭掉身上的标签。没有人不喜欢赞美，对于孩子尤其需要。

整件事，从头至尾，我发现并寻找张杰无意中表现出来的优点并将之放大，做到不当面批评，坚持正面教育的原则。这绝对不是包庇他的错误，而是让愤怒转个弯，宽容有时候会产生巨大的力量。

为心灵开启一扇窗

都说教师是太阳底下最光辉的职业，那么，我们如何把光和热带给我们的学生呢？我想，最基本的要求就是要爱孩子。但也许您会问：所有的孩子都可爱吗？答案是肯定的。即使是最顽皮的孩子也有他可爱的一面。关键是教师如何去发现他的优点，如何引导他完善自我，让他变得更加惹人喜爱。

去年，我继续承担六年级的语文教学兼班主任工作。我所在的这个班共有50名学生，学困生竟有15个！这里面有很多客观原因。比如这个班中途转来的学生较多。另外，我发现，这个班的学生很多都有破罐子破摔的想法，学习劲头不是很足。

经过五年级一个学期的努力，我让这个班有了很大的改观。新学期第一天进课堂时就以一番表扬开始了我和学生的学习时光，"能够和六年级的学生一起学习语文，我感到很荣幸。因为我发现，徐老师接手你们一个学期以来，你们简直发生了天翻地覆的变化。我发现你们变得勤奋了，每天我都能看见你们认真读书的身影；我发现你们变得更自信了，热情洋溢在你们每一个人的脸上。我也更坚信，在我们共同学习的过程中，同学们一定会让自己的学习成绩创造一个又一个辉煌，同学们，你们有信心吗？"情绪被调动起来后，同学们都以最响亮的声音回答了我。这也让我坚定了改变他们的信心。

弹指一挥间，一个学期过去了。我采用收徒弟、小组竞赛、采摘幸运礼品等多种方式丰富着我的课堂。每天我都利用课余时间，做生动有趣的课件，同时我给孩子们留不同程度的作业，看到孩子们学习的欲望被我充分调动起来，我别提有多高兴了。为了争夺语文明星、最佳师徒奖、最佳进步奖，大家都铆足了劲，甚至下课时都跑到办公室让我讲题，还有一些不善表达的同学每天就通过写小纸条的形式来询问问题，有时也写一些自己的烦恼，我同样以小纸条的方式为他们解答知识上的疑问和成长中的困惑，这些神秘的小纸条已经让我深深地走进了他们的内心。我知道，除了教师这个身份，他们已经把我当成最要好的朋友了。

天道酬勤，付出总有回报。一学期下来，同学们的学习成绩也有了很大的进步，虽然这个成绩还不算太好，但我知道，我们都努力了。"没有最好，只有更好"，这是我们共同立下的目标。我们也时时刻刻地朝着这个方向努力着。

当然还是有让我感到头疼的学生。他叫小辉，个子矮矮的，人却长得很精神。其实他挺聪明的，但就是不爱学习。软招硬招我都用过，什么招在他身上都不好使。上次阶段测试，他又不及格。

那天我把他叫到了办公室，先数落了他一通，然后说了他的问题，我瞥了他一眼，他的表情竟是那样的镇静，不悲，不痛。突然，我的心像被什么刺了一下似的。突然悟到：他竟然对批评声麻木不仁，那么在他的内心里已经装载了多少批评呢？这一句句讥讽难道不正像一颗颗钉子深深钉在了他的心灵上吗？那是怎样的一种痛啊，竟使他痛得没了知觉。即使拔出了钉子，可曾经留下的伤痕能马上抚平吗？想到这，我马上拍着他的肩膀，"对不起，小辉，你没考好是老师对你的关注和辅导不够，下次，我会努力。"

我说完这话的同时，也惊呆了，他两行清澈的泪像决堤的水汩汩地流出来。虽然他没有表态，我知道他的心这次是真的被触动了。

也就是从那天起，在小辉身上发生了一系列的变化。他到校的时间提前了，从前是到校后开始抄作业，现在自己独立写作业了。以前，上课时他很少动笔，现在他的书上也写满了密密麻麻的笔记。还有，他从前是从来不给我写提问题的小纸条的，现在，我总是能收到他写来的小纸条。从前，他上课很爱说话，而且说的都是与课堂无关的内容，现在他仍爱说话，但多数是在回答问题。正当我惊喜于这一系列的变化时，有天下课，两名同学来到了我的面前向我告状，他们说小辉上课时玩小卡片，他兜里还有。我问他是否有这么回事。而他就是不说话，那种倔强的样子让人气愤，但我知道不能生气，要控制自己的情绪，因为我看到那眼神中分明有一种被冤枉的感觉。我突然意识到这卡片不是普通的卡片，肯定是什么特别的人送给他的，或是这卡片有什么特殊的意义。为了不再使局面僵持下去，我让其他的同学到操场上去活动。教室里只剩下我们两个人。他的胸脯还在起伏着，看来气是没消。我和蔼地对他说道："小辉，老师相信你一定有什么不想说出来的原因，老师今天也不追问你了，但我希望你能够不再把这些卡片带到课堂上来。"他诧异地望着我，又瞄了教室的门一眼，然后把卡片往讲桌上一放，对我说："老师，你自己看看吧！"我带着几分疑惑拿起了那些小卡片，让我万万没想到的那竟然是一张张词语积累卡片。"为什么刚才同学告状时你不辩解？"我疑惑地问道。"告诉他们？我就是想让他们觉得我没那么努力就能取得好成绩。"原来是这样，真是幼稚的小家伙，但我还是用力地点了点头，对他说："好，我会为你保密，但我希望你能够带给我惊喜。""欧了！"他用了一句当下时尚的流行语，然后顽皮地跑出了教室。

在阶段测试中他获得了优良。同学们震惊，但我知道这是他努力的结果。那一刻我竟然有种想哭的冲动，因为那是大家公认的调皮、捣蛋的"坏"孩子送给我的最好礼物。公布成绩的那一刻，他更是得意忘形，在教室里又蹦又跳的，而后又跑到别人的课桌前，带着几分卖弄，又带着几分骄傲地大喊大叫。虽然他的行为已违反了课堂纪律，但我并没责备他，因为我知道，他已经朝着太阳的方向开始了奔跑，开始了旅程。

即便我不能一直陪伴他，但我已经为他的心灵开启了一扇理想之窗。

难教育的孩子，一般都是具有强烈自尊心的孩子。教育者就是要千方百计地保护孩子最宝贵的东西——自尊心。即使是只有几个月大的孩子你若是不给他好脸色他也会识别，因此，在孩子的成长过程中，再没有比自尊心更重要的了。那么如何保护学生的自尊心呢？我想作为教师首先要放下自己的身份，把孩子当作朋友同等对待。只有让学生从内心深处接受教师，教师才能走进他们的世界。其次，建立激励机制，在教师的整个教学活动中创设一种积极、竞争、拼搏、向上的课堂氛围，帮助学生树立自信心，使他们对未来充满希望，在这样的环境中学习，学生自然会让我们有意想不到的惊喜。

孩子成长的心理营养中不可缺少爱与尊重、成就感和价值感，小辉的成功转变说明我触及了孩子最核心的愿望——受人尊重。

成功往往就是选择了对的时机，做对的事。

你若盛开，蝴蝶自来。

失信引起的纠纷

锐，身材略显胖，以前非常调皮，和汪小灵几个一起，常常是铃响了几分钟，还在厕所旁的洗手池磨蹭，然后慢悠悠地走回教室，毫不在意地打个报告，再要紧不慢地走到座位上。这些都是五年级的事了，我那时并不代他们的课，因他们班挨着六（1）班，所以这道"风景"我常常目睹。

又是上课铃响了，学生练字时间也过了，锐还没回教室，问学生，说上一节课还在。快嘴的汪小灵猜测锐可能去楼下找他的兄弟去了。我纳闷，只听说他是独生子，怎么突然冒出个兄弟来？楼道的尽头，锐低着头，那个身影一步步移动，照例不急。我关切地问："怎么迟到啦？去哪儿啦？"他不回答。最近，他变得不怎么讲话了。因为他的脾气很倔，这一点我领教过，只能顺着他一些。

第二天上午第三节我没课，正在改作业。一抬头，发现 QQ 群上班主任工作群里一条条信息闪了又闪，一看是燕老师发起的话题，说他班姓吴的孩子吹牛说要请我班锐游泳，后来失信，锐经常向吴姓孩子要钱。

我沉思着，应该怎么着手处理这件事。我顺便把这件事跟戴老师讲了讲，因他是我这个班原来的班主任，对锐的情况应当了解很多。戴老师说这些孩子的思维往往就是这样子，然后举了几个例子，大意是他们想法特别幼稚，想事情也经常出乎平常人的意料。我一听，还真是。竟然以为人家口头讲的一句做不到的话就是欠他的钱。

事情发生在暑假，这个吴同学读一年级，平时对锐并不了解，从不来往，也不住一个小区。因放学时打球混个脸熟，有次聊天，说到游泳的趣事。吴同学说他有钱，打算请锐几个去中心城的体育馆游泳，门票钱他包。约好周六在校门口见，结果左等右等不见人影。锐认为自己作为高年级的同学居然被一个低年级的同学要了，无论如何脸面过不去，气愤不已，决定修理吴同学一番。

吴同学被逼无奈，答应给锐他们门票钱以了结此事。可是门票钱要80元，他根本不敢跟家里说这事，也不知上哪去弄那么一笔钱，于是事情就没完没了。今天省下早餐钱给个 1 元，明天再给个 1 元，最多一次给过 10 元，已经给了 20 多元。但离 80 元还差一大截，吴同学就拖着不想给了。锐说那几天迟回教室就是找吴同学要钱去了，还愤愤不平地说，都过了一个多月了，还差 50 多块呢，还得找他要。

我分析了一下这件事透露出的信息：锐是个很要面子的孩子，性格内向，平时跟爸爸妈妈沟通不多，这个孩子遇事憋这么久，可见现在他心理已经到了崩溃的边缘。一年级的孩子爱说大话，与他周围的环境有关。这钱都被锐拿去买零食吃了，可能锐家里满足不了孩子这方面的需求。这件事汪小灵知情，可能汪小灵是怂恿者，也可能锐没听取汪小灵的建议，两人都缺乏与爸爸妈妈的沟通。所谓的修理一番目前看就是讨钱加吓唬，认知出了严重的问题，导致行为偏差。

当天下午我带锐和吴同学的家长见面了，因为事情升级了，吴同学害怕锐打他，躲在家里不肯上学。锐这段时间逼得紧，经常下课去教室里找吴同学要钱，把他给吓到了。原来汪小灵说的"兄弟"就是他。

我和燕老师先核实情况，锐和吴同学所说一致，情况完全属实。

燕老师告诉吴同学，以后遇到这种事不能自己解决。这种事一定要告诉老师或父母，转而对锐说："吴同学说大话不讲诚信是有错，可是他不欠你钱。他最多是失信，你混淆了二者的意思。所以你找人家要钱就不对。一而再再而三去找人家要钱，以大欺小，有校园霸凌、勒索的味道。"

我建议锐应把钱退给人家，没想到锐气呼呼地往外走，显然他不服。我提醒自己：百炼钢化成绕指柔，现在的孩子太脆弱了，如果孩子走什么极端就麻烦了。

吴同学的妈妈见状站起来冲着锐说："这位同学，这钱阿姨不要了！"我决定马上跟锐的家长取得联系，吴爸爸也说想跟锐的家长沟通一下。我明白他是害怕孩子遭遇更多的麻烦，有种想要息事宁人的态度。

我按了手机免提，让锐直接对话他爸爸，很明显锐没有先前那样的理直气壮，我听见他爸爸大声批评孩子。锐的爸爸对孩子很严厉，语气很激动，连连向我道歉，批评自己儿子小小年纪不学好，给大家惹麻烦了。

时机成熟，两位爸爸用手机就这件事进行了进一步的沟通。

我和颜悦色地疏导："锐，我们老师和你爸的意思差不多。这个钱确实不是你应得的。为什么呢？因为吴同学跟你无任何特殊关系。就算是人家大方请了你，你得回人家一个人情，也得花相应的钱请回人家。这是人之常情，不然人家心里就不舒服。你说对不对？"他紧绷着脸。

我提起前不久发生的事："你们家和汪小灵、吴海家关系一直非常好。上次你几个一起去欢乐谷玩，吴海的父母一分不少地把门票钱、吃饭坐车的钱给回了你们家。汪小灵的爸爸带你去公园玩了一次，都是他家花的钱，等于是间接地还了这个人情。礼尚往来就是这个道理。吴同学只是失信，不欠你钱。"

吴同学的爸爸把手机递给我，看得出两位家长沟通的效果不错。

我又问锐："当时吴同学说要请你们去游泳，门票包在他身上。你还可以怎么做？"他想了想说："拒绝的。"我追问："为什么呢？为什么当时没有拒绝呢？"他的眼神愣愣的，接不上话。我判断这个问题他从来没好好想过，可能这就是前班主任戴老师说的"特殊思维"。

燕老师建议两个孩子互相道歉认个错，没想到锐不肯，吴同学是不敢。

我见状引导说："欠钱就是你的钱别人借用了，然后没有还给你。他无法兑现承诺，是因这个钱太多了，这不是他要耍你，不给你面子。这事你如果当天咨询一下你爸妈，他们会告诉你怎么处理更合适，也不会让你为这件事苦恼这么久。你是家里唯一的孩子，你说你想去游个泳，你家里不会不满足你这个合理的要求。钱的来路要正当，否则你就会遇到麻烦，今天的事就是。"锐呜呜地哭起来："老师，我不应当贪这个小利，而且逼人家，让他不敢上学。我回去我爸肯定会揍我……"

燕老师冷着脸训斥："你一直不敢跟你爸说，原来是怕你爸揍你。这说明你根本就是在知错犯错，还不向吴同学爸妈道歉。"我用眼神示意燕老师。我心里清楚这事不能急。当孩子在气头上时立刻道歉，这违反人之常情，因为通常人们道歉都是冷静下来之后的事情。

我顺手扯了一张纸巾递给锐，他的哭声明显降了调值，于是我便安慰道："哪个小孩不犯错？人无完人嘛。不犯错的是圣人。做了错事又不能像电脑一样来个一键撤销。人就是在不断犯错中成长。相信我，如果你爸听到你当面承认错误，并且承诺用自己的方式偿还花掉的钱，我敢保证，他不会怪你，反而会觉得儿子是个有担当的男子汉，自己做错了事自己承担后果。还有什么比这个让父母更开心的呢？"我微笑着望着锐，注意到他的脸部、手部肌肉一下子放松了。

锐把我拉到一边低声问："李老师，你能不能让吴同学来上学？我保证还他钱。"

吴的爸爸听见了，站起来微笑着说："没事没事，是他错了，我先向你道歉。以后你们还是朋友，亲亲热热地相处啊。"我拍拍锐的肩说："男子汉就应这样，有担当。老师欣赏你。"

成长感悟

学生间发生的问题既有鲜明的是非问题，也有模糊的是非问题，还有相当多的问题属于心理问题。

锐的问题属于思维层面的认识问题，有些孩子就是想不清楚，这是孩子之所以为孩子的缘故，分不清事实，分不清对错。于是往"恶"的道路上奔去而不自知。

我们遇到问题先稳住情绪，问几个为什么，再问该怎么办。孩子犯了错误，先不说他对错，而要研究他为什么会犯这个错误，是什么力量推动他非这样做不可。搞清他的思路，我们才可能在适当的地方切断他的错误思路，避免他重犯。

寻物启事

最近，总有孩子反映自己的笔不见了，多是课间和午读时发生的。有同学怀疑是不是吃午餐的同学拿的，让我调查了解一下。吃午餐的学生听到这话表示十分冤枉，愤愤不平，要我查一查，还他们以清白。

我心里有些忙乱：这件事非同小可，如果不及时制止这种行为，对肇事者是一种纵容，等于给他提供继续犯错的机会。对其他同学来说大家整天你怀疑我，我怀疑你，弄得人人都像贼似的，关系紧张，影响班级团体的凝聚力。可是一旦查出来，怎么处理？如果处理不好，一个孩子被贴上"小偷"的标签，多影响他的心理发展，要是由此背上一辈子的心理压力，那我就罪大恶极了。

午读结束时，我对孩子们说："老师相信每个学生的心地都是善良的。拿了笔的同学即使做了错事，也只是一时糊涂。我想他的内心一定不好受。而且他的内心深处肯定不愿意学坏，不愿意别人说他是个坏孩子。"孩子们眼神清亮地望着我。

我又想起一位教育名家的案例，决定借鉴一下来解决这件事。

第二天上课时，我出示 PPT，上面是一份寻物启事。这是丢东西的孩子提前写好的，我让他用诙谐的语调大声念起来：

寻物启事

亲爱的同学们：

打扰你们一下。我有两样东西，一支是黑色油性笔，一支是蓝色画笔，他俩于昨天下午不幸走失。东西确实很平常，价格也不贵。但是于我却是失之心痛。饭不香，觉难眠，上课也无心。

我听见我的黑色笔说：同学啊，我们帮了你的忙，不求你感激，可你用完怎么好不归还呢？我们再留在你这里，就不是帮你，而是害你！我的主人等得心急了。快快送还我们吧，我们的主人将无限感激！

（寻物人和日期略）

读完后，教室里一片笑声。我注意到有同学略有所思的样子。我期待着出现奇迹。

下午上课前，同学跑来告诉我，他的笔找到了，在他的抽屉里。我有点开心。但是还只是一人的笔找到了，这个战果还得扩大。

我灵机一动，转身在闲置的那面黑板上又写下一份启事：

寻主启事

我是美德，主人一时疏忽把我丢失。晚上天会很冷，我会孤独，只有回到主人身边我才会温暖！我的主人，快快把我找回吧，别让我长时间在外流浪。

我渴望回到你的身边！

不想流浪的美德

孩子们挤上来，一遍遍地念，哈哈地笑了："美德现在寻找主人啦！主人你在哪里？""主人我寻你好苦！""为什么美德的眼里常含泪水，因为她爱你爱得深沉。"

放学前，不断有孩子告诉我笔找到了，而且还多出一支笔，又说这不是他的，就放在了讲台上。一传十，十传百，大家都知道这事了。孩子们纷纷说："笔找到主人，老师这招好啊！我们班同学还是很有反思精神的。再也不担心笔走失了。""美德也找到了主人，双喜临门呀。"孩子们嘻嘻哈哈地走出教室。

成长感悟

用"寻物启事"的方式找回失去的笔，不是我的独创。

我曾经在不同的年级试过，有成功也有不成功。这引起我的思考：为什么这么好的方法在有的班级却不管用呢？

原来班级不同，学情不同，认知差异和心理氛围不同，产生的效果也就不一样了。

"寻物启事"有时胜过千言万语，因为它把自我教育的权利放心地交给了学生。学生往往是这样，你尊重他们，真诚地信任他们，他们往往会回报以成长的喜悦。投之以桃李，报之以琼瑶。

因为责任，所以坚持

阳明心学告诉我们：人人心中有良知，只要你依照良知去行动，自然就会无往而不利。对教育者来说把班上的教育问题当作问题学生研究的一个小课题，对自己是一种挑战。当我觉得自己是一个研究者时，教育生活就显得诗意起来。

这是林威威的档案：

四年里没有人听他开口说过一句话。

他趴在桌上睡了整整四年。

他不认识班上的任何一个同学，

也不认识教过他的任何一个老师。

他不写作业，不考试。

他没有为班级同学服务过一次。

他和周围师生之间的心流断了。

我在接手之前对林威威的了解并不多。走近他的家庭后，马上了解到，他为什么会长成这个样子而不是另外的样子。恶劣的父母关系是他成长的土壤，父亲几乎遗弃了这个孩子，母亲屈辱地活在家庭之中，满身怨气。他两三岁时是能开口说话的，后来在家里家外基本再不张嘴说话了，除了和母亲偶尔说一两句外，只是点头、摇头，然后尖利地叫。他晚上打游戏，白天睡觉。这种状态大约有六年之久。医生诊断身体机能没毛病，也不属于自闭类型，因为他跟妈妈之间很小很小的时候还能说一两句话的。只有靠家庭爱的养分才能唤醒他，药物对他起不了大的作用。如果把孩子的成长比作一棵大树，我们看到的这些是树上的部分，他缺乏的就是树下的那些营养：没有安全感，没有独立自主的能力，缺乏爱，找不到起码的归属感和价值感。他的生存似乎没有什么意义。

他甚至没有情绪。同学们反映，从没见过威威笑，也没见他流过泪。愤怒倒是有过，那是一声长长的"哼"，就如一只没有开化的猴子的叫声。

他也没有表情，他的眼神是直直的，呆滞的，即使同学们喊三声"林威威"，他也绝对不会立马回过头来。包括跟他的同胞妹妹说话，也会发现他的眼神里面没点热气、活气，除了点头就摇头，逼不得已才开口说一两句话。

我在想，转化这样一个所有人都放弃的孩子，对我的工作和生命有意义吗？可是教育者的责任，让我坚持不放弃，而且学校领导没有跟我提任何要求，所以我是没有任何压力的，我是轻装上阵的。有人曾问我，你转化林威威做过什么计划吗？你预测过他什么时候能说话吗？

我回答没有。我不知道他能不能说话，更无法预测他什么时候说话。因为爱是一种太自然的东西，它拒绝一切后设的语言。当时我只有一个念头：他的耳朵是不聋的，因为一到放学就能醒来背着书包走；眼睛也不瞎，声带没有问题，小时候也说过话；而且他妹妹反映两人独处时，一个月里林威威能搭上几句腔。所以判定他不属于自闭症患者。他在学校不说话，从生理上讲，只有一个原因，他的耳朵没有得到足够的刺激；从心理上讲，他基本没有被需要过，他的神经屏蔽了外界刺激。

为人父母都有这样的经验：孩子在刚学说话的时候，是不是需要有个人对着他不停地连续不间断地说话？因为各种各样的声音会刺激孩子的耳膜，这声音里是满满的爱。

正是这个念头产生了一种能量，而我后来的言行就是这个念头的驱使链中的一环。心理学认为：你的外在世界一般都会是你的一些核心念头的折射。也就是说你有着怎样的念头，就有着怎样的世界，这就是所谓的"一念一世界"吧。

现在我站在林威威的立场，来体会他的内心：

我没有得到基本的关注，我没有被别人需要过，没有人愿意与我交流，我没有存在感和成就感。我天天来学校，只是换个地方睡觉而已。

然而四年没有说过话，而开学后的第 3 天，他张嘴说话了！

于是我看林威威就像看一个婴孩一样，我要让他张嘴发声，我要给他的耳朵尽可能多的刺激。我采用心理学上的"小步走"的方法让他感受刺激，感受小成功。

第一天上学就给他提要求：第一天，只上半天的课，可以睡半天。放学时，他背着书包站在走道上。放学时，我大声对他说：林威威，以后不许在我的课堂上睡觉。回去告诉你妈妈，买新校服，对面三叶草书店就有，戴队徽上学，队徽长啥样，去三叶草书店问。他面无表情地望着我，我大声告诉他："我叫李腊华老师，记住我的名字，我是你的班主任也是语文老师！记住了吗？告诉我记住了吗？"然后我搂了一下他的肩膀，他用力推开了我。旁边的学生说："老师，林威威不说话的。你别费口舌了。"

第二天，林威威穿了崭新的校服，还戴了队徽。我想，嘿，他回去跟他妈妈沟通了，家长挺配合的。

早读时，我又对他说："上我的语文课要听 10 分钟课，剩下的时间你可以睡。其他课你想睡也可以睡，我不管。但是语文课得听 10 分钟，我会计时的。"结果他撑了 20 分钟，眼皮禁不住上下打架，趴在桌面上睡着了。我很开心，20 分钟，有希望了！

以下是我对他的一步步转化，以及对余轩的教育。

小步走，降低期待

我"得寸进尺"，中午对他说："上午你睡了三节课，下午不许睡，要看书！睡了我就把你拎到办公室去！"我不知道是我的声音大得吓人，还是我的长相有点凶，总之他没有睡。当然中间我让他发书，开学好多书和本子要补发。全班就他一人发。

他发新书新本子时，学生很配合我，不断地说："谢谢你，林威威！""谢谢你，林威威！"所以他发书的过程中，听到每个孩子都喊他的名字。他应该能感受到他是被需要的。第二天，他去了几趟办公室，不断去领这个领那个。读了四年书，他不认识近在咫尺的办公室。我让一个女生带着他去。这天下午他很忙，忙得忘记了睡觉。这中间，有个好心同学想要帮他发本子，结果他一急，居然脱口而出："不用！"尽管发的声音含混不清，非常微弱，还吓了我一跳。我问："刚刚这个声音是哪来的！"学生说："好像林威威说话了！"

第三天，安排他擦黑板，为他的小组服务，也是让一个孩子带着他做。

第四天早上，他来得有点晚，我问他吃饭没有，他摇头。上完早操后，我带他到学校对面的包子铺买吃的，他一开始不肯去，但又禁不住肚子饿的痛苦，还是跟着我去买了一个肠包和一盒牛奶。我告诉他：以后没吃早餐找李老师，我带你到对面买吃的。

我想吧，反正他上课也听不懂数学，不如就陪着他在篮球场边上的椅子上吃完再上去，怕他在教室里吃影响不好。那天，发生了奇迹。

早晨的微光洒在球场上，特别清新，空气有些氤氲，刚才热闹的操场显得空旷起来。我想多久没有这样坐下来看看，感受晨光的美好了。我的生活总是急匆匆的，然后我决定让生活的脚步慢下来，我想让孩子陪着我静静地静静地坐着，坐一节课。

两只蜻蜓在篮球场上下翻飞，我想起小时候抓蜻蜓的情形，我就跟林威威讲，他一边吃一边听我絮絮叨叨，自然而然地他就跟我聊起了蜻蜓。我惊讶极了，他说蜻蜓这样子飞是要产卵的。我仅有的一点科学知识冒出来："蜻蜓产卵不是要在水里吗？这是篮球场呀。"他说了一句话让我对他刮目相看，他说蜻蜓把篮球场的地面当作了蓝色的水面，你看，地面是蓝色的。我看了看，哎，真的哦，我好像从没有注意过这个地面的颜色。总之，那天聊了整整一节课，是真正的聊天，聊的全是蜻蜓，他看了许多科学书，我站起来时，又抱了抱他的肩，这一次他没有推开我。我说："孩子，你知道得这么多，我要把你聊天的内容告诉全班的孩子，让他们知道你有多厉害，谢谢你陪了老师一节课，老师喜欢你！"他的面色和悦了一些，但没有笑。

当我绘声绘色地讲述林威威的那40分钟时，全班同学沸腾了。最有才的王浩叫起来："李老师，你简直不是人！你就是神！九天仙女下凡尘！"全班同学给我最热烈最长久的掌声。

男生们聚在一起，仅仅是几秒钟的密谋就达成了某种共识，林威威被抬起来抛上天空，他像是被吓到了，很紧张，不过他被放下来时，咧开嘴笑了一下。男生们叫起来："老师，林威威笑了！林威威笑了！"真的笑了——他！这一次全班学生也是发自内心的喜悦。因为他们见证了一个奇迹，医生等待很久也没等到的奇迹，我们等到了。

我像看一个婴儿一样，听他发声，看他第一次笑，也情不自禁地笑起来，我想我笑起来的样子一定很美。因为我的心真正感受到了快乐。当时光顾着激动，忘了拍照。林威威能说话的消息像长了翅膀一样传遍了整个学校，连空气中都浸润着喜悦。家长们一传十十传百，群里家长祝福信息连连不断，可惜林威威的妈妈是从不看群的。那天放学时林威威的奶奶守在小区门口，在林威威和一群学生的指引下认出了我，老人抑制不住内心的激动，泪顿似倾盆雨，一把紧抓住我的胳膊，一边高喊着"恩人啦！"就要往下跪，旁边的学生与家长帮我扶起老人……

孩子对于老师，他可能只是几十分之一，可对于一个家庭，他绝对是百分之百。我有些感触也有些不解，仅四天林威威就能说话，确实这个结果快得让我始料不及，脚下的路还长着呢。

发动同学

第五天，他发作业时，不认识同学的名字。没关系，认胸前校徽上的名字，第一组的9个孩子，轮流向林威威介绍自己：林威威，我叫曾微笑，微笑的微，微笑的笑。来，跟我大声说一遍我的名字，曾微笑！他跟着，像女生的声音一样有些怪怪的。学生都笑了，只有林威威不笑。每天发第一组的作业，他都要把9个同学的名字喊一遍。

我启动100天帮扶计划，全班男同学每天要去抱一下林威威，拍拍他的肩说："林威威，加油！林威威，谢谢你！"因为他代表他们小组擦黑板。

我跟学生说："老师一个人的力量是有限的。你们男生就每天跟他对接一次，我放学后陪着他去篮球场走10分钟。"马上有几个同学自告奋勇地说不用麻烦老师，他们陪着林威威一起下楼去操场。有个学生说："他从不上体育课，走路都摇摇晃晃的，恐怕一圈都走不下来，所以要多鼓励鼓励他。"多懂事多善良的孩子啊！

林威威开口说话后，上课睡觉的时间明显减少了。连英语老师都说，很不习惯的一件事就是林威威坐起来听课了，以前他都是趴着睡觉的。结果这一听课不打紧，英语考试第一次还考得不错，当然是对于他来说的。连续几次的测试都不交白卷了。数学老师有一次改《知能》时说他的《知能》全做了，还有不少是正确的，数学考试也做题了，太不可思议了！

我辛苦了一圈，结果把自家的地给"荒"了，他还是不肯动笔写语文作业。那天，我对他说："林威威，你得听点书，李老师读给你听。"于是每天下午放学后，我读书给林威威听，读那套《晴天有时下猪》，一次只读10分钟，陪读团的孩子再读10分钟，读给林威威和余轩（另一个不爱阅读的孩子）听。同学都羡慕林威威和余轩："我们都没有福气让李老师单独读书给我们听。林威威你们可是李老师的宝贝哦。"这样坚持了四天，第五天估计林威威不想听了，我捧着课外书来找他时，他早溜走了。扫地同学知道了说："这还得了！老师，看我的，我去追，林威威走路走不快的。"不多一会儿，林威威被找回来了。我语重心长地说："林威威，你不能只是擦个黑板，发个本子，你得读书，你不想自己读，我读给你听。你下次走了，我去你家也要把你拎回来。我跟你妈一样爱你，听书吧，这个故事多有意思！"孩子眼圈红红红的，后来他在听书时间不提前走了，听我读，听学生读，天天擦黑板，发小组作业，叫同学名字，上课睡觉少了。

有天放学，我又要读书了，林威威不愿意，说要自己读，那样快。我内心狂喜，读书给他听，不就是等着这一天吗？陪读团的学生很惊讶："你要不读一段给我们听听？"他读了，还很有感情地读。太不可思议了！我当即把剩下的几本书全放在一个格子里，专为林威威准备的小书格，又挑了一些简单的书。两周过去了，林威威读完了《格列佛游记》，阅读测试有20道选择题，他答对了11道。全班掌声雷动。

班级启动小古文100课的背诵活动，林威威能背诵其中的16篇古文，他还单独站在讲台前当着大家的面背诵了这些古文。

小组同学的力量也是林威威转变的原因之一。沈莹莹，篮球队的，也是林威威小组的成员，天天教他背诵，因为林威威完成背诵，小组加双倍分。沈莹莹这孩子特别能吃苦，心地善良且有耐心。但是沈莹莹自己背古文特别慢。举个例子吧，有一次全班同学差不多都能背下来了，沈莹莹就是背不下来，急得直哭。我没批评她，把意思讲给她听，让她回家读熟就好，背不出来没关系。这孩子特别有自尊，读了两个小时，她妈妈发短信告诉我：老师，她实在背不下来。我回复没事，会读就行。结果在教林威威背书的过程中，沈莹莹竟奇迹般地记住了。这验证了一个原理：讲给别人听，让别人能理解，能听懂，自己就是真正消化了，内化到自己的思维系统里了。

　　因此，沈莹莹一遍遍地教林威威，林威威经常问："这句我不懂，你打个比方给我听我就能懂。"沈莹莹绞尽脑汁多次去请教班上别的同学，结果硬是把林威威教会了，她自己背诵早就不成问题。她妈妈觉得奇怪，现在背古文好快，问我有什么秘诀。我的秘诀是：当小老师先教会别人，用输出倒逼输入。这种方法，好多孩子一下子就悟到了，于是整个班级你帮我，我帮你，学风越来越正，林威威的学习兴趣越来越浓。学期末沈莹莹获得班级"杰出贡献奖"，林威威获"进步奖"。

　　见林威威流泪是约谈他爸爸的时候。在办公室，我第一次看到孩子哭得那么伤心，孩子埋怨爸爸从不管他，不理他。他的爸爸说打林威威上小学起，从没听他哭过。爸爸很明显地被触动了。在我的要求下，爸爸答应给孩子买一辆自行车，并且负责教孩子骑。明年夏天，爸爸要带林威威去游泳池里学游泳，小区里的泳池他一次都没去过。

　　从那以后我每天在群里反馈班级情况时，必会附带提一下林威威、余轩最近的表现。林威威的妈妈从不在群里吱声，从低年级开始就这样。林妈妈给孩子请假也是用短信方式，不在群里说。于是我顺其自然，每天单独给她发短信，有时发林威威的照片，汇报孩子的变化。他爸爸倒是经常回信息，与我互动十分频繁。

计划继续在实行，得给林威威提新的要求了。最近，林威威有了新的任务，他加入了五人辅导团。他得动笔写写作业了，100天的计划依旧进行。课堂上有时他还是会睡觉，但林威威已经不是过去的那个林威威了。他乐于说话，会笑，会大声哭，流泪时还能忍住，脚步也变得矫健了，甚至还会扭一下屁股。他会在不想听课时，折一些纸玩具，手指灵巧了。有时还会冲着喜欢招惹他的同学余轩发火："我没法忍你！"追着余轩满教室跑。还会向我投诉："我不喜欢别人用怜悯的眼光看我。"

坚持鼓励

刚开始，我经常强迫自己去无话找话地跟余轩聊天，然后摸一下孩子的头说："老师喜欢你，宝贝！"就这么一句话，这么一个动作几乎跟林威威的100天计划同步进行。我不知道这句话有无作用，我反正规定自己每天找机会跟他聊一下天，说三次"我喜欢你，宝贝"，摸三次孩子的头。因为我实在没办法借助全班学生的力量。当余轩犯错时，我曾经尝试过与余轩交谈，想教育他，但是我很快发现：他太会狡辩了，他是戴着盔甲和宝剑上场的，而我徒手。所以我根本不是他的对手。

我反思：这种说服教育的方法过去多少老师应用过，都不见效。凭什么到了我这里就有效了呢？

我反思：他惹事的时候多在下课。那就先控制住他的下课时间：跟林威威一样，余轩也承担擦黑板的任务。林威威擦贴着"评价表"的那块，余轩擦剩下的那块。

设置岗位，使其获得价值感

没想到，就这一个小任务还真把余轩箍住了。一下课，我就说：

"赶紧擦，水迹干不了，一会儿老师上课没法用。"他一溜烟地端着水盆去了洗手间。于是老师们特别配合地表示惊讶："这余轩挺勤快呀！黑板擦得这么干净！"还真是擦得好，他擦过的黑板像刚装上去的一样。他每每听到老师的话，看到老师惊讶的表情时，眼睛一动不动地望着老师，但是决不说什么。

他真擦得好，他还教林威威擦黑板：先用黑板擦擦第一遍，得用点力；然后用干净的抹布来第二遍。水盆里的水一定要勤换，脏水和脏抹布是擦不好黑板的。抹布吸水要适当，尤其吸水不能太多，太多会又湿又重，很容易把脏水漏在黑板边沿，滴到地上，弄得到处都脏兮兮的。同时擦的动作还要快而轻，不然也会弄得地面水淋淋的，湿滑容易使大家摔倒。

我敢断定：这是最全的擦黑板秘籍，没有哪个学生这样研究过。

擦一周获得一张小奖状，我桌上的小零食全都进了余轩的肚子。这一擦就是三个多月，为了让他擦得更有劲，我一板书就是两黑板字，所以下课的时候，余轩不是正在擦黑板就是准备擦黑板。全年级的学生惊讶地看着他：端着水盆一路小跑着去洗手间洗抹布换水，又端着水盆跳跃着回教室。

擦一天加 5 分，还包括上课发言翻倍加分。他们小组每次评选优胜组时，余轩都立下了汗马功劳。次次评优，次次发奖品，以至于高畅小组的孩子说："我宁可要余轩都不要高畅，他尽给小组扣分！"余轩擦黑板擦出了价值感和成就感，一改过去全班讨厌的局面，快变成香饽饽了。

事情进行到这一步，就可以着手开始安排家访。家访有多种方式，报喜式的家访，指导式的家访，送温暖式的家访，征询式的家访。我拟采用报喜式家访，当着孩子的面，实事求是地向家长反映余轩在校的表现，及其大家对他的态度，使家长和学生沉浸在成功的快乐之中，慢慢把家长纳入老师的阵营。鉴于家长以前的抵触情绪，这次家访的目的主要是融合情感。

调整策略

其实，开学第一次家长会上，余轩就跟我有个约定，如果他的语文得到合格，他就邀请我去他家吃一顿饭。余轩对自己有这么高的要求，说明他有好胜心。我得利用这个好胜心理激励他，使其体验到成功感。

在看到林威威的小测节节高时，余轩坐不住了；在看到我把一大盒糖给了林威威时，余轩那天破天荒地不擦黑板了；在我又一次在写字课上抱着林威威的肩大声说："表扬林威威，动笔写字了！"余轩失魂落魄地坐在座位上，我就是要让他体会失落感，感受到：老师"移情别恋"了！

终于第三次小测，余轩飞快地写完作文，告诉我写满了格子，那次他得到合格了，我大声表扬了他。全班同学情不自禁地说："余轩，余轩，余轩，你真棒！"

余轩的表情是无法形容的惊讶，这种赞美声应当是他几年学习生活中第一次听到，我相信他的内心一定经历了从物理反应到化学反应的巨变。

下课后，他冲到办公室，几乎是惊叫着："李老师，你今天去我家吃饭。"没容我点头，他立马用电话手表拨通他妈妈的电话，告知我晚上去吃饭，然后语无伦次地问："老师，你喜欢吃什么？我会做好多好多菜，我做给你吃！"他的声音大得办公室老师都听到了，于是逗他："你光请你们李老师吗？要不要我们作陪？"他的小脑瓜转得非常快："我想请你们一起去呀，可是就怕你们不肯赏脸。"

报喜式家访增进情感

去他家时，我歇了几次才爬上了七楼，上气不接下气，估计脸色发白。而余轩是攀爬着楼梯上去的，吓得我赶紧打他家长电话，家长让我放心，他天天这样，不会有事。我仔细观察余轩的身段，灵巧得像只猴子。

一进家门，余轩就赶紧让他妈妈给我泡了一杯茶，说最近天气转冷，李老师过来路途又远。这孩子还挺细心的。然后我和他妈妈坐在沙发上聊天。

余轩脖子上挂着围裙，进了厨房，关上了玻璃门，很快切菜、拍蒜头，水龙头流水的声音传入我的耳膜，他还不时问我："李老师，你喜欢吃味道重一点的，还是清淡一点的？"我很担心他会不会切到手，他妈妈安慰我说不用管他，一会儿他就能炒几个菜出来，他在家经常做饭，不用担心。但是我还是有些担心，也许又有点好奇，我站在玻璃门外观察，还真挺熟练的：煎鱼，正反面翻，生怕煳锅了；韭黄炒蛋，香味扑鼻；洗生菜、切生菜、点火、放油。一边炒，一边问我："李老师，生菜里可以放点蚝油吗？你们湖北人不爱吃蚝油，但是广东人爱吃蚝油，放一点会更香嫩可口。"天啦，我真没想到，余轩还能这么说话，情商不低。

他的窗台上放着一个一米多长的轮船模型，他妈妈说他装了6个小时装起来的。阳台角落里有十多把长短不一的枪。吃过饭后，余轩当场对着空矿泉水瓶打枪给我看，一打一个准。他妈妈告诉我，余轩去景区里打枪，打得特别准，老板还把钱退给了他，让他走，别砸了生意。

那天聊了一个多小时，有一部分时间是孩子讲他收养的动物。他展示了编程游戏是怎么回事，他告诉我电脑上有四五十个游戏全是他编的，我想他现场编一下，他马上打开软件开始编辑，试了两三个，还真编出来了，他妈妈说他过两天要去参加编程考级。

第二天，我在语文课上给了余轩 15 分钟，让他讲解几个游戏编程的原理，当时他边展示，边讲述，整个教室里静悄悄的，只听见风扇呼呼的响声。他极有风度，同学提问，他解答。同学们赞叹："余轩你好厉害呀！"是啊，当孩子们玩游戏都玩不转时，他已经开始编游戏了。

那一天家访后，我和余轩的关系明显密切了，家长成功地站到了我的阵营里。

而余轩爱养小动物的特点也帮了我一个大忙。

记得有个周末我去广州听课，家里养的小兔子无人照顾，我马上想到了余轩。可同学们都不愿意余轩养小兔子，理由是余轩会搞破坏，说不定会捏死小兔子，我坚定不移地表达了我对余轩的信任。余轩放学后欢天喜地地跑到我家看小兔子，并将兔笼带回家，嘱咐我放心去广州听课，他会好好照顾小兔子的，并十分感谢老师的信任。

我去听课期间，余轩不断与我视频，我看到了好多他给兔子洗澡，与兔子玩耍的情景，还说他想我了。孩子十分懂事，说话也很贴心。我去广州听课的两天里，余轩将小兔子照顾得很尽心。整个过程令我十分感动。

以后的日子里，余轩依旧有些小捣乱，而且方式层出不穷。想要短时间彻底改变他不符合教育规律，但是我已经有了解开孩子心灵的密码。从此，任凭风吹雨打，我的心里亦是云淡风轻。

后来，我住了两次院，都是他妈妈入院陪我的，我们处得像朋友，也像姐妹。他妈妈是我在这个城市里的又一座温暖的灯塔。

余轩还特意给我做了一手好菜，吃着孩子做的菜，我康复得特别快。

歌德曾说过，经验只是经验的一半。做班主任很多年，处理了很多事件，并不代表每件事我都能自动获得经验，因为还差另一半，就是需要我对所做的事进行回顾与反思。如果说转变这两个孩子有成效的话，我想应当是我能从被情绪左右的思维中脱离出来，让自己处在一种正念的状态中，清醒地思考并实践。

成长感悟

我在《被驯化的大脑》里读到这样一则寓言故事。一天一只蝎子和一只青蛙在河堤上相遇了。蝎子不会游泳，便请求青蛙背它过河。青蛙说："等一下，我怎么知道你会不会蜇我？"蝎子回答："你疯了吗？如果我蜇了你，咱俩就都完了。"青蛙听了就放心了，同意背蝎子过河。

途中，青蛙突然感到被蝎子尖锐的尾巴刺了一下，大叫道："你为什么蜇我，现在咱俩都要死了！"蝎子带着哭腔答道："我没办法控制自己，这是我的本性。"最后它们一起沉到了水里。

这个故事总是不断提醒我：人类保有本性，你的习惯在帮你做事。在教育思考的过程中，当我们把注意力放回到自身上来，多复盘教育者自己本身的行为，和孩子一起协同进化时，很多问题就能够解决了。史蒂芬·柯维说："如果想得到一个小改变，你只需从行为入手；如果希望看到真正的质的变化，请从思维入手。"

有很多优秀教师、模范班主任介绍自己经验的时候都会举一个或几个问题生的例子，以展示自己的工作业绩。那个问题生开始一定是劣迹斑斑的，老师的工作一定是很耐心、很投入的。后面有的问题生变得优异，有的问题生参加比赛获奖，总之几乎是彻底改变了问题生的面貌。我实事求是地告诉大家，像林威威这种事件在我的班主任生涯中是极个别的。他和余轩的转变也是不彻底的。

我认为，重度问题生在班级中是极少的。大部分的问题生还是轻度或者中度的。我的原则是让轻度问题生和中度问题生转变成一般学生，以后再出现问题时用常规教育手段基本能解决，这就是了不起的成功了。而把重度问题生基本稳住，也可以算是成功的教育。

而且我不认为像林威威、余轩这样的孩子将来没出息，学校教育毕竟只是孩子受教育的一个方面而已。经验告诉我们，对于大多数学生，家庭和社会的影响大于学校的影响，问题生也是如此。

王立芹校长曾说：对于问题生教育的成果，不要以眼前的考试作为评价的唯一标准，要综合评价，而且要长线评价。

我深以为然。

玩　水

周四上午第一节是语文，下课后，我正在登记学生看的书，一群孩子抱着一叠书找我登记，我很开心，现在班里爱看书的孩子越来越多，有的孩子一个月看了七八本书。正高兴着，突然，顾铃铃从旁边冲了过去，孩子们纷纷说："老师，顾铃铃把水泼在彭诗诗身上。"一看，彭诗诗的校服上装湿了一大片，我赶紧让他把衣服拧干，尽量不让衣服贴在肚皮上，然后打电话通知家长送衣服过来。刚处理了彭诗诗的事，杨小瑜又跑过来说："老师，张杰把我的衣服全弄湿了。"张杰还是习惯性地不承认错误："是他先弄到我身上的。"我一看，的确，张杰的衣服也湿了。

上课铃响了，下一节课是数学，我只好对他们说："先上课，下课后我再来处理。"后来一忙，这事就落下了。中午放学，我匆匆组织学生排队。路队长清点人数，找不到张杰。有学生指着洗手池那边说："老师，张杰在玩水呢。"往那边看时，张杰笑嘻嘻地走过来，衣服湿了一片，连头发都湿漉漉的。正是放学时间，我决定下午来处理此事。

一点四十五分，我照常走进教室，发现张杰拿着装满水的气球快速跑回教室，后面又走来几个，衣服湿漉漉的，个个手中捏个气球水袋。看样子，上午的事件升级了。我忍着没出声，扭头朝洗手池望去，地板上湿了一大片。我悄悄调查了一下，竟然有十一个同学玩水。

问班干部，玩水事件如何理解，马上有同学提议写反思书，也有说罚做班级清洁，为班级服务。我想了想，建议："处罚不是目的，让他们认识到错误才是重点。要不这次咱们换个方式，我们全班同学参与进来，三天的假期中额外加一项探究作业，按小组来，做关于节水用水的手抄报也行，做PPT、演讲、讲小故事、下载小视频也行，形式不限。你们自己去找资料。下周先在班长那进行第一轮筛选，选上的，下周五的班会课上在全班展示。"孩子们听说要搞小组展示，十分兴奋。

转眼，到了展示节约用水小研究成果的时间。

郭海组先上台发言，他们小组投影展示了一份图文并茂的手抄报："同学们，你知道吗？地球上五分之四是海洋，海洋里的水是咸的，根本不能喝。那还有五分之一是淡水，但是这其中又有很大一部分是冰川。有冰川的地方人迹罕至，那里的水也不能喝。"另一个孩子接着发言："这是我们的调查数据，我国有四十多个城市严重缺水，深圳的水资源也不丰富。我们学校旁的丁山河是坪地的一条污染河流，这里的水是没法喝的。我们喝的水从哪里来？据说是从发源于江西境内的东江引来的。一条东江要供应一千多万人口的城市。""我们小组的口号是，珍惜水资源，不要让人类的眼泪成为地球上最后一滴水！请大家跟我们一起再读一遍！"

张杰小组展示的是根据流行歌曲《海草舞》编的《节水歌》，歌词是学习委员肖慧敏写的。里面有句词是：节水，节水，节水，来吧，来吧，来吧！

李慧慧组展示的是一段从网上下载的关于节水小妙招的视频，他们还展示了用小纸杯、螺钉、线等材料做成的小节水器模型。"我们小组的口号有两句：一句是节约水资源，从身边的小事做起！一句是学校是我家，节水靠大家！谢谢大家。"

王程程组表演的情景剧有点让我意外，就是根据上周发生的事编的。几个扮演玩水的孩子在剧里面被充满正义感的"小老师"训得一脸哭腔。他们拿着写好的《节约用水，从我做起》的反思书小心翼翼地念着，"小老师"又叉着腰指手画脚地训斥着："你们家里要不要交水费的？你们在家里怎么不玩水呢？因为你们怕父母骂。学校里的水你们不用交钱就可以随意浪费吗？不爱惜公共财物，罚你们抄写一遍《千字文》。还有，你们得把这些缺水城市的名字背下来，三天后我考你们。"台下的孩子们听得笑出了声，我也扑哧一笑。

刘欣欣小组上台分享了一个比较沉重的故事：云贵高原地区的人们由于常年缺水，经常要翻山越岭到几里外的地方驮水，一天一次，供全家用。有家年轻的媳妇，清早去山外担水，可回到家时，水桶却破裂了，白花花的水洒落在地上，很快就蒸发了。媳妇和家人坐在门前大声痛哭，这水来得不易呀。孩子们纷纷表达自己的感受。我听得心里也酸酸的。

从此，周五再也没看到有学生去玩水了。

当德育的形式一成不变时，当面对孩子们频繁出现错误行为时，德育有时需要改换个新面孔，顺应孩子们好奇、富于探索精神的天性。这次活动既激发了孩子自主探索知识的潜能，又让孩子在自编自演中潜移默化地受到教育，可谓一举两得。

当孩子不做作业时

连续三天五（1）班的语文作业只收上来一部分，我皱了皱眉头。这个班以前的基础不太好，没想到收个作业这么难。"我教了他们一年，基本没有收齐过一次作业。"上一任语文老师抱怨道，"李老师，你教语文有方法，现在他们就交给你啦。"

下课时一个叫王小婷的孩子主动拿着作业本找到我。"老师，我去您办公室补作业吧。""你没做作业？""做了，还有两道没做完。"

"有这个学习态度，不愁提不高成绩啊！"我赞叹道。孩子略微愣了下，跑着去了我办公室。班长高方利告诉我："老师，王小婷是班上的欠交作业大户，隔三岔五地不交作业。她几乎天天被老师们请进办公室补作业。老师，您表扬错了。"

胡老师一直是从低年级跟着这个班上来的，他说王小婷最令他头痛，"她很懒。她上课想听的时候很活跃，不想听的时候趴在桌子上，蔫乎乎的。"

胡老师说上一任班主任和科任老师无数次苦口婆心地跟她讲道理，

也找家长谈过无数次。家长态度特别好，一边批评孩子，一边感激老师。总之，家长和孩子口头答应得好好的，不出两天，王小婷老毛病又犯了。后来她回家也不做作业，只到办公室做，于是王小婷到办公室已是家常便饭。

这天我上语文课，提问了王小婷几个问题，思维确实不错，有时还挺活跃。不过多数时间是无精打采的样子。下课了，她拿起语文书和作业本对我说："李老师，我去您办公室补作业了。""你不用去补了。"我制止她，"你做多少我改多少。你的学习态度很好，还知道写作业。"我还是像上次那样表扬她。

"不用补啊？"她显得有些不相信的样子。见我点头，她雀跃而去。她过去无数个下课上课的时间都是待在办公室补作业。我心里有点酸。

见我这样对待王小婷，几个没交作业的孩子赶紧上来问："老师，我们用不用补作业？"我悄悄地说："你们啊，都是优秀生。杨锦，写作文写得特别好。"刚刚还愁眉苦脸的杨锦赶紧点头："王老师也这么说过。"

"曾灿，一手字那是写得相当清秀。闻天天是数学小天才。"曾灿和闻天天的眉头也舒展开来。

"杨小慧，一年级时英语特别棒。你们呀，都是优秀生。老师没说错吧，所以你们得补作业。有不会的，我已安排了仇小宇、曾晨晨、陈婷他们三个给你们讲题。快去吧。"我大声说。三个孩子也赶紧各自打招呼："闻天天，我来教你语文。你教我数学啊。""小慧和曾灿，快来我这里。"曾晨晨喊道。闻天天几个飞快跑过去。

因为有了同学的帮助，这几天长期不交作业的大户，也不那么惧怕作业了。我总是淡化他们的作业情况，只要他们在学习着，我就等着他们慢慢进步。

我常说的一句口头禅是："你们都是优秀生。"上课时请他们回答问题，我会习惯性地加上前缀，如下面请写字优秀的曾灿同学回答，下面请数学小天才闻天天回答。总之，他们的点滴进步变成了我的口头禅。而结果是，他们真的变得越来越开朗，笑意常常挂在脸上，欠交作业的次数越来越少。

一天，我大惊小怪地说："孩子们，你们有没有发现，杨小慧、闻天天越来越有气质了？你们看，他们的眼神越来越有光彩！"孩子们马上转过来盯着他们的眼睛瞧。他们几个眨着眼睛，不好意思地笑了。我又说："因为他们上周阅读完《青铜葵花》。这么厚的一本书，一周就读完了，多了不起！所以他们的眼神清澈而明亮。腹有诗书气自华嘛。"几个同学马上说："是啊，闻天天最近不像以前那么闹了。""掌声在哪里——"我赶紧引导孩子们。果然，掌声热烈如潮。"大拇指呢——"一群孩子将大拇指伸过去，闻天天、杨小慧趴在桌子上"嘎嘎"地笑。我赶紧拍下这一镜头分享到家长群。照片洗出来后，我给杨小慧、闻天天几个一人一张。

这一周，王小婷也没来我办公室补作业。她每天的作业本按时交，做几道改几道，哪怕做一道，我也认真批改她做的题，并经常表扬王小婷组作业交得齐。好多孩子有些不解，我说："这些天，王小婷按照我的要求每天交了作业本，一天不缺，而且他们小组这几天作业都是齐的，应当表扬。"班长说："王小婷进步了，让我们给王小婷组鼓个掌吧。"掌声中，小婷的脸有些泛红。她上课比之前有精神了很多。

就这样过了两周。我开始拔高要求："小婷，你这几周交作业很及时，上课回答问题很积极，进步特别大。现在我觉得你还可以做得更好些。不但要交作业，而且要一题不漏。即使题目做错了，我也决不计较。你能做到吗？"王小婷响亮地回答："能！"

这期间，她确实基本做到了，她没做到时，我就忽略不计。我只表扬她做到的那些次数，有时候还奖励她几颗巧克力。慢慢地，她每天都能交作业，且绝大多数时候不漏题了，虽然错得挺多的。我在班上表扬王小婷的进步，孩子们的掌声十分热烈，并且我多次在家长群里表扬王小婷按时交作业，有几次王小婷妈妈发短信给我：李老师，小婷说她交作业了。是真的吗？我总是回复：她天天在交作业。有进步。妈妈又发来短信：要是她的数学和英语也能像语文那样就好了。

　　期中考试时，王小婷各科均有明显进步，尤其是语文。家长发短信表示感谢，说小婷很喜欢李老师，她很喜欢学习语文。

　　期中考试后，我对王小婷提高要求："不仅要交作业本，而且要求不漏题，正确率也要不断地提高才好。"她点点头："老师，我能做到的。您相信我！"我抱了抱孩子："我当然相信你！"我每天在群里的点赞榜上写上一条：今天王小婷交作业特别及时，学习态度认真，为她的进步点赞！

　　要想提高学习兴趣，就得让孩子参与进来。由于小婷的进步，小婷组上台分享作业的机会多了。集体评讲作业时，对小婷的评讲，我常说的话是："小婷的思路与众不同。""小婷很爱思考，这道题错得也很有意思，说明她动脑子了。我欣赏她的这种态度。"有时我还让她单独上台讲她做对的那道题。当她站在讲台上，投影自己的作业时，我看到了小婷的笑，那笑容里已是满满当当的自信，同学们也多次对她伸出大拇指。我及时把她每次上台讲作业的照片发到群里，并注明一句话：优秀小老师王小婷。有时我还会把她讲作业的视频分享到群里。

　　就这样，慢慢地，小婷变得自信起来。到第二学期时，她不再害怕语文作业，作业质量明显提高。她对自己的要求也逐步提高，逐渐具备了自我约束的能力，尤其喜欢语文。

成长感悟

　　闻天天、王小婷等几个的转变证实了三个心理学效应——贴标签效应、罗森塔尔期待效应和登门槛效应。

　　获得肯定和赞美是人们的共同心理需要。这种需要一旦得到满足，就会形成一种巨大的积极向上的原动力。每个孩子都有自己的优点，每个孩子的过去都有可圈可点的地方。老师就是要不断放大孩子的优点，赞美永远没有人嫌多，每个不自信的孩子都渴望自己的进步能被别人看见。人的生活离不开赞美与期待，这也许会成为他灵魂中的一道阳光。

　　王小婷曾说：过去，老师常常责备我，我看到作业就头疼。我不是对老师有偏见，是心理上的恐惧感难以消除。

　　当小婷去办公室补作业成为习惯时，我及时制止了这个行为。因为这种行为永远是在补救过失，无法给孩子带来真正的自信。

　　心理学的登门槛效应告诉我们：一个人一旦接受了他人的一个微不足道的要求，为了避免认知上的不协调，或者想给他人以前后一致的印象，就很有可能接受更大的要求。我就是这样，以退为进，一步步地让小婷在不断地鼓励与期待中发挥自己的潜能，变得自信起来。

起绰号

　　课间，我偶尔听到男生互相亲昵地喊"老汉""老杨"，而称我为

"小李老师"。

孩子们说这是反着叫，把老师叫年轻了，把同学叫成熟了。我听着仿佛有些道理，反正当孩子们笑眯眯地叫我"小李老师"时，我挺受用的。

这不，我们年级组的老师也学着这样反着叫。我们几个年轻的老师称呼快要退休的曹老师为小曹，曹老师笑呵呵地接受了。而我们之间也互称老王、老李什么的，大家也不计较，反倒觉着亲切。这说来说去，还是受了学生的启发。

可渐渐地，孩子们互相起绰号变得离谱起来。长得胖的叫"肥婆"，长得矮的叫"矮冬瓜"，成绩不好的喊"猪脑"，脸长的叫"马脸"……一时间，班上投诉四起，弄得同学之间关系紧张。我也经常批评这些同学，但是乱起绰号的行为还是潜滋暗长。

一天，已经放学了，我在办公室改作业。三个女生拥着"小晴雯"来到我办公室，孩子哭得泣不成声："老师，我想转学，不想在这里读了！"我赶紧让她坐下，细问原因，她却怎么也不说。有个女生小声地说："男生瞎喊季雯绰号。"原来是这样，"小晴雯"的绰号是同学给起的。因为季雯成绩优秀，人又长得漂亮，协助老师管理班级那可是雷厉风行。

"老师，刚刚谭海洋、齐恺威几个男生在校门口叫季雯'鸡婆'，他们说季雯爱管闲事，他们几个天天放学跟在季雯后面叫。我们陪季雯来找您。"孩子们向我反映，"我们也回击过谭海洋，可是他们几个就是不改。您批评后，他们只是在学校里不敢喊，一出校门就叫起来了。弄得其他班级的学生也嘲笑我们。我们想躲都躲不开。"

我安抚了季雯，待她情绪稳定后，我答应她先与男生家长沟通，明天再来处理。晚上我接到了谭海洋家长的道歉短信："老师，我严厉批评了海洋。好的他学不到，坏的一学就会。我带着他晚上一起去刘季雯家当面赔不是。老师，孩子不懂事，给您添麻烦了。"齐恺威妈妈在短信里说："老师，他爸爸说了恺威一顿，他太不像话了，弄得季雯都不想读书了。我们两家大人都认识，以后他不敢随便乱叫了，他保证了。他有时候就喜欢跟在后面瞎起哄，不知道对人家女孩子的自尊有多大伤害。谢谢老师告知我这个情况。这是恺威的承诺书。我发给您看看。"另几个家长也相继作出类似的回复。

我灵机一动，在班上发起征集优秀绰号活动，要求写明绰号送给谁，理由是什么。孩子们十分活跃。但这还不够，得把孩子们再往前推一步。

第三天，我在语文课给孩子们准备了两个故事，一个是关于苏东坡的，一个是关于释迦牟尼的。

苏东坡是一个读书人，信仰儒学，他把佛印和尚引为知己，经常走动。可苏东坡素来会交际，而佛印和尚有点老实，苏东坡喝完酒就经常劝佛印和尚还俗，还占佛印和尚的便宜。

一次，两个人聚在了一起，苏东坡又不老实了，想设一个套给佛印和尚钻。苏东坡问佛印和尚："在你的慧眼看来，你觉得我像什么样呢？"佛印对于朋友的询问，只是赞道："我看你像一尊佛。"苏东坡听了很高兴，把话题转到了佛印身上，嘲讽他："你想知道我看你像什么样吗？就像一坨牛屎！"说完，苏东坡还哈哈大笑，而佛印只是笑而不语，似乎没有生气。

苏东坡自以为占了便宜，就把这件事四处宣扬，而这件事情传到了苏东坡的妹妹耳中。苏小妹素来聪慧，听说完他们的事情后，对他哥哥说："就你这个悟性还参禅呢！佛门讲究心境，佛印看你像一尊佛，那是他心里有佛，而你看他像屎，那就是你自己心里有屎。"听完这一句话，苏东坡顿时愣住了，明白佛印笑而不语的原因，顿时羞愧难当。

（参考百度《苏东坡的谁是一坨屎的故事告诉我们什么？》）

孩子们纷纷开始发表意见："这个故事告诉我们，当你骂别人时，其实你没占到便宜，说明你就是那样的人。"

"佛印是高人，是个真正的向佛之人。"

"苏东坡悟性很高，苏小妹善于点拨。中国有句古话：良言一句三冬暖，恶语一言六月寒。我们说话要注意，不可伤到别人。有时看似伤的是别人，其实伤的却是自己。"

我又讲了另一个故事。

释迦牟尼经常遭到一个人嫉妒和谩骂，对此，他心平气和，沉默不语。一次，当这个人骂累了以后，释迦牟尼微笑着问："我的朋友，当一个人送东西给别人，别人不接受，那么这个东西属于谁的呢？"这个人不假思索地说："当然是送东西的人。"释迦牟尼说："那就是了。到今天为止，你一直在骂我，如果我不接受你的谩骂，那么谩骂又属于谁的呢？"这个人为之一怔，哑口无言。从此他再也不谩骂释迦牟尼了。

我问孩子们："同学们，在生活中，对待别人恶意的讽刺或者谩骂、指责，我们应当怎么做？"

这次孩子们的回答很精彩："是非终日有，不听自然无。"

"生气，就是拿别人的错误惩罚自己！三个字，不——理——睬！四个字，不——理——不——睬！"

"轻笑，然后傲然走过，让他觉得无趣！"

"走自己的路，让嚼舌根者去说吧！"

我说："对，孩子们，这就是最有力的反击！"

季雯同学也站起来发言："我也许做不到像你们所说的那样。每一个同学都愿得到别人的肯定、赞美、鼓励，因为这让我们开心、上进，感受到人与人之间的温暖；当别人谩骂、讽刺、挖苦和诽谤时，我们往往会痛苦甚至绝望。但是'己所不欲，勿施于人'应当是一个人最基本的道德修养。"全班给予季雯热烈的掌声。

这时几个小调皮举手表示有话要对季雯说，我允许了。他们排成一排，走到季雯旁边，一个个态度十分真诚："季雯，不，'晴雯'，原谅我们。你别转学了，我们一起在班级里读书多好！你大人不计小人过，怎么惩罚我们都行，比如我们几个轮流帮你值日，放学帮你背书包，怎么样？只是求你别转学。"季雯有些不好意思。其他同学见机纷纷劝季雯："季雯，小百灵！原谅他们吧！"因为季雯歌唱得好，同学也经常叫她"小百灵"。季雯笑起来："好吧，我原谅你们了。你们可是答应帮我值日的。说话要算数。"小调皮们如鸡啄米一样地点头，喜滋滋地回座位了。

到底是孩子，一下子就和好了。在下课前，我总结："孩子们，好的绰号可以激励人一辈子，如人们称著名的排球教练郎平为'铁榔头'。还有冯骥才的文学作品《俗世奇人》中的人物有好多有趣贴切的绰号，非常有正能量。现在公布我们班优秀的绰号！"孩子们瞪大眼睛，身子坐得直直的。

"曾梓洋同学每次默写古诗从来都是全对，堪称'活字典'。博洋同学数学成绩特别好，大家叫他'陈景润2.0'，多好的绰号！还有会跳街舞的杨海涛，大家叫他'易烊万玺'……"孩子们的笑声接二连三。

班长马上接话："老师，我想现场采访一下，请问曾梓洋，你听到这个绰号什么感受？""那还用说，开心啰！"曾梓洋快活地笑出了声。这时班长拿着一叠便利贴神秘地问我："李老师，这里还有一些绰号，其中有几个是给您起的，您要不要听？"班级里顿时鸦雀无声，咦，还藏着玄机呢？

我笑起来，"好啊！"

"李老师，因为您对我们特别温柔，我想把'鞠萍姐姐'的绰号送给您。希望您喜欢。"

　　"李老师，我们听到杨老师叫您'腊姐'，我们也想叫您'腊姐'，我们觉得这样很亲近。"我马上做了个怪脸，一群孩子叫我姐，这——好吧。我咬牙咧嘴，假装痛苦的样子把孩子们逗笑了。

　　"李老师，你唱歌很动听，我能不能叫您一声'黄莺老师'？"

　　"这个可以有。"我回应。

　　我——接受了孩子们给我起的外号。

　　"王钰同学，你的足球、跑步、跳绳样样都好！只要你上场，我们班足球赛准拿冠军，'梅西升级版'的绰号送给你吧！希望你继续在体育的路上发挥自己的潜能，成为体育明星。"王钰兴奋得跳起来："我喜欢这个绰号！谁这么有创意？"……孩子们的掌声一次次响起，与刚才相比，更有不同寻常的意义。

成长感悟

　　孩子们是可爱的，调皮的，他们往往不知道自己给同学起绰号会给别人带来多重的心理影响，我们不能听之任之。德育无小事，事事皆育人。善于发现德育资源并抓住契机，合理引导，就如一个火种，让它发光发热，点燃孩子的内心。

他爱干净了

肖伟第一次哭

期中考后，班上的窗帘由于有几块挂钩处脱线，帘布经常会翻转过来，很影响美观，报修两次，维修办都没什么动静。

没办法，我只得让个子最高的刘威想办法再挂一次，但没过两天，又翻转过来了，我实在看不顺眼，让学生把窗帘取了下来。

离放学还有几分钟，我叫林浩帮忙把窗帘叠好，吩咐站在旁边的诗蔚搭把手。过了一会儿，林浩捧着叠得整整齐齐的窗帘到讲台上来给我看。窗帘被叠得棱角分明，诗蔚做事就是这样，一丝不苟。她还把铁钩一个个收起来，放在一个盒子里，这孩子做什么事都这么贴心。

诗蔚建议：明天正好是周末，可以把窗帘交给管窗帘的同学拿回家洗了，再缝一缝脱线的地方。班上专门管窗帘的有四个同学，他们每个学期初、学期末都要清洗一次窗帘。这一次任务就落到他们头上。

周一，陈佳、李壮壮、黄成三个同学早早把洗好的窗帘拿来挂上了，窗帘干干净净的，唯独肖伟洗的那块迟迟不露面，弄得坐在窗边的同学总是埋怨光线太强，有些刺眼。忍受了三天，肖伟终于把窗帘拿来了。"老师，窗帘好臭！"肖伟刚把窗帘放下，坐在后排的同学马上叫道。有几个同学跑过去闻了闻："老师，是好臭！"我疑惑："不会吧？"学校的窗帘好旧了，有些许味道也是正常的。我武断地说："肖伟拿回去洗了，不会臭的。"我转头问肖伟："你拿回去洗了吗？"肖伟朝后面望了望说："应当洗了吧。"我的印象中肖伟是很老实的，不会拿一个没洗的窗帘来糊弄老师。谢隆特意从 2 组走过去闻了又闻："老师，是好臭，不知上面是什么东西的臭味。"几个同学纷纷离开座位闻窗帘，肖伟停下笔没说话。我只好走过去，亲自拿起窗帘，上面有脏的痕迹，闻了闻，确实很臭，一股老鼠屎的臭味。

窗帘怎么会有这个气味呢？我又走过去闻了闻另外的窗帘，最后确定肖伟把这块窗帘带回家粘了老鼠屎。班长说："杨欣，你们组的肖伟没完成任务，要扣分！"

我顿时想起去年去他们家家访时看到的情景，我简直难以想象，他们家竟然住在那样窄小的房子里，房子潮湿低矮，哥哥住在阁楼上，肖伟和他父母一个房间。那片像是快要拆迁的房子，比其他房子的地基低出一大截，像一块洼地。我想选择让他来管窗帘实在是难为他了，那么窄小的地方可能只有床底下有空间放窗帘。忙碌的家长根本更无暇顾及洗窗帘了，我实在无法批评肖伟。

很快同学们不再说什么，教室里又安静下来。看着肖伟有些不自在的样子，我没多说一句。杨欣站起来说："老师，我带回去洗吧。我洗了，能不能把肖伟调到别的小组去？他太脏了，给我们小组丢脸。"肖伟动了动嘴唇，有些不安地欠了欠身子。杨欣迎着我的目光站着不动。诗蔚卷起窗帘说："李老师，交给我带回去洗吧。杨欣，你别难为李老师了，这是两件事，不要扯到一起，你这样很伤肖伟自尊心的。"可能这句话触动了肖伟，他突然哭起来了，其他孩子赶紧低声劝慰，并递纸巾给他。杨欣不吭声，扭过身子去写自己的作业。

突然记得杨欣有次写文章，说很不喜欢她的同桌，又矮又丑，身上很臭。

下课后，我把杨欣整组都找来谈话，肖伟提出请求："窗帘的事，我错了。我不想跟杨欣一个组，她老是跟别人说我身上又脏又臭。我想一个人坐，哪个组也不加入。"我安慰他说："肖伟，你要是觉得管窗帘这个岗位不适合可以换。每个同学都有一个岗位。我觉得管窗帘这个活不重，就是每天到教室时拉开窗帘，放学时都是值日的做。洗窗帘也一个学期初洗一次，学期末再洗一次。这次安排洗窗帘，可能老师没有考虑到你的家庭情况，可以换其他岗位的。"杨欣马上说："李老师，他们家搬到'怡城风景'了，住到我们那一栋。"我知道"怡城风景"是新建的高档小区。肖伟解释："老师，我们家最近几天忙着搬新家，然后窗帘扔在老屋里，我给忘记了。今天早上过去才找到的。我不该撒谎说洗了。我能不能去找诗蔚要，中午带回去洗？""有错就改，好呀。这么说，你不换岗位了？"他点头表示不换了。对于肖伟想换组的事，我征求小组其他成员意见。

杨欣组的肖加林说："老师，我想可能是肖伟的头发没有天天洗，又长，这天气一出汗就有股子气味。而且他好像有狐臭。"我注意到肖伟今天穿的衬衣是新的，领口洁白。我凑近肖伟，嗅了一下，确实有股子狐臭味。

"肖伟，可以让家长带你去治一治，现在这个病治起来不难，花钱也不多。小孩子恢复得也快。不过，你确实要注意一下个人卫生。现在搬家了，每天冲凉多抹点沐浴露，头发每天都要洗，衣服每天得换。这样杨欣才愿意跟你同桌，你看杨欣每天多干净，成绩又好。对自己要求高一点，女孩子都喜欢干净整洁的男生。"我给肖伟提建议。肖伟说："老师，我在改，我现在每天都洗头的。你闻一下，你闻一下，我的头发还有香味呢。"他把头歪向我和肖加林、张灿。我们都笑了，只有杨欣没笑。肖伟真诚地对杨欣说："杨欣，我们组每次得优胜组，我都加了好多分的。窗帘我今天拿回去洗，我错了还不行吗？你不要赶我走。"肖加林说："刚才不是你跟李老师说要换组，还要一个人坐的吗？"他有些不好意思。

杨欣冲着肖伟说："你还说呢，每次卫生委员检查你的个人卫生，总是扣分。要不是你搞劳动认真，又加了分，我才不饶你。不过，你赶紧要你爸妈带你去看病，不然我就不跟你坐了。"肖伟点头如捣蒜。杨欣算是原谅肖伟了。

肖伟蹦跳着去找诗蔚拿窗帘。"杨欣，给别人机会改错，也等于是给自己一个改正的机会。"杨欣聪慧，当然明白我的意思。

肖伟第二次哭

大约两周过去了，这天我上语文课，布置学生写《知能》作业。突然肖伟趴在桌子上小声哭了起来。原来杨欣欺负了他，把他的胳膊掐红了。杨欣管小组是有些方法的，不过这小女生特要强。肖伟哭了一会儿，好像没事似的，又开始写作业。

下课了，肖伟赶紧离开了座位，出去了。我把目光投向杨欣："你欺负肖伟，为什么？"杨欣拿出一张表格，上面写着"肖伟个人卫生月检查表"，往下看，有好几项，指甲、头发、衣服鞋袜、抽屉卫生，后面还添加了一栏——个人房间卫生。有优秀、良好、差等字样，今天的指甲卫生写了个"差"。下面还有奖励和惩罚细则。我问："这是你们小组定的？肖伟执行得还可以呀，十天里多是优秀。今天没剪指甲，也算是一个反复，小毛病嘛，改得没那么快的。"我劝杨欣。杨欣说："老师，这是我们组定的规则，他做得好，我们都表扬他。今天老毛病又犯了，瞧他的指甲，剪是剪了，可是还有污垢，不知有多恶心，难道他每天不用沐浴露洗指缝的吗？"我好奇地问："你们小组这个表格制定得还不错，执行也得力。只是个人房间这项怎么检查呀？"肖加林抢过话题说："我们组商量过了，一个月去肖伟家玩一次。反正我们住得都挺近的。一来我们小组经常有小组协作的任务，可以互相商量讨论；二来可以检查一下肖伟的卫生。这一项是肖伟自己加上去的。"我想这样挺好。杨欣又说:"李老师,李婷和杨昆组也照我的方法管他们组。我们想一个月轮流去谁家,这样不都检查了嘛。你说这个法子好不好?""你们都是有责任心的孩子,太让老师省心了。谢谢你们。"

正说着,肖伟进来了。他伸出双手,说:"杨欣,我洗干净了。你看。"杨欣看了一眼,说:"好吧,算是改正了。给你改个良好。不过,得替我们三个登作业三天,算是惩罚。不以规矩,不能成方圆。"肖伟咧开嘴笑着:"好呢!"我问:"肖伟,你不恨杨欣了?"肖伟头也不抬地说:"哪能呢?好男不跟女斗。"杨欣提议:"李老师,我们去肖伟家时您也一起去,去检验一下我们的劳动成果?"说着用胳膊撞了一下肖伟,肖伟赶紧笑呵呵地说:"欢迎李老师去检查。"我看这肖伟真的是很听杨欣的话。

我想起这段时间,学校里不论是查指甲卫生,还是查抽屉卫生,我班都是百分之百过关。肖伟这个组再没有拖班级后腿。我为他们小组的进步而高兴。不过一次的作文让我真正感受到肖伟的心理变化。

周末肖伟的作文是《我的同桌》,结尾有一句是:我对我的同桌是既佩服又害怕。"害怕"这个词还有涂改的痕迹,不知道他原来用的是个啥词。我给他的评语是:事例写得详细,且一波三折,心理活动丰富细腻,能从同桌身上学到优秀的品质,很了不起!

肖伟第三次哭

周五,我和杨欣他们来到肖伟家时,已经六点了。我注意到肖妈妈涂了口红,化了点淡妆,家里也收拾得挺干净的。没过多久,肖伟抱着篮球进门,跟我们打了个招呼就去洗手间了。肖妈妈一边招呼我们吃水果,一边说肖伟这段时间放学后天天去小区的球场打球。他说是杨欣鼓励他的，打篮球能长个子。我见过肖伟一家，父母个子还可以，就说："可能男孩子要到初中窜个子，不用担心的。"肖妈妈说："打打球也好，他以前就是不爱运动，现在动一动，挑食的毛病也改了些。李老师，上次洗窗帘的事不好意思。肖伟回来哭了一场，都是我们不对。谢谢这群孩子，对我们家肖伟不嫌弃，帮助他。李老师，您那么忙，还来家访，真是太谢谢了。"我赶紧说："是这群孩子带我来的，其实我早该来看一下你们的。肖伟这学期变化挺大的，成绩也进步了，你们配合学校做了很多工作。谢谢你们！"

肖伟过来招呼我们去看他的房间。我站在门口，肖加林一屁股坐在床上，故意为难他："肖伟，你每天收拾得这么干净吗？是不是我们要来了才收拾的？"肖伟还没说话，肖妈妈就抢着说："他昨晚说同学和李老师要来，可兴奋啦，一个人闷在房间里收拾了好半天。不过他平时都是蛮注意的。上一次买了件新校服，他吃草莓时不小心染上了汁，又舍不得丢，说我们赚钱不容易，就自己躲在洗手间里搓呀搓，搓得发白了，还是没搓掉，哭了一场。"杨欣笑着说："阿姨，这事我知道，我还给他打了'差'，还掐了肖伟一把。对不起。"她又转过身对肖伟说："肖伟，真对不起你。我以后再也不掐你了。你应当能原谅我吧？"肖伟突然抱着头哭起来。杨欣站在他面前，不知所措。

肖妈妈在客厅喊："人家杨欣跟你道歉，你哭啥？杨欣，别理他，越理越带劲，让他哭。掐一把没事，男孩子掐不坏的。肖伟就是眼泪多，第一次有同学到家里来，他那是高兴的。阿姨要谢谢你，肖伟现在可爱干净了，还管他哥！"肖加林说："是啊，有一次他还说我抽屉不干净，书包没整理好。现在他会管我们了。只有杨欣，他挑不出毛病。老师，你看，肖伟笑呢！"我抬眼一看，肖伟不知什么时候又羞涩地笑起来了，真是一群小孩子！

他们一致商量:"下次我们去肖加林家突击检查。"肖加林捂着眼睛说:"不要哇!不要哇!""不许你耍赖。"几个小家伙叫起来。

我想着,咦,快过节了,要是这帮孩子突然到我家去。不行,我也得收拾收拾。

第二学期,卫生委员轮换时,杨欣推荐了肖伟,他顺利当选了卫生委员。全班给予了他掌声。

成长感悟

相对于在社会交往中所接触的其他群体,同龄人对同龄人的影响明显大于其他人,这种影响尤其表现在青少年身上。六年级孩子正处于心理断乳期,内心十分需要得到同龄人的认可,他们将自己是否被别人喜欢,是否被朋友接纳看得十分重要。

杨欣组采用一个月去同学家检查一次的做法无疑促进了孩子们的社会性交往。他们在交往中互相学习,相互帮助,为自己的进步找到了方向。

主旋律

下午两点钟,我来到教室,令我惊讶的是,同学们桌子上基本都摆着鲜花,香气四溢。我真感谢家长的支持。

过一会儿我们班小主持要上一节年级的综合实践活动课——依依惜别情,因为还有两周就要毕业考了。今天的活动对于孩子们来说可是一件大事,孩子们脸上喜气洋洋的。孩子们排队去电教室,彭易却坐在座位上不动，我走过去，催他快点排队，他摇头说："老师，我没有花，我不去。我妈妈说买花没用，不给我买。"他的声音逐渐低下去，我理解孩子的心情，安慰说："没关系，你有感恩的心就行，老师不计较这个，下去参加活动吧。拿好你的贺卡。"他只是摇头，哭了起来，说太丢人了，同学们都买了花，就他没有。我语重心长地说："孩子，你在学校读书六年，各科成绩优秀，又是老师得力的班干部，马上你就要毕业了，对于学生来说，良好的表现、优秀的品德，就是给学校最好的礼物。"他终于肯去参加活动了。

小主持人们素质挺不错，发挥正常，一个个从从容容，肖嘉声音柔美，陈静超淡定，有大将风度，杨欣也很不错，表现出良好的心理素质。

一切有条不紊地进行，今天的主旋律是和谐的。

活动进行到一半，嘉琪妈妈轻轻走过来，在我耳边说："李权刚刚爬墙头逃走了。保安抓不住他，让我来跟你说一声。"我一惊，心想，大事不好，怎么就没注意到李权呢？正好到了抽"读赠言"环节，我想要是哪位老师抽到李权怎么办？我仔细回忆了一下，李权可能是来电教室时趁人不注意溜走的。

孩子们的掌声打断了我的思绪，我发信息给李权的家长，过了好一会儿也没动静。但我只能待在电教室里听孩子们的课。

孩子们表现真是太棒了，李诗的文章不错，她读着读着眼泪流出来了，我内心也涌动着温情。宽敞的教室里静悄悄的，我回望同学们，大家似有所动，坐在旁边的同学也在揉眼睛，我想要是李权坐在教室里听一听多好。

整个年级的孩子们表现得很优秀。我班孩子们更了不起，超过预期，这让我想起一句话，你给孩子们多大的平台，他们就能展现多少的精彩。活动圆满结束，受到了领导们的高度赞扬。

我抽空打电话给李权家长，没接，又换了两个联系号码，仍没动静。

校长听说此事后，要我去他们家店铺一趟，因为店铺就在学校对面不远处。

终于接通电话，我很焦急。哪知道李妈妈轻松地说："没关系，他没事。他刚刚打电话给我说到旁边中学的篮球场去玩了。李老师，我让李权买了一大捧花送给您，他给您了吗？"我赶紧说谢谢，并希望最后两周他能平稳度过。李妈妈说："会的，会的，李老师，让您操心了。他这一个月都在教室里上课，可能是憋得慌，今天就窜出去了。您别见怪。这孩子只要不惹事，我们就开心。"我马上表扬他纪律方面进步很大。

家长更轻松愉快了，笑着说："李权现在懂事了，回来会跟我和他爸爸主动打招呼。虽然每天晚上会回来得晚一些，但都有回来，而且一定会给一个电话，告诉我们他在哪里。他现在非常有生活规律，我也很开心。"我一时不知道说什么。那边仍然滔滔不绝，李妈妈说："他跟我们说过，他最喜欢您。他现在已跟以前很不一样，也不吸烟了。我和他爸爸都很高兴。"

也许家长看孩子和老师看孩子的角度不同，在我们眼里，不可原谅的东西在家长眼里却成了优点。

我打断她说："那好，我只是向您反映今天特殊的情况，他安全，就好。我再次谢谢你们送的花。""应该的应该的。没什么好担心的。他已经很棒了。"李妈妈说完还哈哈大笑起来。

第二天，校长和主任知道我心情不好，特意让我到办公室去交流交流。我反映了李权的事，表达了我的遗憾：这件事就是主旋律中的一个不和谐的音符。哪知校长却笑呵呵地说："李老师，主旋律是积极向上的，从来没变过。昨天的年级活动让我们对孩子们的未来很看好，这次的毕业抽测我们寄予了很高的期待。你们都辛苦了！后进生的转化工作，有些孩子我们尽力了，就问心无愧。像李权，他妈妈以前跟我们学校是仇敌，从来不配合。每次他儿子打架，她一来就是大吵大闹，护犊子，蛮不讲理。家长跟我们的老师强力对抗，他儿子在这里读书六年，大家头疼了五年。"校长倒了一杯茶给我接着说，"以前他打架打到别的学校，公然挑战学校纪律。你带的这一年我们没有接到别的学校的投诉，这是多大的进步！就是打架，这一学期只有两次，而且范围只在你们班。这又是多大的进步！快毕业了，他的家长还能想着给你送一捧花表示感激，这又是多大的进步！这一届的主旋律是积极向上的。"我没想到校长这么看待问题，霎时内心有些感动。

德育处成主任接过话头说："李老师，你已经很了不起了。我们知道他不学习，习惯性的思想懒惰。如果一年级遇到你，这孩子也许会不一样。换句话说，像这类型的孩子，犯错的次数少了，对于我们教育者来说，就是一种成功，一种非常了不起的成功！"

校长感激地说："学校是感激你的，你不要有什么负担。我知道你是个专业的班主任，你的很多劳动是富有创造性的，要看主旋律。辛苦你了，李老师。"

领导的认可，让我的心情好了很多。

成长感悟

对于重度问题生的教育，我还是把重心放在对学生的引导和关心上。对学生家长既不埋怨，也不抱不切实际的幻想。班级里有这样的学生，首先要稳定班级基本成员，对待问题生要学会妥协和让步，不要与问题生撕破脸。实行这种策略，目的就是对大多数学生负责，如果老师和学生恶斗不断，又不能取胜，整个班级就始终处于人心惶惶的状态，那损失就太大了，教师的挫败感就会加重。

我们有时候不要太执着于自己的教育效果。教育后续性的特点告诉我们，也许在某个不确定的年龄，不确定的时间他突然悟出来了，懂事了。就像哪一天黑土地上冒出小芽时，小芽一定不会忘记曾经有雨的光临。

一笑了之

体育课时间，邓老师留了几个听写不过关的同学，我也过来看看情况。林子依向我投诉："老师，张杰说我是他孙女，他也这样喊文月。"文月正好把英语默写作业给邓老师看，邓老师也抬起头，说："这个张杰叫他写不写，叫他读也不读，到处捣乱。刚才他这样说我也听到了。"其他同学也纷纷说是这样。文月小声说："他总是说我是他孙女，还让我叫他爷爷。"

"老师，我是逗她们玩的，您别当真。"站在一旁的张杰笑嘻嘻的，恶作剧后，他总是这样的表情。

我的大脑迅速转动着，这种事如何处理，批评一顿，再讲道理，还是一笑了之，云淡风轻？同学们都望着我，显然很期待我能处理好。我一边收拾讲桌，一边有意变着腔调说："张杰呀，我当是谁呢？他的话是童言无忌，童言无忌。大家别计较，文月你们也别生气。"我对张杰说："张杰，这长辈可不好当！"文月、子依马上会意并伸手作讨要状，大声喊："恭喜发财，红包拿来！"张杰一时窘得不知如何是好。我看着张杰白嫩的脸，突然又生一念头。"张杰，"我一边说，一边伸出右手，"不，张长辈，你的小脸可真嫩，同学们，上来摸摸张长辈的脸，多嫩啊！"十多个男生很配合地一拥而上，伸着手要去摸张杰的脸，吓得他落荒而逃。文月、林子依笑了，邓老师也笑了。

有些学生，有些错误，不用当真，一笑了之，就像微风吹落的花瓣，不用刻意拾起，就让它成为另一种风景，点缀孩子们的生活吧。

成长感悟

读到这个故事，我还是会想起当时我变着腔调逗张杰的情形。班主任的管理多点生活化的创意，有些问题是可以在玩笑中解决的，效果并不比严厉的批评、让孩子写检查差。

有一种孝顺是不让爸妈担心

中午一点十五分，我正在午睡，突然紧急的铃声响起来，我刚开始打算不去理会，可执着的铃声还是响个不停。我意识到，肯定又有什么事情了。

果然，电话里传出杨清瑜家长急切的声音，原来杨清瑜中午没回家吃饭，家长问我是不是留下他了。我赶紧回答没有，孩子们一下课就整队，不会留学生的。家长更着急了，连声问那孩子怎么到现在还没回家。我脑子里检索了一下上午放学的信息，我是亲眼看见杨清瑜下楼的，不会有错。我又问："您是不是给他钱了？"这个有可能，前两天，林苗中午也是没回家,她妈妈打电话问,后来才得知她手上有钱,和全蔚一起在外面吃饭了。由于事先没跟家长协商好,家长也不知情,弄得家长一中午紧张得没办法,也是这样不停地打我电话。

杨妈妈回答没有给他钱。我又问:"平时你们给他零花钱吗?也有可能钱没花完,留在手上了。中午在外面解决一餐。""很少。一般不给的。"杨妈妈问我道:"孩子平时跟谁要好?"这个我就不大清楚了,每天放学时就看他和谢文在一起,没发现有什么同学与杨清瑜特别好,好到可以到人家家里去吃饭。一年多了孩子们还没有这样中午无故不回家的先例。我往群里发了条短信:杨清瑜中午没回家,有谁知道他和谁在一起?告知一声。

杨清瑜妈妈很紧张。我赶紧安慰她没这么快回信息的,中午是大家的吃饭时间,再等等看。没事的,孩子这么大,一定有什么新情况是我们大人不知道的。不过,不要紧,一会儿就是午读时间,杨清瑜平时很听话,会准时到校。我看看时间,心想这下是睡不着了,不如马上去教室了解情况,然后迅速穿好衣服,给杨妈妈发了条短信:我马上到教室去,如果杨清瑜来了,我了解情况,然后回复电话给你。你不用担心啊。没什么事的。其实我心里还是有些忐忑不安,安全事故应该是不会有的;如果有什么拐骗之类的事,杨清瑜已是六年级学生,不会那么容易被骗的。这是我的心理安慰,但心里也害怕。去教学楼的路上,杨清瑜的家长再次打电话来,这次是他爸爸。我告诉他现在就去了解情况,让他不用担心。

我来到教室,安安静静的,江玉聪是值日班长,他正站在讲台上指挥值日生打扫卫生。大部分学生在练字看书。我首先瞟了一眼杨清瑜的座位,发现他正好好地在练字,神情与平时并无二异。我放下心来,准备发个短信给他家长,报个平安。想了想,还得先问个清楚明白。

我把杨清瑜找过来，问："你吃饭了没有？""吃了——"他有些惊诧的表情。"你没回家，是什么原因？刚刚你妈妈打电话了。""我和江玉聪一起吃的，他爸爸带我们去的，还有谢文。"杨清瑜说道。正好江玉聪在旁，他说："老师，今天中午我爸爸接我去吃火锅，正好谢文、杨清瑜和我一起走，我爸爸问他们两个要不要一起去吃，他们两个说可以。然后我们就去火锅店吃火锅了。"原来是这么回事。

我又产生疑问，同样是一起去吃火锅，却没见谢文家长打电话找我。江玉聪回答："谢文拿我爸爸手机打电话回去了，但是杨清瑜不记得他爸爸妈妈的电话，拨了几个号码，却是错号，就没打了。""杨清瑜，是这样吗？"我转过去问杨清瑜。杨清瑜说："记不清是135开头还是137开头。"我说："那你就没两个号码都试一次？"他没说话。江玉聪补充说道："打了，但都是错的。他不记得了。"这时我的手机响了，是杨清瑜家长打来的。我简单地说了一下情况，家长放心地挂断电话。

我见清瑜根本不知道事情的严重性，又问道："杨清瑜，你今天和江玉聪吃饭，属于突发事件吧？"清瑜点头。

我摸着他的头说："你没有及时地告诉家长，你爸爸妈妈都快急死了，中午一个电话接一个电话，你知道他们有多着急吗？连我都紧张。你知道我和你父母紧张什么吗？"清瑜说："怕我出事。"我没好气地说："你倒是中午吃嗨了，害得我们白为你担心。"他低着头。

我叹了口气说："前不久，还在说龙城一个初中生，在离家仅200米的地方走失了，到现在都下落不明，一家人都急疯了。那么大的孩子都能出事。你想想，学校门前的路况也这么复杂，家长当然害怕你出问题被别人拐骗走了，你以后一定要牢记家长的电话，这是保护自己的基本办法。你可以去问问班上孩子，有谁连自己爸爸妈妈的手机号码都记不住的。还有，就算是没记住号码，你也可以有别的方式联系到你家长呀。总之不能信息不通，信息不通就会让大家担心、紧张。"

江玉聪拍拍头说："忘了，可以在群里发一条信息。你爸一下子就看到了。还有可以打电话给李老师，我爸有李老师电话。李老师已知道了，你爸爸也知道了。"

杨清瑜不好意思地说："李老师，都是我做事情考虑不全面，害大家为我担心，对不起。"

我忙说："老师这次原谅你，重要的是你从这件小事中要体会出大道理。还有同样的错误尽量不要重复犯，得长记性，这就是成长。记住我的一句话，有一种孝顺就是不让爸爸妈妈担心。"两个孩子点点头。

成长感悟

作业做错了，可以重新写，但生命不能重来。从低年级起就对学生进行安全教育，并懂得在情况发生变化时，要及时联系到家长，告知特殊情况，时刻提醒学生外出不让家长担心，这也是孝顺的一种表现。

道理虽浅显，但是十分重要。安全无小事，我们要不断强化孩子的安全意识，改变行为从思维入手，让它生长到孩子的血液里去，成为一种思考习惯。

跳蚤市场

今年老师和学生陆陆续续参加了好多活动，比如年轻女老师排练大型舞蹈节目《女儿红》，女老师学习化妆课程；学生举行跳蚤市场特卖，前段时间还举行了包粽子的活动。这些活动融洽了同事们之间的关系，丰富了孩子的生活体验，展示了大家的才能，取得了意想不到的效果。对学生和家长来说，更是一项不可多得的生命体验。

跳蚤市场拟定周五下午举行，粗壮的柱子上早就张贴满耀眼的广告牌，吸引了无数孩子的眼球。这个活动对于西坪小学的孩子来说，真算得上是大姑娘坐轿——头一回。我有些着急，因为周四了还没见到几个学生捐东西，到时候卖什么。

周五终于来到，说是三点开始，两点钟就有班级蠢蠢欲动，家长和老师忙碌着，有两三个班正在架空层摆摊位。我走过去一瞧，一（1）班的摊位席地而铺，有些小玩意，不多。其中有一件是我女儿的小灯笼，很显眼地摆放在一旁，那是春节时我在市场里花 15 块买下来的，还没玩几次，能发出彩光，还能唱歌，可孩子硬要拿来卖掉，一点也不心痛的样子，我只好支持，以 3 元价格标售。

离第一节下课还有十分钟，我先派了几个孩子下去布置摊位，等到我三点钟下来时，惊呆了。西坪小学就像过节一样，几乎所有的孩子家长都挤在架空层里，来来往往，叫卖声此起彼伏，一些孩子还捧着几本书，见人就兜售，跟外面的市场真没什么两样。我挤进何老师班级的摊位，饶有兴趣地看他们都卖些什么，一看他们班书籍不多，很多是女孩儿的发饰，各种花色，各种样式，让人眼花缭乱，而且都是崭新的，可能是哪个有心的家长捐赠的。何老师见我赶紧拿起一个头饰，说："李老师，快来买，两块钱一个，买一送一。给你女儿买吧，戴在头上好看。你也可以戴。"我拿起来仔细端详，你别说，还真好看，最重要的是全部是崭新的，看得出是从市场特意买来的。我真想买一个，可是我头发剪短了，用不了。女儿嘛，好多这种头饰了。正想着，就有几个学生挤进来，一会儿工夫就成交几笔生意。何老师手脚麻利，嘴里说个不停，又是拿东西，又是收钱，找钱，那动作就真像个生意人。

我转身又往其他班级的摊位挤去，有卖各种各样的画片、玩具卡片、布娃娃等，还是以卖书为多，而且多是很新的书，标价也不低，有的卖到15元一本，最低8元。我想这个价位，恐怕很难卖出去。卖方市场是由买方的需求决定的。只见老师和家长义工也是在人群里挤来挤去，不多一会儿，就看见陈主任手里拿着了个小灯笼，摇晃着发出声音，正在逗儿子玩，我定睛一看，那不正是我女儿的灯笼吗？我不禁笑了。

转了一圈，发现很多家长义工手上空空的。我觉得机会来了，我赶紧来到我班摊位，清欣几个站在凳子上，晃动着手中的卡片，大声叫卖："快来买呀，快来买呀，过了这个村没有这个店啦，两块钱的画片半价处理，一块钱一张呀，很便宜的。"我扫了一眼我班的物品，有镜子，还有一些叫不出名来的玩意儿，东西很丰富，装钱的罐子里塞满了一块块的纸币。谢隆、曾小芳兴奋地说："老师，我班的生意还不错呢。"正说着，又有一张一块钱的纸币递过来，有学生大声叫道："又赚了一块钱，哇！"我看着钱虽然多，但都是一块块的，想也战果不丰。我组织几个小精灵，略加商量，孩子们就忙开了。程芮和清欣两人站到桌子上，紧急分配任务："同学们听好了，一部分留在这里守株待兔，一部分人得主动出击。现在市场形势很严峻，你看旁边六（2）班的女孩在那放音乐、跳舞，招徕顾客。我们的书要降价处理，五块一本卖不出去，但是五块两本好卖呀，一个便宜三个爱嘛。这些旧一点薄一点的书，可以十块钱三本。"清欣指着旁边的同学说："还要讲究推销手段，你，你，都拿着一样物品，叫卖去。另外，家长义工是很好的资源，只要家长有犹豫，就要想办法把家长留住，目的只有一个，就是把这些物品卖出去，瞄准他们手中的钱。"

谢隆和清欣的妈妈也来了，她们旁边围着几个小脑袋，估计正窃窃私语传授推销秘籍。学生迅速一个个口耳相传，要这般这般，如此如此。我霎时觉得自己置身于生意场中。李权挤进来，拿着一个玩具递给一个低年级的小男孩子，说："快，找钱，十块，找八块。"林子依、文月几个七手八脚地打开钱罐帮忙找钱，一会儿又有学生在跟人砍价。

几个家长义工也被我班的叫卖声吸引过来，小洲、闻明几个嗓子亮，还在继续吆喝："快来买呀，不买后悔呀。阿姨，您今天可真漂亮。""是呀，您比我妈妈年轻多了。"这是林子依的声音，"一看您就是有文化的人，您不看玩具，专看这书，哎呀，太佩服您了，多关心孩子学习呀，您看这书，经典名著，很新的，才五块一本，旁边的书摊上同样的书要卖到十块呢，绝对的物有所值，别犹豫了。"孩子们七嘴八舌地游说家长。那个家长义工笑眯眯地停下来，翻了翻书。我乐了，一会儿就成交。一张五块钞票落在钱罐里，我仿佛听见它欢快的声音。孩子们的口语交际能力不错呀，攻心为上，这么快就运用自如。

我也放心趁机逛逛，抓拍几个特写镜头发群里与家长分享。

迎面走来两个男孩，手里拿着两本书，一看封面就是漫画书，这两个男孩子能说会道，央求我买下他的书，我推说太贵，他又连忙说："不贵不贵，您看定价十二块呢。已经打折很多了。老师，买了吧。不买您会后悔的。真的很便宜的，为孩子着想嘛，别舍不得那几块钱呀。"我不禁笑起来，这些孩子个个都是人精。

又转一圈，班主任们忙得不亦乐乎，恨不得长出三头六臂。刘主任和谢校长几个也乐呵呵地走走看看，一个小时过去了，买卖两旺。孩子们兴奋得像过节一样，连我班那几个平时害羞得不得了的孩子此时也在人群里叫卖，真是生活教育人。一转身，远远见戴老师买了一颗胖乎乎的类似玉白菜模样的物件，一群老师围观着打量，看样子她淘到宝了。

这时几个男孩子过来说："李老师，你们班学生太会卖东西了。"听得我心里舒服极了，比夸我自己还高兴。

跳蚤市场进入尾声，人群渐渐稀少，大家都收拾物品回教室了。我见我班还有十多本旧书和一本旧相册，学生告诉我那是谢隆捐的，因为里面还有他妈妈的相片，所以不好卖。陈主任拿着话筒开玩笑地说："最后剩下的物品，一块钱一斤啊。""那也太便宜了吧，怎么论斤卖啊。"几个学生疑惑道。

我吩咐孩子们收拾物品回教室，上楼时听到谢隆和清欣建议："现在还要抓住最后的机会，过会放学了，就卖不掉。你们几个拿着几本书到四年级各教室去推销，便宜卖出。一块钱一本，把这些旧杂志处理掉。"话音一落，几个孩子抓过几本书，往三楼几个教室里去了。

四点十分，活动结束，教室安静极了，晓蔚正在点钱，我平静地问道："卖了多少钱？""老师，一共四百。"啊？大家惊讶至极，四百呀，有那么多吗？我不相信自己的耳朵。"我们两个点了两遍，真的整整四百元。"全班爆发出雷鸣般的掌声。

班长程芮上台说："下面请大家谈谈在这次活动中自己的收获或感想。"

谢隆说："第一次参加这样的活动，感觉做买卖好像不难，也觉得我自己挺有生意人的头脑。比如，我看见家长我就这样推销……我觉得老师平时教我们的知识我都用上了……"孩子们哈哈大笑。

张杰抢着说："其实我们的商品还不够丰富，所以吸引力不够大。下次我们要做个大大的广告牌。"

还有很多孩子抢着发言，这样的活动真是太有意义了。

　　活动是孩子们成长的有效载体，它能让孩子们的社会交往能力、处理问题的能力呈几何级数的增长。哪怕在活动过程中遭受挫折，也是他们成长的必需。

　　"世事洞明皆学问，人情练达即文章。"曹雪芹老人说得极是。

龙龙的军礼

　　我来到教室，马上有学生告诉我，张龙龙把门前的身高表弄坏了。我一看，那条绿色的条纸掉下来了，很难看。我仔细查看了一下，上半部分的背面有一块薄薄的纸板，虽说时间久了也会脱落，但没有一定的外力作用，它不会脱落得如此彻底。龙龙已经被数学老师叫去训话了。我思索着如何处理。

　　过了一会儿，龙龙耷拉着脑袋出现在门口。我正把手放在身高表上，一松手身高表也掉下来了。龙龙见状说："老师，是我弄坏的。不过得用钉子钉的，我来扶着吧。"同学们看他这么主动认错都笑了。他也笑了，主动过来扶着。

　　我摸了一下他的头，问："累不累？累了就歇着。"他摇头说不累。过了一会儿，可能是他的手酸了吧，眉头渐渐皱起来。上课铃响了，我让他回座位，然后对全班同学说："我相信这不是张龙龙故意干的。因为这身高表，我仔细观察了一下，也快脱落了，而且因为纸板有一定的重量，用胶水粘不住，我又没有工具。所以为了避免它完全掉下来，今天上午张龙龙要帮老师一个忙，一到下课就得按住它。因为今天是周五，我跟学校报修也要等到周一才能请工人师傅过来。先谢谢张龙龙这么有爱心。"同学们嘻嘻地笑起来。

语文课下课了，我还在教室里，同学们也没起身，只见张龙龙条件反射似的奔过去，用手扶住绿条纸。我笑着拿起手机，赶紧拍了张照片分享到群里。照片附了段文字：瞧，多有爱心的张龙龙，乐于为班级做好事。

一会儿，隔壁班的林一波来找张龙龙玩，看到张龙龙站得笔直，问："你这是干吗呢？"张龙龙严肃地说："别妨碍我，我在帮老师做事呢！老师刚刚给我拍照了，还表扬我了。"我看看时候差不多了，走过去说："龙龙，今天上午的任务结束了。你刚才挺直的身子，特别像个军人，很帅。来，给老师敬个礼看看。"他赶紧双腿立正，敬了个标准的军礼，嘴里说："老师，怎么样？"我把他从上到下打量了一下："敬礼时真像个军人！"他凑近我，笑眯眯地说："您知道吗？李老师，我爸以前当过兵。"

"啊，真的吗？难怪我看你敬礼这么标准！"我赞叹道。

下午，我来到教室检查午读，发现龙龙的桌子上有把小锤子，身高表早就用钉子钉好了，不用说，这事肯定是张龙龙干的，我表扬了他的手工干得漂亮，帮了老师一个大忙，他乐滋滋地笑了。文湘同学站起来告诉我："老师，张龙龙刚刚帮我把书包拉链修好了，他的手真的好巧！你今天在点赞榜上把这件事写上去吧。"龙龙十分有范地挥了一下手："举手之劳，何足挂齿！"下午放学时，龙龙招手说："老师，再见！"然后双腿并拢，向我敬了标准的军礼。我一怔，然后伸出大拇指，并夸他两个字："真帅！"

哪知道，从此不论是在学校走道上，还是在大厅里，只要张龙龙遇见我，他一定会说："老师好！"同时双腿并拢向我行标准的军礼。行军礼问好的习惯一直伴随到他小学毕业。

成长感悟

有些学生，我们看到他身上的毛病，恨不能一顿批评马上让他改过自新。其实批评时，不光要有好心，有时还得给学生一张好脸。

同样的一件事，换种说法、换张面孔，让孩子体验到的却是成功与骄傲。

当学生教育学生时

我班谢文是个懂事而又孝顺的孩子，我去他家家访时有亲身感受。虽然成绩有点不理想，但这孩子说话比较有灵性，常用一些同学意想不到的词语。

但是这天中午就受到了批评。

中午快一点钟时，谢文的妈妈打来电话，因我在午休，将手机调成振动状态，没听到。过了半个小时，他妈妈的电话又打来，我才接到。他妈妈在电话里着急地问谢文是不是被留下来了，没回家吃饭。我连忙回答没有，如有事情让学生做必定会通知家长的，怎么可能让家长担心这么长时间。再说，上午一放学就让学生们整队回家了。

跟上次杨清瑜的事件一样，群里询问也没有任何回音。

当我来到教室时，谢文正在练字。我把杨清瑜和江玉聪叫过来，让他们去帮我处理谢文的事情。因为上次杨清瑜也是这样，这次他俩应当有经验了。两个孩子把谢文叫到教室走廊的角落，训导去了。

我改完一小叠作业本，见三个孩子还没进来，就走过去听听他们谈什么。

只见谢文站得笔直，头却低着。江玉聪和杨清瑜正好背对我，说："好了，你不用解释了。我俩听明白了。谢文你今天中午去温静家纯属一时的想法，事先并没有和任何人商量。不过你这样做我们是能理解的。"这江玉聪挺会训人的。我站在离他们不远的地方观察他们。

杨清瑜马上接话头："但是理解你并不代表你就能犯错误。你考虑问题能不能周全一些？那么冲动，都这么大的人了！你去了人家温静家就不知道拿温静家长的手机给你爸爸妈妈打个电话？就不知道在群里说一声？让李老师中午睡不好觉，太不像话了。男子汉做事冲动，得严厉批评。"听到这里我情不自禁地笑出声来。

谢文小声说："我就是高兴得忘记了。"杨清瑜有些生气地说："你今年十二岁了，我跟你一样大。你有没有想过中午不回家，家人会不会着急？"谢文赶紧点头说："会的。"

曾老师从洗手间出来，悄声靠近我，说："你的小跟班，一个个好会做思想工作。"只见杨清瑜扬起手，挽了一下袖子，连珠炮似的："你知道吗？家长各种想法都有，比如给人拐骗了，或者路上出了意外等等，这样的事情不是不会发生，你想你爸爸妈妈这个中午能睡好觉吗？能吃好饭吗？是你你睡得着吗？谢文，你这么大人了，出门怎么不知道联系一下家长呢？李老师经常表扬你，我看你就是个糊涂虫。去写份反思书，交给李老师。"我心里暗暗为杨清瑜点赞。他俩转身看到我，清瑜说："李老师，我们已经教育完了。他知错了，下次他应当不会犯了。"

回到教室，我表扬了玉聪和清瑜，转身在黑板上写下"孝顺"二字，对谢文说："孝顺，孝顺，顺就是孝。作为孩子，孝顺爸爸妈妈的最好方法就是不让他们担心，谢文，你做得如何？"他抿紧嘴唇，有些惭愧地低着头说："老师，我错了。"

我慢慢地说："知错就改是最可贵的。别人家的饭总是好吃，因为吃得少。而自己家的饭不好吃，是因为天天吃。但父母对你的爱，你作为儿子应当能时时感觉到。回去以后跟爸爸妈妈道个歉，以后记住孝顺父母就是别让他们为你担心，尤其是担不必要的心，好吗？"

我把整个过程大致在群里进行了反馈，一会儿就有很多家长点赞。江玉聪妈妈发信息：李老师，我们家玉聪原来这么会讲道理。清瑜爸爸发信息：这小子教育起别人来一套一套的。又有家长发信息：这两个孩子口才真好！之后我一遍遍地回想当时的情景时，会笑得合不拢嘴。

成长感悟

如果你认为孩子教育孩子是一个不具深意的好玩的游戏，那么你错了。孩子们成长的过程其实是不断社会化的过程，这个年龄段的孩子，同龄人帮助和引导的作用可能远大于其他群体。

教育需要等待

第三节课连堂，是我的语文。下课了我没去办公室，就在教室里改作业。

铃声响，教室里马上安静下来，晓蔚是今天的值日班长，她大声说："拿出练字本练字。"学生习惯性地练字，教室静静的，除了电扇的声音，我很满意。

突然，我的眼光落在进的身上，他没有拿出练字本，而是趴在桌子上。我仔细观察了一下，因为下课时他没什么异样，应当不是病了。而他的脸色十分平静，也不像是生病的样子，好像嘴里还念念有词。我忍住了，没去提醒他，过了一会儿，进还是没有拿出练字本来练字，我想，进整体还算是个听话的孩子，今天的事一定事出有因，且等我下课了再慢慢询问他。

"上课！""起立！"伴随着师生间的相互问好，进站得笔直笔直的。脸色也很平静，我示意学生坐下。刚坐下，进的屁股就抬离了凳子，我继续不语。顺着晓蔚的眼光，我发现进马上站起来了，我很奇怪，只见晓蔚拉开黑板，看着早就登记好的名单说："这节课请王进讲新闻，邱紫做准备。"话音未落，进已经冲上讲台，开始讲起来。

呵，原来如此。幸亏我没急于批评。进前两次讲新闻有点紧张，一是他准备不充分，讲着讲着忘词了；二是两次讲新闻声音太小，同学们都听不见。飞虎队给他的评分很低。

这次又给他机会，他还是很紧张，担心过不了关。难怪练字时不练，嘴里念念有词，看得出他已经控制不了他激动的心情。

这次飞虎队的小评委们给了他八十八分，鼓励他继续努力，进开心地喊："我过关了，不用重讲啦！"

我心想，幸好刚刚没批评他，有时我们总是急于对孩子做得不够好的事给予评价，是不是有点不应该。教育需要等待。

成长感悟

　　当我们看到一些教育现象时，心里会不自觉给事件定性，可能也是思维定式的原因。但很多事情往往并非我们想象的那样，此故事的进明明是由于紧张而顾不上练字，却差一点被我认为是不守纪律，因为我没有全知视角。等待有时只需一分钟，实践起来却很难。班级工作中，班主任有时需要紧睁眼慢张嘴，讷于言而敏于行。

五颗荔枝

　　周三下午，上完练字课，我刚回到办公室坐下，高然匆匆走过来，把一个一次性水杯放到我面前，里面是五颗大大的鲜红的荔枝。他笑着说："李老师，这是张健给您吃的。"我笑吟吟地望着他："为什么张健自己不来？""他有点不好意思。"高然答道。张健是他负责跟踪辅导的同学。

　　五颗红得诱人的荔枝躺在办公桌上，我拿起来端详，眼前浮现出那个瘦弱的身影。我在想象他为我选荔枝的一幕：他吃荔枝时，悄悄拿了五颗放在水杯里，心想，要给李老师尝一尝。我又想象着孩子一路走来，会边看着杯子里的荔枝，心里边说，我要把这五颗荔枝给老师尝一尝。来到教室，他看着我，眼神却退却了。练完字后，他又在想，我要把它们给老师尝一尝。可由于胆怯，又缩回了。要是换上别的孩子，早就忍不住把荔枝拿过来给我了。

想到这里我笑了。

张健是我班文化底子最弱的孩子，性格内向，几乎每次考试他都垫底。孩子不做作业是家常便饭，即使做了，作业质量很差。懒惰伴随着他，低分伴随着他，低成就感与他如影随形。

其他老师经常向家长反映张健不写作业，有时候还把家长请来，但是没什么用。家长不服老师的教育，十分刁钻。家长说老师为什么不想想办法，让孩子喜欢学习呢？告状之后家长回家把孩子骂一通，打一顿，反而招来张健对老师的怨恨。

老师们反映，张健家长喜欢告状，告到校长那里去了。说他的孩子经常被老师当众批评，经常受惩罚，比如，罚抄作业，罚背书等。不依不饶的，甚至说要将照片发给媒体进行曝光。

这类家长其实值得同情，他们是对自己不满，于是迁怒于老师。英语老师为了缓和关系，采用表扬法，曾经让张健当科代表，每天收一下作业。刚开始干得很起劲，后来他总是忘记。同学经常嘲笑一个英语不及格的学生也当英语科代表。当英语老师表扬张健10个单词对了3个时，全班学生哄堂大笑。英语老师经常说"其实张健挺聪明的，就是不努力"，学生在下面阴阳怪气地接话："哈哈，聪明到只听对3个单词。""聪明到每次考试不及格。"下课时，同学就拿"其实张健挺聪明的，就是不努力"这句话取笑张健，张健觉得特别难堪，老师的表扬演变成了同学嘲笑的工具。张健说老师是在可怜他，他不要这种可怜得来的表扬。弄得英语老师很尴尬，也放弃了，张健也越发厌恶学习了。

根据这些情况，加上我一个多月的了解与观察，我作了简要分析。其一，张健品德方面没什么问题，只是有点轻度厌学。惩罚的办法比较适合有行为习惯型的问题生和品德型的问题生，对于张健这种学生，用惩罚的办法没多大用处，甚至适得其反。他的问题不只是一个"懒"能概括得了的。张健能说出"不要这种可怜得来的表扬"说明智商不低。其二，班级心理氛围需要营造。千篇一律的表扬形式并不能激励所有孩子，张健已经能分清有些表扬并不够真诚，因此内心十分抗拒。其三，他的基础不扎实，得有针对性地补补课，一旦成绩有所上升，积极性就上来了。其四，我发现张健特别喜欢朗读，中午午读时，大家都在静静看书，他一边看一边小声读。有同学上台展示朗读时，其他孩子只是听，而他总是跟着读出声。

我知道不能指望张健的家长帮什么忙，说不定家长还指望老师帮他把孩子教育好。所以我首先降低期望值，无论是家长还是张健，我只能靠自己，能教育到什么程度算什么程度。但是首先一点他的家长不能动不动就告状。

我抓住了家长的命门——爱自己的孩子。我对张健的家长说："恕我直言，您孩子的毛病，可能很多老师都会忍不住批评。老师在教育您孩子过程中的失误，对您来说是可能小事，可对孩子来说才是大事。您有权利告状，我要提醒您的是，您可以给老师提意见，但是别忘了您孩子存在的缺点和不足，这才是重点。否则，您即使把这个老师赶走了，您孩子的毛病还没有改正。现在换了我，我还是要管他的。希望您想清楚，几年以后您可能会发现，您反对的那位老师还在教书，而您的孩子却已经没救了。真正痛苦的还是您自己，人家老师是烦恼一阵子，您是烦恼一辈子。"家长沉默了。在我教张健的那一年里，他家长确实没有告过状。

我想，一个长期自卑、低成就感的孩子，背着书包来学校，每天要面对老师、同学的眼光，他该承担多大的思想压力。

于是，我先从营造良好的心理氛围入手。

我抛出问题："还有不到一年的时间就要毕业了，明年的毕业考是对我们六年学习的一个检验，我们班级同学都得努力，落后的同学很有可能会影响平均成绩，但是我们也不能要求落后的同学考得多好，那该怎么办呢？"

孩子们争先恐后地出点子："老师，我们以小组为单位，给成绩落后的同学讲题。""还有只要他能一次次进步就可以了，要求不能太高。""其实他们有些挺聪明的，就是不努力。"我笑了："我怎么觉得这句话好耳熟呀。"孩子们怔了一秒，都笑了，不过这次的笑有了不同的含义。高然自告奋勇："老师，你把张健分给我吧，我来辅导他。要把他弄个合格不难。其实他挺聪明的。""——就是不努力！"全班同学齐声接话茬。张健笑了。

经过讨论，同学们说只提两个要求：难度高一点的作业，他能做多少做多少，只要做了，就应该上每天的微报表扬榜。我点头。然后说背诵任务可以分两次完成，而且表示只要他分两次能背完，大家就真诚地鼓掌。我也点头。张健的同桌提议：张健一年级时朗读读得挺好的，可以让他带语文早读。我装作惊诧不相信的样子说："他朗读要是读得不好，你们又笑话他，这个带读就不要安排了吧？免得让他不好受。"同学们纷纷说："老师，张健很喜欢朗读的。我们朗诵社团排练时，他几乎天天趴在窗口不走。"我看话说到这个份上了，歪着头问："哎呀，你们说的这些我怎么一点儿都不知道？你们是不是在骗老师。不过你们这么说，激起了老师想听张健读一读的欲望，可是不知道张健肯不肯赏李老师这个脸？"学生纷纷离开座位，跑到张健跟前，七嘴八舌地做他思想工作，一会儿有人说："老师，张健说他可以试试。"

张健朗读的是《桂林山水》的最后两段，声音抑扬顿挫，声情并茂，班级里居然鸦雀无声，忘了鼓掌。语文科代表首先发言："老师，张健的这个语速控制得很好，我感觉到我的眼前浮现出了青山绿水的画面感了。""是啊，是啊!"同学们啧啧称赞。高然站起来微笑着先鼓掌，全班学生梦醒了似的，笑颜如花，拼命鼓掌。张健红着脸，不知道说什么好，突然用语文书挡住脸，语文书抖动着，传出他咯咯的笑声。这个高兴的表达方式我多少年都没见过，有点惊奇。孩子们却哈哈大笑起来："张健害羞了!""好可爱的张健。"空气里弥漫着一股甜甜的香味。

我推荐他去朗诵社团试试。张健跃跃欲试，每天做两个音频练习，家长说孩子像着了魔似的一遍遍听，一遍遍模仿，从来没见他这么认真地学习过。由于他做足了准备，我也做了一些辅导，一周后他说自己可以到朗读社团面试一下。社团老师惊讶："这不是那个经常趴窗台的小男生吗? 还以为是谁的弟弟等着哥哥姐姐放学。"他如愿以偿，进了社团。

每天早读，他到得特别早，声音响亮地带读，大家都很守纪律，因为张健带读是全班同学同意的。有一次高然给他讲数学题，他愣是听不懂，急得哭起来。高然说："你回去慢慢悟，我布置给你的小练习你得做。"他点点头。

我常常劝他说："你学习尽力就可以了，成绩好坏、学历高低并不能决定一切，只要你有志气，你将来必定能找到一条属于自己的人生之路，照样可以活得快乐幸福。"我发现这么说了以后，他学习反而踏实了，高然也说他开窍了。

望着五颗饱满的荔枝，我拿起来走进教室，我要当着全班同学的面讲它的来历，我要说出我心中的感动与感激，我要把一颗纯真的童心用心珍藏。

　　每个孩子身上都蕴藏着无限的潜能，衡量孩子要用发展的眼光，多角度去看。尤其对待后进生，更要多一种欣赏的眼光。数子十过，不如奖子一长。多年的班主任生涯练就了一颗细腻的心，只有用心，才能聆听到花开的声音。

李慧哭了

　　周五下午，学校举行科技游园活动，孩子们难得开心。三点多钟，游园结束，孩子们又累又快乐。接下来马上要举行他们期盼已久的辩论赛。

　　突然，李慧在讲台上大哭起来，一群女生围着她，又是递纸巾，又是安慰。我一时不知道发生了什么事，刚刚在足球场玩水火箭时，还见她满场捡发射出去的火箭。怎么上来就哭了？是不是调皮的学生招惹她了？她可是大队部的好干部。我一边安排摆桌子，准备辩论赛，一边轻声问她究竟发生了什么事，可孩子就是哭。李慧是我很喜爱的学生，成绩很好，管班能力强，在班上有一定的威信，而且善解人意，平时总是开开心心的，快一年了，从没见她如此哭过。我问她，她依旧不语，弄得我也没办法。

　　辩论赛在孩子的欢呼声中落下帷幕，我比较满意，然后安排各组组长分发学校的礼品，孩子们欢天喜地放学回家了。我组织值日生做清洁大扫除。

一转眼，又见到李慧坐在讲台前的凳子上抹眼泪，我想，事情可能很严重，孩子怎么这么委屈。一个辩论赛过去了，忧伤的情绪还在继续，这可不得了，是哪个孩子欺负她，让她这么伤心？我停下来，又问她："你别哭了，你得把事情说清楚，我才好帮你解决。你说说，是谁欺负你了，李老师一定替你做主。"旁边的曾艺嵘一边给她擦眼泪，一边说："老师，你误会了，没谁惹她。是她自己很伤心。"原来是这样。我心想，那可能是她家里发生了什么事。

　　我正准备张嘴安慰她，她抽抽搭搭地说："老师，我错了，请您批评我吧。"我一头雾水，错了？还要我批评？到底发生了什么事？程茵接着说："老师，刚刚李慧也跟我们几个说了这件事。我们想请老师原谅她。其实我们也劝了她很久，她还是很难过。你就原谅她吧。"我装着有点生气："李慧，你得把事情说出来，我才能帮你。知道吗？不要再哭了。"她模模糊糊地说了几句，我没听清，她又哭了。看旁边围着的女生，大概知道发生了什么事。我让她先冷静下，想好了再说。接着，从她断断续续的哭泣中，我大致明白了怎么回事。

　　原来，上午考试的试卷放在桌面上，还没来得及封卷，下午她来得较早，看见第四大题别的同学答得很好，就拿自己的试卷改了一下。虽然没有人看见，可她过后觉得自己作为优秀生不应当做这样的事，也不配当班干部，同学们知道了会笑话她的。

　　我拿出她的卷子，把改的那道题重新算错。我劝慰她："我很能理解你的心情，你想把考试考好，考试凭自己的能力，而不是抄袭。要想考试成绩好，功夫要下在平时，这样做确实不光彩。希望下不为例，老师知道了。"

　　她止住了哭声。"你能勇敢地诚实地面对自己的错误，很好。好了，不要哭了，老师原谅你，你是个好孩子，这件事丝毫不影响你在老师心中的形象，同学们也能原谅你的。"旁边同学连声说："是，是，我们能原谅你的。别哭了。"她连忙站起身，笑起来："说出心理的秘密，我现在舒服多了。""你不说谁都不知道？为什么要说出来呢？"我想引起她的思考。

"老师，刚刚开辩论会时，我的心一直憋得慌，我没有心思听，做贼一样的感觉太难受了。别人不知道，可是我自己心里知道我作弊了。我在心里骂我自己，怎么变得那么虚荣？为了考个好成绩，自己竟变成了自己最讨厌的那类人。现在我说出来，又被老师和同学们原谅了，就很开心，就觉得我还是个诚实的人，谢谢老师给了我改错的机会。"

我转身对孩子们说："那下次学校实行诚信考场。没有老师监考，你们扭一下头就能看到别的同学的试卷，你们会看吗？"

"看了，自己就会被同学笑话，太没有面子。爸爸妈妈知道了也会批评。不会写，先写后面的，等慢慢想起来再写，有时候写着写着就记起来了。"

"有句古话：若要人不知，除非己莫为。可是有时候确实是人不知，自己却为了。同学不知道你偷看了，爸爸妈妈也不知道你偷看了，老师也不知道，你会怎么想这件事？"我又一次发问。

他们异口同声地说："我们自己知道呀！"

"对，自己知道，自己就不会放过自己的错误，孩子们，这就叫内省。李慧就具有强烈的内省精神，非常难得！"

"看，李老师又表扬你了！"孩子们拥着李慧说，李慧一脸的喜悦，一如我的心情。

在学生成长的历程中，老师一定是他们的引路人。

优秀生之所以优秀，是因为他们往往十分自律，具有强烈的自省精神。但是他们毕竟是孩子，有时候也会犯一些小错误。文中的李慧因偷抄答案而自责，我先安抚情绪，再解决问题。在解决过程中，同时引导孩子更深入的思考，这就是犯错的德育价值。

当我们带着欣赏与爱去看待他们时，会发现他们一个个都是小天使。教育因为爱而美好。太阳因为爱，每天都是新的。

我和孩子们斗智斗勇

（一）

上课铃响，孩子们正在安静地练字，曾昌海却蹲下来在抽屉里翻找着什么，还转身搜自己的书包。我有些纳闷，写字书不是摆在桌面上了吗？我正待发问，昌海就叫起来："老师，我的语文书不见了！"有几个同学转过身去看他，同桌轻轻问："早读时，你不是还拿着书背了古诗吗？"昌海一脸焦急地说："是啊，但是现在到处找不到了，书包里、抽屉里都没有。"我赶紧问："有哪位同学看到昌海的语文书了？前后左右的同学找找看。"教室里一阵窸窸窣窣的声音，陆续有人回答："没有。""没看到。"

昌海有些着急，我告诉他暂时和同桌共用一本书，同桌迅速把书摆到中间，两人拿起笔，开始练字。

上课了，我注意到昌海一直心不在焉的样子，因为要讲课，也没去搭理他。孩子们在批注句段环节，我注意到昌海没有动笔，心想：这孩子怎么心还静不下来呢。突然听见有电话声，是昌海的妈妈打了他的电话手表。我估计是昌海把丢语文书的事告诉家长了，我示意他出去接，他不肯出去，告诉我已经说完了。一下课，我忙着安排人擦黑板，昌海匆匆忙忙跑到我跟前："老师，我妈说让您帮我找找语文书。"我严肃地批评昌海："你怎么在上课时和你妈通话呢？这不影响大家学习吗？你妈应当知道这个规矩。"他低下头。我缓和语气说："好了，下次注意。书的事我再调查一下，你确信早读是带了书的，没落家里？"昌海急忙争辩："老师，早读时我有语文书的，刚才傅春也说看见过的。我们小组的同学都可以为我证明。"旁边的同学也纷纷说，早上他背了古诗，科代表林骁还在他书上盖了章。这下我相信书确实是在教室里丢的。这时昌海小声说："是不是曾雯雯偷的？她可是我班的惯偷。还有苏嘉豪、谈谊，他们以前经常偷东西。"我严肃制止："没证据，别瞎说。再说了，拿你的语文书有什么用？谁没有语文书呀？放书包还增加重量。"

一个念头一闪，我小声问："你最近是不是跟谁闹矛盾了？有人恶作剧，把你的书给藏起来了？"他忙摇头："没有啊，没有啊。"

第四节体育课，负责关电脑、关电扇、擦黑板的孩子正在忙碌着，大部分孩子早早地在走廊上排队，一个个开心得不得了，可积极了。我发现蔡小明却不着急排队，磨磨蹭蹭地在抽屉里找着什么。我催她动作快一点，队伍已经下去了。一般体育课我是在教室里改作业的，正在找红笔时，蔡小明走过来，红着脸，小声说："老师，曾昌海的语文书是我藏起来的。他早上为难我，我背书时他老是说我声音小了，说要我大点声，一句要我重复三四遍，所以我生气，把他的书藏起来了。老师，我错了。"我一怔："书呢?"她走到讲台前,把装主机的柜门打开,拿出一本语文书。我摸摸她的头。蔡小明继续说:"我不是在他的桌子上拿的,是他把书落在书架上了。"我想了一下说:"那你把书放回到书架上,我让他自己去拿。你快点去上体育课吧。"

午读时分,负责整理书架的孩子发现那本书,翻开一看,马上扬起手,举着书叫起来:"曾昌海,曾昌海,这不就是你的语文书吗?"昌海正在写字,扭头一看,快速冲过去,抓起书翻了一下:"是我的书。我早上在这里背书来着,随手放书架上了。"

同学们都笑了。我看见蔡小明脸色略有些不自然,心想蔡小明藏语文书的目的只有一个:要让曾昌海难受一下。于是课后我找了蔡小明:"你平时说话的声音是有点小。早上背书时,大家都在背,教室里噪声大,昌海听不见也不能说是故意为难你。当然他也有一点戏谑的成分在里面。这个我一定单独跟他谈,让他明白你不是故意让他听不清。但是你藏语文书的方式是不对的。你平时上台发言,我站在离你最近的位置听起来都困难,所以你要尽量提高一下自己的音量。"她点头。我拉着她的手:"你每个周二站在讲台前做值日反馈时,还是很有范儿的,继续努力。好啦,没事了,去玩吧。"她笑着跑开了。

(二)

这天早读下课,林苏苏叫起来:"老师,我的20块钱不见了!我早上是放笔袋里的,现在找不到了。"说完焦急地翻自己的口袋,"这是我买笔的钱。老师,是不是曾雯雯偷的?她可是我班的惯偷。"曾雯雯"噌"地站起来:"林苏苏,你不要血口喷人,证据呢?"林苏苏叫起来:"那你敢让我搜你书包和抽屉吗?"马上有同学附和:"把口袋翻出来,给我们看!翻口袋!"曾雯雯面不改色,把书包提到林苏苏跟前,又把自己的裤子口袋翻出来，问："要不要我把袜子也脱下来给你看？我可告诉你，如果你在我书包里没搜出20块钱，我可要告你诬蔑！"这下，孩子们都不言声了，更没人敢去动曾雯雯的书包，林苏苏哭丧着脸。

我准备制止孩子们进一步的行动，刘淦清和胡晓反映他们昨天下午也丢了钱和几支新买的笔，还有曾芳芳的新本子也不见了。因为我昨天下午外出听课不在学校，所以不清楚这些事。

针对接二连三地出现丢失钱物现象，在下午值日班长反馈班级情况时段，我组织孩子们商量规则，所有孩子参与，班长上台宣读班级规则：重要的钱物要交给老师代为保管，不能放笔袋、书包、抽屉里；一来教室就交钱物，非必要不带钱进校园；丢了衣服、水杯、笔、本子、伞、书之类的要向班干部报备，丢了钱的才需要直接向班主任报案；玩具之类不允许带进学校，丢了的自己负责；每个小组里的财务组长负责提醒大家带所需的东西，体育课结束时提醒大家带好衣物、水杯等；重要的、数额较大的费用由家长微信转账。

丢钱的事情得慢慢调查。

第二天，办公室的王老师说她上社团课时，手机不知被哪个学生偷走了。参加社团课的有我们班的曾雯雯，王老师的意思我明白，是要我调查一下曾雯雯，我有点头痛。这个曾雯雯据以前的班主任说，确实是个惯偷，成绩一般般。原因出在她的家庭，她妈也是手脚不干净，爱占小便宜。到地摊上买个小物件，一定会趁摊主不注意让女儿摸几个塞口袋里，有几次还被人现场抓住了。到邻居家里玩，准会顺手牵羊拿点小东西走。久而久之，没人欢迎她。重要的是，她妈从没意识到这些行为的危害。据说曾雯雯她妈前几年卖过假钞，后来被公安抓住过，仍积习难改。曾雯雯在她妈的影响下，也有偷东西的习惯，即使被发现，也会胡搅蛮缠，没什么羞耻感。有一次，她在小店里拿五十元钱买东西吃，十分大方，被钱的主人碰到了，说那五十元的纸币是自己的，因为纸币的一角有点卷，还有明显的脏印迹。她大声说："你有五十块，我没有吗？我的纸币也有点卷，又不是新钱，当然会有脏印迹，要不要拿到公安局去验指纹？请问你的钱币的号码是多少？"旁边认识的同学说："你妈才不会给你这么多钱。"她马上不依不饶，说有人歧视她，还向人家家长告状，说毁坏自己的声誉。对方家长反过来为她说好话，这事就不了了之。

前任班主任反映，请她妈来把人都给气死了。跟她说孩子偷钱不对，是不道德的，小小年纪不能有这个行为，将来在社会上会被人看不起，要配合学校根治孩子的毛病，等等。可她妈眼皮一翻，就两句话：没有证据别乱扣帽子，那你把她送到公安局好了。

我跟社团王老师分析了一下情况：曾雯雯偷钱的历史太长了，家庭里根深蒂固的影响可不是哪个老师能随便根治的，她属于典型的品德型问题生。整个家庭的价值观是错误的，以占别人便宜为荣，以不劳而获为荣。一个小偷，你还跟她大谈道德，她岂不是认为你傻。她最怕的只有一件事——掌握实情和证据。最好的帮助是她每次都不能得逞，每次都占不了便宜，次次失败，这样她才有希望接受教训，有所收敛。王老师叹了口气，放弃了找手机的想法，祈祷不是曾雯雯，而是别的哪个孩子拿了手机，希望这个孩子会良心发现，明天能主动把手机还给她。

下午美术课时，李小瑜告诉我，她的一叠美术纸不见了。我了解情况，因为换了课，上午上了一节美术课，下午还有一节美术课。小瑜说，上午她买了一袋新的绘画纸，画画时有同学没带，她借了几张出去。陈晓丽同学反映：上午曾雯雯没带绘画纸，中午她和曾雯雯一起进校门，也没看见她买绘画纸，可是下午上课时，曾雯雯的挂钩上就有了一袋绘画纸，她说是她自己买的。因为每个文具店的绘画纸基本长得一个样，没法分辨。晓丽突然想起来什么似的问李小瑜："你有没有在绘画纸里放什么东西？比如画笔什么的。"李小瑜想了一下说，好像随手放了个橡皮进去了。美术课后是体育，孩子们都下去了。我和晓丽在教室里等同学全部走光后，悄悄拎起曾雯雯的绘画袋检查，发现没有什么橡皮，晓丽泄气了。

我突然想起一个问题："晓丽，你不是说小瑜借了几张纸给同学吗？如果——"聪明的晓丽马上会意："如果曾雯雯袋里的纸与小瑜剩下的纸数量完全相同，那么……据我了解，曾雯雯没有借给同学，她用了一张后，那她的袋子里应该还有19张。"晓丽奔过去，数了数，14张。晓丽与我击掌："推断正确！"我说："基本正确，现在还不知道小瑜借出去了几张。"

等全班同学上来时，我站到小瑜身边问："你记得上午上美术课有哪个同学借了你的纸吗？"旁边的同学马上帮她回忆，算了算，一共借出了4张，自己用了1张。我问曾雯雯："雯雯，你刚才说，那纸是你下午新买的？"雯雯大声说："是啊，我买的呀。"陈晓丽马上站起来问："一叠新买的纸应该是20张，你下午上美术课用了一张，现在请你数一数，你的纸是不是还有19张。"雯雯的眼神略有点慌乱，全班静得能听见呼吸声，几个小脑袋凑过去，盯着曾雯雯数数。"老师，14张！14张！"我走过去："雯雯，你能解释一下为什么你的绘画纸只有14张吗？据了解，下午上课时，你没有借给别人一张纸。"曾雯雯瞪了我一眼，气呼呼地坐下，一言不发。"哇！案子破了！老师真神！"全班学生叫起来！

曾雯雯面色平静地捧着一本书看，我却不相信她真的心如止水。

但是林苏苏和刘淦清、胡晓丢钱物的事还没影儿。我又开始头痛了。

第二天下午，我悄悄找了五个脑子灵活、成绩优秀的班干部，留他们开会，成立"小侦探组"，目的只有一个，做"线人"，帮忙破案。因为偷钱者有个特点，那就是重复性。孩子们十分兴奋，我告诉他们这件事必须保密，也不能随便诬蔑别人。孩子们见我说得这么严肃，也很慎重地点头，纷纷摩拳擦掌。我们开始研究观察时间，上课时段一般不会。我又写出三项观察内容：班上同学的消费水平、反常举止以及物品来源，让他们议一议。

林骁首先发言："最值得怀疑的就是用钱特别大方的同学，只需要到学校附近的小店前观察一下就好了。一般是早上上学前，中午上学前，下午放学后。一定要注意时间，不管哪个同学多么值得怀疑，只要有确凿证据证明当时他不在现场，就应当排除怀疑。要讲究证据，不冤枉一个好人。"我点头称赞他说得有道理："时间很重要。"

刘吉如发表意见："同学偷钱有些是为了买零食，比如谈谊，他家住城中村，家长很少给他吃零食的钱。但是他特别馋，遇到同学买面包啊，辣条啊，就伸手跟人家要，还赈着脸要人家请客。去年，他偷了胡晓的钱就是买零食了，他妈晚上翻书包时发现有 40 块钱，狠狠地把他打了一顿。所以我们得观察班上同学的消费情况，特别异常的要留心。这样吧，我们把过去了解到的情况整一张表，把全班同学的消费水平列出来。后面还要继续观察，因为情况是在变化的。"我不得不说，吉如思维严密。

谢文文说："可是有的学生偷了钱，很狡猾，并不会马上去花。"吉如说："没关系，我们就等，反正他是要花的。等不了几天的，谁不贪吃呀。"我笑着说："你们得有耐心，脾气急不行。"林骁又有新想法："我们也留意一下哪些同学增添了新的小物件，谁买了好东西，大家都会忍不住分享的。就像刘倩换了个笔袋，是她妈上周到香港去买的。她一下课就嚷嚷开了。不过陈琴老是喜欢带钱，因为她特爱买东西，她妈可溺爱她了，还有她姑每次回来看她，都会给陈琴买好多时尚的小玩意。"吉如说："陈琴从来不偷东西，她只是大手大脚花钱。"林骁争辩说："可是她老带钱来，容易被别人瞅。"林骁说的"瞅"就是偷的意思。乔卫卫提醒说："我们班级制定了新规则，只要大家遵守，丢钱物的事就会少很多。人人注意，毕竟机会少了呀。"吉如补充说："我觉得这个规则要执行起来，可能还需要很多同学的帮助，光靠李老师一个人单枪匹马、孤军奋战，还不把老师累死呀，老师还要备课改作业。靠我们五个人也还不行，我们要发展核心力量，只要我们不说出来我们是干什么的，同学们都会帮我们。这叫群众路线。我妈经常说，群众的眼睛是雪亮的。"我笑起来，吉如的妈妈在区政府工作，这孩子说话老有水平了。

陈东是个思维缜密、不太爱表达的孩子。但是他一旦发言，质量特高，很多时候是一针见血的。他说："其实还有一种情况，就是偷钱的同学是被逼迫的。""逼迫？"大家转过去饶有兴趣地听他解释："有些同学胆小，被高年级或校外的同学盯上了，敲诈勒索，不给钱就要挨打，如果告诉家长就会被打得更严重。那他害怕了，不敢从家里拿，就向同学下手。昌海有一次不是被初中生勒索了吗？后来还闹到初中部去了。现在昌海都不敢走那条近道回家了。"这么一提，大家都想起来了。吉如说："我们班有七八个同学不住附近，要坐车回家，他们最有这种可能被坏同学盯上。"陈东又说："有的住学校附近也会被盯上，你看学校围墙后面，那一块特别安静，对面又是中学。我们的上学时间与初中有重合。"林骁表示同意："确实有偷东西的时间和动机。"

我看看议得差不多了，就嘱咐孩子们千万保密。班上被偷钱物的事件太多了，我不得已要组织学生帮忙，毕竟像曾雯雯这样重度问题生是少之又少，对大多数的孩子还是得以教育为主。

曾雯雯的事件后，我没有找她谈话，我认为站在道德制高点教育她太苍白。我就像什么事都没发生过一样。该提问她的，我还提问，该要她看的书，还是督促她看。她写作业似乎认真了些，上课时发言还挺有逻辑性的，口才不错。我还在班级微报里表扬了她。我可能还要等一个机会。

我决定去曾雯雯家家访一下，要是曾雯雯与社会上的不良分子有联系，那她的问题就更大了。

非常意外的是，几天后的一个下午，一个四年级的同学找到我，说她是曾雯雯的楼下邻居，和曾雯雯是同一个社团的。她说自己去曾雯雯家玩时，看到了王老师的手机，因为她知道王老师的手机外壳是特制的，上面有王老师的英文签名。曾雯雯的妈妈不知道这个，以为是市面上统一出售的手机壳。

我走进了曾雯雯的家，三个小孩，曾雯雯最大。我与曾雯雯妈妈聊天时，有人打电话给她，无意中听到聊天内容，一听就是刷单生意。我知道刷单是带有诈骗性质的。曾雯雯的爸爸是个沉默的男人，给我倒了一杯茶后，就躲进厨房忙去了。

曾雯雯可能是头一次碰到老师家访，与在学校里表现不一样，她有些局促不安。我看了看她正在写的语文作业，拿出一件小礼物：照她的码买了一套新校服，她的校服实在太旧了。曾妈妈有些意外，雯雯默默接过回了房间。

我跟雯雯妈妈说："学校里有个校际之间的交流活动，我想让雯雯去参加一下，班上还有三个同学一起去。放心，钱都是家委承担。雯雯的口才特别好，长得也漂亮，我想她可以胜任这个任务。这个校服是我买的，孩子的衣服太旧了。"曾妈妈不好意思地说："一直说给雯雯买件新的，老是忘，老是忘。麻烦老师了，对曾雯雯这么有心。"曾妈妈忙招呼曾雯雯出来切苹果，要我喝茶，比刚进门时热情了不少。曾雯雯出来了，我问她愿不愿意去参加校际交流活动，她羞涩地点头问："老师，为什么您要选我呢？我成绩又不好。"我摸了摸她的头："你很有朝气，眼睛亮晶晶的，老师喜欢，再加上最近你的进步可不小。还有，你的口才可是一流的，没几个人说得过你，胆量也足，不过要做一下准备，明天我会让同学们跟你交流交流，你用点心。老师相信你。"她点头，突然她塞给我一样东西，我一摸，是手机。凭直觉，是王老师的手机。

曾雯雯望着我，什么都没说，我朝她伸出大拇指，一动不动盯着她的眼睛。她眼神亮亮的，突然抱着我，然后起身冲进房间。我冲着她的背影说："雯雯！老师谢谢你，我走了！我以后会经常来你们家的，你也可以去我们家玩。"

一次家访，却有意外的收获。

（三）

一个月后。

这天，我从宿舍出来，越过操场，正准备去教室。突然听到几个孩子在后面叫我："李老师！李老师！"我停住脚步。"曾雯雯在小店里偷东西时被老板抓住了。您快去看看吧！"我转身跟着孩子们快速往外走。

小店门前，好多学生进进出出，生意真好！老板嘴里叼着根烟，右手抓住曾雯雯的胳膊不放。曾雯雯使劲想挣脱，但无果。老板见我来了，以为我是家长，一个劲地数落我："你这妈妈怎么当的？从小偷针，长大偷金，手脚麻利得很呢！你个小东西，我注意你很久了，上次让你逃脱了，你说我没有证据。今天是人赃俱获，看你还敢抵赖。从小不学好，做小偷，长大了肯定进班房（牢房）！"曾雯雯大声叫嚣："不要你管！你有本事把我送进公安局！让警察抓我好了。我可是未成年人，受法律保护的！"老板气得一口吐掉烟嘴："嘿，这小蹄子还嘴硬！我真想抽你一巴掌！怎么做妈的，让孩子在这里丢人现眼，也不劝一下。好，我让你妈赔钱，双倍赔！否则别想走！"旁边的学生说："她不是曾雯雯的妈妈，是我们李老师！你别骂人了！"我忙问："老板，我是这孩子的老师。你先放开手，这孩子偷什么了？我看看。"老板松开了手，曾雯雯冲上去踢了他一脚，跑远了。老板冲着她的背影骂道："别让我再碰见你，以后不许你进我的店。"边骂边麻利地把书和彩铅推到我面前："一共五十四块八。"我叹了口气，接过老板手中的网络书，一看价格三十九块八，还有一盒彩铅，十五块。曾雯雯居然偷书，我心里动了一下，从口袋里掏出一百元，拍到柜台上："双倍价钱是吧，我来赔。这书不要了，没拆封，还能卖。再拿一盒彩铅给我们。一百元够吧，不用找了。她还是个孩子，别那么凶。"老板麻利地收钱，拿彩铅，殷勤地包装好，"嘿嘿"地笑着。

我和几个孩子一起追上曾雯雯。曾雯雯笑嘻嘻递给我一个口香糖，我塞进嘴里，又吐出来："偷的？"曾雯雯点头："这次动作慢了点，运气不好，被他抓住了。"她又分给同学吃，谢隆不接，曾芳也不要，李沁摇摇头："不吃，不吃，我们不吃偷来的东西！"曾雯雯有些尴尬，将口香糖塞口袋里："不吃就不吃。有什么了不起！"李沁说："曾雯雯，你真的那么不在乎吗？那么多人看着你！"谢隆说："李老师还帮你付了一百块钱呢！你真是没心没肺呀！"曾雯雯愣了一下，我将手中的两盒彩铅塞给她："那书没什么营养，不要买了。"谁知曾雯雯却大笑起来："老师，买书是幌子。真正的东西在这里！"她从袋子里掏出一个手摇卷笔刀。谢隆气愤地说："曾雯雯，你太不可救药了！人家店老板以后不让你去买东西了！"我这才说："雯雯，偷东西的感觉是不是很爽？你刚才在小店门前的样子，我觉得很丢脸。你是不是要让全校同学知道你是个小偷，有趣吗？"曾雯雯只停了几秒钟，马上笑起来说："李老师，你刚才把钱拍在柜台上的样子好帅。我长大了，也要像你一样赚好多好多钱。放心，我会还给你的。"我苦笑不语。

到了校门口，曾雯雯停住脚步："老师，我不是气你。自从上次你去我家家访后，我已经一个月没偷东西了。一个月，这是我忍的时间最长的一次，而且我发誓，我再也不偷班上同学的东西了。以前的班主任批评我后，我最多隔一个星期就要偷一次。我也不知道为什么，就是想偷，就是手痒。我有彩铅，我也不缺口香糖。"

我牵着她的手说："雯雯，你刚才说你已经有一个月没偷东西了，那你真的是进步了。不过，李老师希望下次你偷的间隔时间再长一些，好不好？"雯雯有些不相信地看着我："李老师，你表扬我有进步？"我点头："当然。我知道你忍的时候很痛苦，但是你真的忍了一个月，这就是进步。有时候改一个习惯很难，明知道不对，就是忍不住。"雯雯笑起来："老师，你真是好哥们儿！你的钱我会还给你的"。说完，她跑向了教室。

回到办公室，我发现桌上有一张条，是一份心理反思书，署名谈谊。正准备看，林骁和刘吉如进来了，他俩趴在我耳边小声说："老师，这个月我们破了三起案子，都是偷笔的。您说了，这些事报给班干部就行。但是谈谊偷钱的事要报告给您。"我睁大眼睛："怎么破案的？"林骁笑起来，一副得意的样子："言而总之，就是破了。不过谈谊这个案子……"我示意他小点声，别宣扬。刘吉如说："老师，抓住谈谊，我们是智勇双全，盯了他整整四天，今天周五，他放松了，被我们抓住了。韩涵丢了五十块钱，林骁就接近谈谊当卧底，假装请谈谊吃冰激凌，然后我们一起逼问他，他说得前言不搭后语。后来，我们说找他父母核实，他招了。"然后他指了指我眼前的心理反思书。林骁说："老师，我们几个班干部已经批评教育谈谊了。他有个请求，希望您不要告诉他妈，他怕他妈打他。您看能不能答应？"我低声问："你们怎么把韩涵搅进来了？不是要你们保密吗？"刘吉如说："老师，现在有好多同学都帮助我们做'线人'，大家都想为班级做贡献，他们都不喜欢有人偷东西。团结起来力量大嘛。韩涵不了解底细，不过他很配合我们，我们做得很保密的。"上课预备铃响了，他们快速离开了办公室。

我看到谈谊的心理反思书上有几句话：韩涵太狡猾了，他们张开网等着我往里面钻，还有刘吉如，一个个太有计谋了，服了！感觉到现在班上老有一双眼睛盯着我，看起来风平浪静，实则汹涌澎湃。老师，求求您别告诉我妈，不然她对我太失望了。我不想让她失望，我以后决不贪吃了，都是贪吃惹的祸……

（四）

又过了一个星期，这天陈东和吉如拿着一叠钱来找我，全是一百元的。我吓一跳："谁偷了这么多钱？"陈东说："老师，陈晶晶的，她告诉了我，她带了这么多钱。我们不放心，所以这事得您老人家出马了。"吉如又反映："她上低年级时也拿过几次家里的钱，每次都是上千元。她只拿家里的钱。"我心想：陈晶晶是班上的优生，她家条件特别好，光司机保姆都请了几个，名牌车都有五六台，但也没必要拿这么多钱来学校吧。

我数了数，有两千八。陈东和吉如出去后，林骁陪着陈晶晶一起进来，这茬口接得好准，是一群有智慧的孩子。

我想了想，直接问道："晶晶，你妈知道你拿家里的这笔钱吗？"陈晶晶愣了愣，小声说："不知道，他们不知道。"我示意林骁出去。"那你有没有用这个钱?""没有。""那你知道是多少钱?""具体多少不清楚,应该一两千吧。反正我没花。"

这事有点大,我立马拨通陈晶晶家长电话。第三节课时,家长赶过来了,我们一起去了会议室。晶晶爸妈进来时,晶晶眼皮都没抬。她妈妈一坐下就叹气。我简单把情况介绍了下,把钱递给他们。她妈妈说:"以前杨老师教的时候,总是劝我们,对晶晶和其他两个孩子要一视同仁。我们就改呀,从来不敢在晶晶面前说她的半点不是,生怕惹她不高兴。买什么都一样一样的,三个孩子全部买。不知道她又搭错了哪根神经。"后面一句妈妈说话声很小,但我还是听清楚了。

我开口说:"晶晶学习很好。"晶晶爸爸马上接过话:"老师,我们夫妻俩不担心她的学习,她学习很自觉,能做弟弟妹妹的榜样,也很孝顺,也善解人意,她的房间收拾得很干净,从来不要保姆收拾。她挺让我们放心的,也不知道她为什么要拿钱。照道理,三个孩子我们一样疼,对小的我们还骂几句,对晶晶我们从来不敢说她什么。我们夫妻俩养这个大的好紧张,她现在又是青春叛逆期。她回家总是阴沉着脸,她妈为了这个经常带她去看心理医生,一句重话都说不得的,你说这孩子怎么这么敏感呢。"

晶晶坐在一边静静地听着,没有争辩,我有点奇怪,她好像在听别人家的故事。我问:"晶晶,小孩子不能随便拿家里的钱。是小时候受过什么刺激吗?"晶晶妈妈说:"心理医生认为可能与晶晶小时候受过一次刺激有关。那时候我们纠结要不要生二宝,晶晶很反对,为这事也拿过钱,被我们打过。后来,她不知怎么的,看到同学都有弟弟妹妹,就劝我们生。我们就有了二宝三宝。"又低声说,"心理医生说让我们尽量不刺激她,以免旧病复发。"

我想心理医生都下专业论断了,就劝他们说:"那就听医生的,让孩子的心理慢慢平复。"没想到晶晶这时一反常态："你们说总是表扬我，可你们那叫表扬吗？我上次英语考试没有一个错的，这次考试有做错的，你们还说我进步了，说我真棒！全是骗人的。假的！"

我赶紧揽住晶晶的肩膀，怕她做出过激的举动，她说："弟弟数学小测考得不好，被你们批评又批评，转眼你们就往他碗里夹菜。我的房间你们从来都不进去，我交什么朋友，我喜欢听什么歌，你们从来都不知道，也不过问。我说班上的事，你们总是说我很聪明，我会处理好的，就是不发表什么意见。是的，你们对我从来都是赔着笑脸，从来不肯多说我一句，你们根本就是虚伪，虚伪！我心里没毛病，你也不要动不动就说带我看心理医生，我只希望你们对我真诚一些，真诚你懂吗？"说着呜呜地哭了，"今天，要不是老师打电话，要不我拿家里的钱，你们会来关注一下我吗？会吗？"这个会读书的小女孩被逼着说出了心里话，应当舒服一些了。我从心里笑了。

校长从旁边走过，听到动静探过头望着我，我做了个 OK 的手势，校长转身走了。我扯了张纸巾，想了想，示意晶晶妈妈过来，晶晶妈妈马上会意，一把将女儿揽进怀里，一边帮她擦眼泪，一边安慰她："我和你爸不知道，不知道你这么难过。我们想说你，又怕你伤心。我们想给你出点子，又怕你不喜欢听。晶晶呀，妈妈不知道怎么做才好。"晶晶妈妈也擦起了眼泪。晶晶爸爸站在一旁，眼圈红红的，拍着女儿的肩，晶晶转身扑进她爸爸怀里，很委屈地哭起来，那声音里有撒娇的成分。晶晶爸爸拍着女儿说："爸爸很高兴，我的女儿还是以前骑在爸爸脖子上的那个女儿。哭出来，哭出来就好了。不用去看心理医生了，我女儿心理没毛病，健康得很。以后考得不好，我可是要打屁股的。"晶晶用小拳头砸她爸爸的胸，晶晶爸爸笑了，我也笑了，她妈妈望着父女俩，也笑了。

我拿起手机拍下这感人的瞬间。我站在一旁，笑着说：“一家人说开了，就没事了。孩子做得不对，肯定要批评，不然就生分了。父母与子女之间要讲究信息输入输出的平衡。你们之间多沟通，晶晶很需要你们的指点、帮助，甚至是批评。来，晶晶，跟我一起上课去，待会还要考试。你爸爸妈妈还有事。”夫妻俩起身向我道谢。

我牵着晶晶的手走出会议室时，晶晶一直不肯松开我的手。

（五）

快到期末时，曾雯雯确实一次也没有偷过班上同学的钱了。这天她突然来问我一个问题：“老师，我毕业时，你会不会撤销我的处分？”我有些莫名其妙。曾雯雯愣愣地看着我说：“我妈被派出所抓进去了，这是第二次了。派出所的警察说，要是再有第三次，就把我们全家遣返回老家。我爸跟我妈吵架了，我爸准备过年时把我弟弟妹妹带回老家，他不要我和我妈了，他说再也不来深圳了。”我问：“那——”曾雯雯说：“我爸说，我老是偷东西，档案上有案底了，以后我上中学，上大学，我也不知道我能不能上大学，反正这档案会跟着我一辈子走。”我终于听明白雯雯的意思，问：“雯雯，你这次很长时间没偷东西了吧？”“嗯，有四十二天了。”她记得很清楚。雯雯说：“我家的日历本上有记录，是我爸帮我记的。”我想了想说：“你得在这儿读到毕业吧？毕业了转回老家读初中？你记好了，你只要一个月内不偷东西，我就帮你减少两次处分，两个月内不偷东西，就减少六次处分。我估计到你毕业时，全减完了，就是个品德良好的合格毕业生。”

曾雯雯放下书本，伸出右手，击掌为誓：“好，哥们儿！一言为定！”她居然亲了一下我的脸，然后小跑着离开了办公室，这情景好像她明天就要毕业了。

我这才注意到，不知什么时候，曾雯雯把一张百元的纸币悄悄夹到我课本里了，还附有一张纸条：老师，谢谢您。这是我爸让我还给您的。我爸说您是他见过的最好的老师。

成长感悟

在各色各样的偷东西事件中，作案动机各有不同，程度有轻度、中度和重度之分。轻度属较轻的心理问题，重度就属于品德问题了，品德问题决不是批评一下，开一次班会就能改变好的。

当事件发生时，我总要问为什么他要这么做，是什么原因推动他这么做，然后逼着自己去深入研究。一个班级频繁丢东西，必然会破坏班级稳定性。我也试过多种方法，如讲故事，讲道理，讲受害人如何悲惨，讲你犯错误给家长带来多少麻烦，等等，对有些班级管用，但对于大多数班级，不太管用。

有些老师以为学生偷拿财物是因为没有认识到这种做法的错误，一旦经过老师批评教育，认识到自己的错误，就会改正。一般来说，大部分偷拿财物的同学都知道，他们都是明知故犯。学生偷拿财物这是一个事实，空洞地谴责这个现象没有什么用处，只有查清事实，才能教育偷东西的人。这种事发生后，一般不宜公开处理。对于这个班级我成立五人侦探组，这是我从一本教育诊疗书中学到的，对稳定班风确实有很好的促进作用。

曾昌海乱扔乱丢，这是当下很多孩子的通病。现在很多孩子有丢东西的习惯，在他们眼里丢了东西又不用负责。所以在班级规则里，我明确规定有些物品丢失了自己负责。

陈晶晶用拿家里的钱只为求得父母的关注，只要得到关注，问题就解决了。而曾雯雯属于习惯性的，最难改变。就是在这个案例中，也很难说她彻底改变了。我们只能说程度减轻了。

陈晓春老师曾经说过：一个老师必须做到这样，一发生问题，他脑子里就像打开一个电脑文件一样，弹出有关某个症状的多种可能病因，一条一条摆在那里。有了这样一个参照文件，老师就可以把眼前的学生表现和这个文件上的描述一一比对。遇到问题，如果自己脑子里缺乏系统的诊断知识储备，就要去好好修炼自己的专业水平。

注意力缺陷种类分析及对策

案例一

这天一下课，杨锦拿着一个小本本过来要我写一写他这两周的课堂表现，说是他妈妈的要求，还说自己有多动症。我明白了，家长这是想跟新老师搞好关系，也是想听听老师的评价，看看孩子的表现有没有进步。于是我写下了几句话：杨锦上课听讲小动作确实多，主要集中在手部，喜欢折纸什么的。点他起来回答问题多能答出来。他自己玩自己的，不影响别人，总体表现还可以。

我问杨锦关于多动症是不是医院诊断的，有没有要吃药。他说第一个医生让他先吃点药，后来他妈没让他吃了。换了一家医院，医生说长大了慢慢就好了，不用吃药。还有刘先也是这样的，医生没说是多动症，也没说不是。我查看一些教育书籍，对多动症也没有定论。家长经常挂在嘴边的多动症，基本上不属实，多动症是一种病态，没有确凿的证据，是不可以随便乱说的，真正患多动症的孩子，是几乎在任何情况下都难以平静下来的。我从教三十年，只碰见一例很严重的，国内几家权威儿童医院都确诊了，又得到国外专门机构的认定，后来孩子全家移民，到国外治疗去了。

杨锦太爱动了。无论课内还是课下，到哪里都没有学生样，率性而为，旁若无人。比如下课排队放学，是找不到他人的，他要么蹲在花坛边看蚂蚁，要么还在空地里玩折纸，批评教育他没用。午读课时，别人要出去打个水，都会跟老师报告一声，他起身拿起水杯直接就出去了。别人桌上的东西，他有兴趣了，就会去翻看，根本不会征得别人同意。弄得同学经常批评他，批评了，他也不生气。同学有时批评得重了一些时，他会顶嘴说自己只是玩一下，会还回去的，又没有偷拿。

有一次，老师奖励给他一支新的笔，其他孩子特别感激地说谢谢老师。他不，拿起笔来跟老师说："老师，这支笔不好，你看，爆墨了。"同学纷纷指责他："你使劲拆笔做什么呢？笔不是用来写字的吗？"他就开始争辩，非要把道理说完，即使老师制止也不听，说完了就自动停下来了。

以前的老师批评多了，他会很烦躁，不断跟老师顶嘴，弄得老师很恼火。杨锦成绩属于中等，因为家长特别重视学习，抓得很紧，成绩不差。看得出家长不重视规则的建立。在和同学交往中，他不懂基本的规矩，说话不分场合，不懂轻重，因此人际关系紧张。杨锦属于无规则幼稚型。他那一副"纯天然的样子"，会把一个修养不够的老师气疯。家庭没有完成让孩子社会化的任务，把一个不合格的"产品"推给了学校。这种孩子不坏，却让老师头痛不已，哭笑不得。千万不能过分计较，否则老师是徒生烦恼。

我发现他的身体部位动得最多的是手、腰、腿和嘴。

我给他的建议是模仿富兰克林的道德自省法，用表格分栏列出项目，第一个月只集中自省危害最大的事——不经过同意，随便拿人家东西，直到基本没这个毛病了。后面再训练另一项——低头折纸等，逐步增加训练项目。

案例二

有个叫陈敏一的女生很快引起我的注意，她上课倒也不做与学习无关的事。凡是涉及课堂要写的内容，她写得特别慢，听写16个词，最多能写三四个，还不能全对，而且总是皱着眉头像在思考的样子。背一首古诗，28个字，只记得一两句，然后说："老师，我不记得了。"一般孩子不会背，都有些不好意思，她的表情告诉我她没有不好意思，她就是不会。

上课点她读课文，她的注意力跟不上我讲课的节奏，她皱着眉头，总是找不对段落。老师提问时，她皱着眉说："老师，我听不懂你的问题，你能不能再说一遍？"确认眼神她不是故意的，只好再说一遍，弄得别的同学好不耐烦，抢着说："我来，我来！""老师，别在她身上浪费时间了！"她脸色平静，丝毫没有被伤害到，或者是以前听得太多了，也没反应了。用以前的老师的话就是她最多难过三秒钟，属于没心没肺的那种。

我发现她身体部位动得最多的是眉和脖子。她尤其喜欢看后面的挂钟，有时候离下课还有十多分钟都看。我查看了一下她的成绩，一直没有合格过。我很快发现这女孩子下课与上课完全两样，玩起来有点疯，精力过剩，也很会玩，比如跳叉，一般女孩子跳不过她，反应特别快。体育长跑短跑都是飞毛腿级别的。这让我多少有点恍惚，一般来说，上课反应慢的孩子，运动能力也不会很强，因为运动是很考验反应能力和敏捷度的。我觉得有两种可能：一是大人孩子心态不错，不作要求；二是孩子完全丧失了学习的信心，缺乏动力。她根本听不懂课，让一个听不懂的孩子坐在教室里，真的是一种折磨。我建议：回家多花时间看书、做题，成绩有所上升时，注意力才会提升。这种孩子，谈大道理没什么作用。她属于"不懂不会"型，注意力差不是认知问题，是学习能力达不到。

案例三

李凯，学习很好，知识面广，读书量大，思维反应快。喜欢上课时读历史小说，他认为童话太幼稚。估计提前学习相关内容了。坐着时他的身体和脸不朝黑板方向。被点名起来回答问题时十次有八次会拓展一些内容，给老师讲的做补充。他喜欢插嘴，专挑老师的刺，说哪里哪里讲错了，有时也不是挑刺，确实他比一般孩子懂得多，有些方面甚至比老师都懂得多。当老师讲的新知识他不会时，他听得尤其专注。小组合作时，他不合群，缺乏组织能力，又很难吸收别人的优点。

我发现这个孩子身体部位动得最多的是躯干、腿、嘴。我查看了他的学习成绩，相当突出且稳定。他告诉我，以前的老师说，只要他每次考试成绩保持在 A^+ 水平，上课爱干什么就干什么。为了稳住他，我继续给他开辟"特区"。我跟他约定：不可以随便插嘴，课堂上提问，没有同学能回答的，属于高难度的问题，我一定请他出马，答对了才算是真正的好学生。那种别人都会的，就别举手了，回答这样的问题就是"污辱"智商。他高兴地点头。这么约定后，课堂上他变得安静了，注意力反倒集中了很多。而对于他的特殊坐姿，我不认为是捣乱，就随他去。我对他提了建议：

1. 不同学科都可以采用康奈尔笔记法，分主栏副栏总结栏记录，用不同的笔作出标记，我定期查看他的总结栏。笔记一天一周一个月要不断增加反思内容。

2. 每天录小视频，采用"5W2H"（What/Who/When/Why/Where/How/How much）复盘分析思考所学内容，建立知识框架结构，把知识系统化，复习时可自己当小老师。

3. 他喜欢读书，家长和我共同给他列出年度读书清单。我教给他多种读书法，并引导列出研究课题，与班上优生强强联合，引领全班读书风气。

4. 制定阶段性目标，鉴于他的领导和组织能力不够，推荐相应APP的听书课程，指导自学，多参加课内外各种比赛，增强组织能力。

毕业考时，他全区第一，我很欣慰。

案例四

程胜利和曾辰，两人成绩中等偏上，我觉得他们的好动带有点表演的成分，有时候想吸引老师的目光。如程胜利举手时，老师不点他，他会一直高举着。点他回答时，同学们都说："你说的大家都说过了，老师也说过，重复的意见不要说，这是耽误时间。"他马上说："我和别人说的有不一样的。"马上有同学争辩："大同小异。你又没听别人发言吧。"然后他就泄气了，一整节课无精打采的。就是老师没点他，下课时，他也一定会找到老师，滔滔不绝地说他是怎么想的。这种孩子只注重输出，不注意输入。以前的老师说上公开课时，这两个孩子可活跃了，永远不会让课堂冷场。他俩老是举手，老是要表达。如果答对了，老师表扬了，他们就透出得意的样子，四处看听课老师有没有注意到他们，同学有没有注意到他们。如果发现没人注意时，他们就会表现出明显失望的表情。

我发现他俩身体部位动得最多的是脖子、手、嘴。

这两孩子属于表现欲旺盛型，所以很多时候我是会满足他们的。但是有时候我置之不理，效果更好。这种孩子，你越理他，他越来劲，属人来疯那种。别人发言，我会评价一下，他俩发言，我延缓评价，有时不评价，让他们干着急。

我跟他俩提要求，起来回答问题至少得有两个不同的角度，一个角度就别说了。一个角度怎么能表达清楚呢？要么不深，要么不广，两者老师都不喜欢。如果跟在同学后面发言，先提炼一下别人的观点，要有条理地表达出来，再说自己与别人不一样的观点。

我会把他们有价值的发言录下来，放到当天课堂最有价值发言榜。所以问题的回答不在于多，而在于精。我还说老师正在积累学生优秀发言，然后打算汇集成一本书出版，让更多人读到他们的发言，让更多的孩子学习他们。俩孩子眼神发亮，乐滋滋地问："如果书出来了，是不是可以在网上买到？是不是全国的小朋友都能看到？"我说："全球的人都能看到，只要他们愿意打开那本书。"俩孩子上课人来疯似的现象好了很多，发言质量得到提升，心也沉静下来。

案例五

陈恒是个典型缺乏自控力的孩子，一张纸，一把尺子，一根线都成了手中的玩具。让他的右手握着笔，想控制他的右手，结果笔成了他的玩具。任何一件小物品，都会吸引他的注意力。

他上课基本不举手，成绩在及格线上徘徊。课堂批注时，写得比较慢，主要原因是基础太差，他的知识漏洞就像筛子孔一样。你一批评他，他就红着脸，或者掉眼泪。跟他谈话，他说很想控制注意力，也知道注意力不集中搞不好学习，可是认识是认识，行动起来困难重重。他不是成心捣乱，是能力达不到。当我们跟家长反映他注意力很不集中时，家长不赞同，以孩子看电视时很专心为由推翻论断。其实这不能成为孩子具备注意力集中能力的证据，因为看电视是被动集中注意力，学习是要主动集中注意力，完全两码事。我发现，他的身体部位动得最多的是手指，其他基本不动。而且我发现这个孩子不怎么爱运动，体育课上短跑跑得很慢，比别人落后一分多钟。我让他给自己准备个小本本，仿照富兰克林道德自省表格法，让他把愿望写在纸上，小本本挂在教室黑板旁最显目的地方。人人可翻看，每科老师可以查看。我告诉他"把愿望写在纸上最容易实现"。这还是一位教育名家建议的。这种晒愿望法，实际上是让他无形之中接受大众的监督。人人成为监督者时，他就不敢马虎了。第一个月只做主科的自我督查，自己记录自己分心了多少次，填到表格里。每天都要做反思。刚开始他挺抗拒的，但是随着时间的累积，上课被表扬的次数也增多了，好的行为得到了正面强化。他不好意思上面总是打叉，慢慢地打钩变多了。

当打钩变成自动化的行为后，已是一个多月了。我提议增加一栏运动打卡。他同意了。我让他和班上特别爱运动的5个积极分子一起成立小组群，每天在群里发小视频，坚持打卡。他当小组长，定时向我反馈具体数据，刚开始一天反馈一次，后面改为三天一次。他忘记时，组里同学轮番打电话提醒。于是这件事就坚持了下来。这个富兰克林自省法的小本本吸引了班上好多同学，他们也开始模仿起来。于是他们称陈恒是班级第一个名家创意的实践者。陈恒颇有成就感。

对于他的这种情况，除了自我督促，加强运动外，我又从激发学习兴趣入手，让小组成员带动他，逼着他每天上课举手，逼着他订正作业，因为这些项目都是小组绑定的，不达标，小组受罚，所以组内成员轮番逼他陪着他，给他讲题。他经常是一边哭，一边写作业，但是慢慢地学习成绩提升了。我想如果不让他品尝到学习成绩提升的甜头，片面批评强调注意力，是很难有收效的。

成长感悟

　　班主任的专业能力之中，有一个重要的能力就是诊断。诊断最忌笼统，否则对策缺乏针对性。孩子们的注意力不集中，从表面上看问题都差不多，但仔细分析起来，不尽相同。做注意力分析是件有意思的事情，科学的分析有利于对策的准确实施。你学到的经验，可能只是经验的一半，还需要在实践中减小教育误差。

第三章

引导走过青春期

一张报纸引发的故事

第三节辅导课，教室里的学习气氛很浓。大家都在改作业，唯独坐在第一排的洋洋低头在看着什么，还面露笑容。过了一会儿，同桌大声说："老师，高洋洋在看下流报纸！"洋洋急忙想把报纸藏起来，可是来不及收好，同桌已经把他看的报纸递给了我。

我猛一看，吓一跳。整张报纸八分之一的版面，全是花花绿绿的图片。再一看，全是女人的近乎裸体的照片，偏在某些敏感部位半遮半掩。女生纷纷扭转头去，不忍直视。男生大声叫："高洋洋好猥琐呀……"高洋洋则低着头微笑着，并不争论什么。我制止了学生们的骚动。

下课时，我在学生中了解情况。几个男生小声说："老师，我们听见高洋洋对顾铃说，我们结婚吧。"我眼睛都瞪大了，顾铃是班上很漂亮的一个女孩。

放学后，我单独留下高洋洋，并通知他的家长过来。

妈妈赶到时，学校成长中心的成主任也到了。

通过交谈了解到：洋洋最近迷上了游戏，我们估计是打游戏引起的。他妈妈很是焦虑："老师，我们家的电脑是上锁的。他打游戏时我们都在一旁。他怎么会说出这样的话呢？"成主任问："高洋洋，你最近看什么书呀？"一谈起这个话题，高洋洋眼睛里明显有躲闪。他妈妈一下子抢过孩子的书包，高洋洋突然站起，冲过来死死抓住书包不让看。

我们劝妈妈松手，妈妈大声哭起来。在我们的劝说下，高洋洋妈妈的情绪终于平静下来。我们分开妈妈和孩子，单独交谈。高洋洋抓着书包去了另一间办公室。

有几个同学在门口闪了一下，我一看是谢文和龙龙。谢文向我们反映了一个重要问题：高洋洋最近放学后不急着回家，总是去附近的网吧看人家打游戏。他还说高洋洋捡到过一个光盘，但光盘的事情，家长不知道。妈妈再也忍不住了，跑到高洋洋所在的办公室，从孩子手中夺过书包，翻出了几本书，有《十宗罪1》《十宗罪2》等，一看封面和作者就知道是当下流行的网络书籍，还有几个光盘，有两个是英语和信息的，有一个是红色封面，却没有文字，不知道里面是什么。

妈妈说："我能不能在老师的电脑上打开看一下？"我们相互看了看，只好同意了。气氛有点紧张，我们不知道光盘里是什么，但是隐约觉得有什么不对劲的事情。

成主任凑过去看了一眼，确实是少儿不宜的视频。高洋洋的妈妈站起来转身就要揍高洋洋，"你这么小，不学好。看我怎么打你。"我们制止了冲动的高妈妈，高洋洋吓得捂着头。

成主任赶紧把光盘从电脑里退出来，劝她不要急着打孩子，先解决问题，并让我把心理老师找来。高洋洋的妈妈转身在给洋洋的爸爸打电话，声音里透着哭腔。

我劝高洋洋的妈妈冷静地想一个问题：孩子没有钱上网吧，这个光盘他是在哪里打开的，而且家长说家里的电脑是上锁的。

经过心理老师一番询问，了解到：高洋洋早就发现了家里电脑的密码。电脑在一楼客厅里，他是半夜里爬起来上网看光盘的，有时候也上网打游戏。怕被家长发现，每次上网时间不长，光盘总是放书包里。高洋洋妈妈整个身子瘫软了，痛不欲生。

心理老师与家长和孩子单独谈话后，家长的情绪明显平稳了很多。

心理老师说这种事在校园里十分常见，因为孩子处在懵懂的年龄，好奇心强，特别想了解成人世界。所以家长要积极配合学校，做好未成年人的思想引导工作，防止孩子们思想有异。学校里也打算在高年级举办一个青春期教育讲座，让他们了解自己身体的变化，减轻孩子不当的猎奇心理，补上性教育这一课。

学校的动静不小，三天就打出了宣传海报和展板，有"青春期是什么""青春期的男孩和女孩""揭下青春期的盖头"等内容，孩子们纷纷停住脚步观看，站在展板前的少年们，兴奋着，好奇着，也有些羞涩。但没过两天，这个热情劲儿就减了一小半。

正式讲座那天，孩子们颇有些兴奋，学校也邀请了部分家长代表参加，包括高洋洋的爸爸妈妈。

听完讲座后，有的孩子在读后感中写道：青春期是躁动的，是兴奋的，是美好的，是每个人都必经的一个阶段，是人的智力和体力的又一个高峰期。我们要趁着好时光，读好书，交益友，发展自我。

高洋洋的读后感抄录了展板上的一段话：青春期是挂满露珠的花蕾，有几许清纯，几许憧憬，几许胆怯，有阳光也有阴霾，有鲜花也有荆棘。

很多天后，高洋洋的家长还带孩子去参观了市里的人体艺术展览馆。高洋洋回来后说，那天去的人很多，多半是家长带着孩子去的。我追问："你对展览有什么感受呀？"他想了想说："讲解员说，人体的线条是美的，这是美的象征，是力量的象征。""那你是怎么认为的？看到报纸啥感觉？"我问。他摇头说："老师，我已经不看了。"

班会课上，我组织学生讨论青春期教育的相关问题。孩子纷纷发言："老师，好多商场门口挂着男的和女的穿内衣内裤的广告画，我们都觉得没什么。""是的，有的还觉得很美。看多了，就视而不见了。""老师，我去过北京美术展览馆，看过人体绘画和雕塑，也有一些裸体画，我爸妈说人体线条很美，有一股原始的野性的爆发力。""那是艺术，跟一些下三流的报纸的绘画水平与艺术力量不在同一个层次。"

我点头："艺术作品是传播美，引导人们发现美好，欣赏美好，感受美好。但是生活中总有一些别有用心的人，或者为金钱或者为名利，把一些照片经过夸大处理，然后放到网上，有好事者到处转发，甚至会发到一些不太严肃的报纸上，为的是吸引别人的眼球。他们都憋着劲教你学坏。你们还小，缺乏鉴别能力，而且这样的人从外表上看不出来。"孩子们接着说："但是他的眼神一定是邪恶的，心灵一定是空虚的。"我为孩子们点赞："我们要有意识地远离一些不健康的书籍、报纸。"有学生感叹："有好多血腥暴力的书籍，看了会做噩梦。"

语文科代表说："我爸爸浏览了一些网络小说，他说书里的故事很流畅，但是发生的事情非常非常少见，更有故事影响我们的身心健康，所以不能看。"

我说："有些书里全是变态的灰暗的事，我个人觉得完全放大了社会的阴暗面，全是负能量满满的事。不宜阅读，对增长你们的知识和才干毫无益处。其实我们的生活是很阳光的。我们的周围，老师、同学、社区里的叔叔阿姨，路道上的警察、商场里的服务员，各行各业的人们都是在努力地工作、生活，并不像那些书中描写的那样。作为小学生要远离那些图片、视频、书籍，我们要多交健康向上的朋友，近朱者赤，近墨者黑。"

过了一段时间，我问顾铃和她身边的同学，高洋洋有没有异常的表现。同学们反映：没听过高洋洋说那些"变态"的话了，没发现异常。我放下心来。

这天，放学了。同事反映高洋洋总是在办公室门口晃荡，像是有什么事。我凭直觉，这孩子是不是有什么话要跟我说，又不好意思。这不像他以前的风格。

果然，当他挨着我坐下时，眼圈红红的，问："老师，你不是说我改了就是好孩子吗？"我疑惑："有同学非议你了？""没有……没有……"他低下头，"我妈说她出门都抬不起头来，街坊邻居都在背后指指点点。我妹妹回家说，哥哥是流氓。顾铃的爸爸天天在校门口接她，有一次还举起拳头向我示威：离我们顾铃远点，小心点，否则我看见你就揍你一顿。"

我吃了一惊："她爸爸威胁你的事你没告诉我呀？还有传得这么快？你妹妹读几年级？"我想现在小区这么密集，一传十，十传百，也不是没有可能。他抽泣了一下："我不怕顾铃爸爸。反正我不会去理顾铃的。我妹妹读二年级，她班上同学说的。谢文的弟弟在她班。我爸现在整天唉声叹气的。有时候骂我妈，他俩现在经常吵架，都是为我的事。"我拍拍他的肩。

他抬起头小声说："老师，我想快点毕业，离开这个地方。我爸说得换个地方做生意，可是又舍不得这里的生意，顾客都是老熟人，换个地方，从头开始，不容易。"我不知说什么才好。洋洋转身问我："老师，你说过人非圣贤，孰能无过。可是为什么那么多人总是揪着我的错误不放。同学们虽然嘴里不说什么，可是我总觉得他们看我的眼光怪怪的。我想我当时就像鬼迷了心窍，怎么那么混账呢？"这句话启发了我。我想了想说："洋洋，你现在能考虑到爸爸妈妈的感受，在意周围人的眼光，说明你长大了。可是别人怎么想，怎么说，我们不能在他的脑瓜子里挖个洞，把他们想的东西抠出来扔了，也不能捂住别人的嘴，不让人家说。要是能像电脑那样一键删除就好了。"他笑了一声："老师，你真幽默。"

我继续说："我来回答一下你刚才的问题。你说人们为什么对你的错误揪住不放。其实我们日常有几种行为，人们是鄙视的，认为很丢人。其中一个就是看黄色录像。"洋洋很疑惑:"老师,为什么?""你别急,像一些其他的错误,比如撒谎、懒惰、不爱干净等,这些倒不会引起太大的反感。但是看黄色录像会影响你们的身心健康,这也与我们国家一直以来的含蓄传统有关。"洋洋急了,问:"老师,你觉得我是个坏孩子吗?"我笑笑说:"当然不是。你只是走了一段弯路,那是很多少年都容易犯的小错误。所以你不要太介意周围人的眼光,你无论搬到哪里,首先是读好书,说话要考虑别人的感受,得注意分寸感。"他的眼光明显躲闪了一下。我劝慰他:"上次的事,你可能得做好一个长时间的心理准备,不争辩,不恼怒,也不颓废。这就是你要承担的责任,你的家庭也在帮你一起承担。这也算是你经历的一个挫折,可以帮助你成长。你要用行动去证明你是个阳光的孩子,找好伙伴打打球,听听音乐,写写心情日记,努力去看一些老师推荐的好书。"他点点头。我继续说:"其实过了这一段就好了,现在每天发生那么多事,周围的,网上的,谁还会刻意记起别人的事。再说了,你高洋洋又不是明星,哪有那么重要。"他笑起来。"挺过去,默默地改变,积蓄能量。"我为他加油。

他站起来说:"老师,我想参加学校的绘画比赛。还有我想挑战一下演讲比赛,和陈文超 PK 一下。我觉得我行。"我连连点头。

我摸摸他的头:"这就是少年应有的样子,逆风飞扬。"

人都要经过这样的过程吧,这就是成长。

成长感悟

孩子们身边充满诱惑,六年级的孩子开始对异性产生好奇心,甚至模仿着去说一些大人们说过的话,引起了家长的恐慌。学校抓住时机，采用正当途径把该让这个年龄段的孩子们懂的知识教给了他们，是十分及时和必要的。

好奇是因为神秘，神秘是因为不了解。你越是不给他正当的途径让他了解，他一定会通过其他不正当的途径去了解，就有可能物极必反。

一场写言情小说的风波

我班大部分学生相对比较单纯，再加上我从四年级接手班主任起就很关注学生的思想动向，是把学生的思想工作摆在首要地位来抓的。因此，到了六年级下半学期，真正早恋的孩子并没有被老师和同学发现。但这并不表示孩子们在情感方面成长就是一帆风顺的。看言情小说、有"网恋"苗头等状况还是在快毕业时被发现了。后来，在家长朋友的密切关爱下得到了妥善的解决。

"杨老师，这是在晓倩同学抽屉里发现的，她和小羽在合作写一本言情小说。"一天中午午休时，雨涵和张睿拿着一本笔记本急匆匆地跑到我的办公室。这两位同学平时对班里的事情最关心，也很有班集体的荣誉感。发现这惊天的秘密，他们自然是不会坐视不管的。

我细心地翻阅着，想要去识别其中的字体是否是她俩的。就在我用火眼金睛去辨别的时候，我的内心越来越难以置信，眉头也越来越紧。天啊！是晓倩和小羽的字迹，但写的内容怎么可能是出自小学六年级学生之手？再往下看，我都脸红害臊，不敢再看下去。我也没有仔细地加以询问更具体的情况，而是对着雨涵和张睿说："我们班的情况你们俩是最了解的，有什么情况请你们及时告诉杨老师，这样我们班存在的问题才能及时得到解决，才能有良好的班风，才能成为有向心力和凝聚力的优秀班集体。下午看到她俩来学校了，帮我叫她们来一下办公室！谢谢你们！"

目送两位孩子离开办公室，我在思索该如何去处理呢？小羽是我们班的班长，一直是全班全年级的学习楷模，母亲与她也是形影不离的。要写出这些言情小说来，那她一定是看了很多言情小说。她在什么时间看的言情小说？又是在什么时候写的呢？而晓倩一直也是品学兼优的好学生，父母亲极其重视她的学习，钢琴也准备考九级。

带着种种疑惑和忐忑不安的心情，终于等来了下午的上学时间。当她们踏进办公室的那一刻，我看到她们低着头，未闻其声但已明了事情的真相——真是她们写的。本来想用恨铁不成钢的暴风雨去洗白一下她们的脑袋，但她们认错的表情，已让我熄灭了心中的那团熊熊燃烧的火焰，取而代之是冷静和理智。

班长小羽先打破了这一刻的宁静："杨老师，对不起！这是我俩在上副科的时间轮流写的。让您失望了！"我忙追问道："这两种字迹哪种是你的？和平时写作业的字都不太一样。"小羽指着本子尴尬地说："这个小又整齐的是晓倩的，稍大而随意一些的是我的。"

我瞪大了眼睛看着小羽："我知道你平时很爱看书，原来言情小说也看。前一段时间听你妈说买书的速度跟不上你读书的速度，就丢电子书给你。你是在网上看言情小说吗？究竟是看了多少言情小说，才能写出这些情节？"还没等我说完，小羽连忙解释说："不是的。在家从来没有看过，都是来学校和同学借来看的。我看书速度快。"

我不说话，又细细地读起其中的文字来，比起晓倩的文字，小羽更多写的是大概，而且是很多言情作家惯用的框架，可以看得出毒害并不太深。但晓倩的文字……我随即转向晓倩："晓倩，你看过很多此类的小说，在哪里看的？爸妈平时很忙，没时间管你吗？"晓倩仍旧低着头："在家里和学校都会看一下。有一天上课无聊，就和小羽商量着合写。"似乎晓倩并不肯透露更多的信息，但两人都明确地表示自己知道错了，以后绝不会犯此类的错误。

作为班主任，面对这两位平时表现很棒的学生，我要给予她们充分的信任，让她们在错误中成长，随后就决定在当天下午第二节召开班会课。就班里出现的看言情小说及其他危害青少年健康成长的书籍的现象进行深入的讨论。

在这节班会课上，学生们纷纷说出了此类书籍给身心带来的各种坏处。同时，也爆料了好几个女生也在读言情小说，更爆料了某同学貌似网恋。

我没有用训斥的方式去说教，而是以过来人的身份，把自己小时候的成长故事说出来与孩子们一起分享：自己在读书的时候，因为亲戚有早恋带来的前车之鉴，从而坚定自己的意志——上学期间绝不谈恋爱；以前早熟、早恋的同学，现在都在老家过着怎样辛苦的生活，本来以他们的身材、相貌再加上知识的加持，他们是可以拥有更好的生活的，但他们却在最好的年华错失了深造的机会，着实让人惋惜；作为当时班上老实、听话的学生的我，仅凭着听话懂事走到现在，来到深圳，没有像大部分的同学一样待在老家的小城里。

晓之以理，动之以情。有几个坐在前排的女生眼睛里面闪着泪光；有几个看言情小说的女生把头埋得很低；大部分同学似懂非懂地眨巴着眼睛。我深深地知道，这些问题不是一次班会课就能解决的。要做到：常跟踪、常调查、常谈心、常督促，把它们当常态化来抓，并与家长取得联系，与家长通力合作，形成合力，才能为孩子们的成长保驾护航。

当天晚上，我给小羽的妈妈打电话。电话一接通，小羽妈妈把小羽主动和她说的事跟我说了起来："小羽一回到家，就把写言情小说的事和我说了，并表示以后都不会再犯。我也相信她。这孩子有很强的自控能力，而且她是一个说话算数的孩子。"在电话另一头的我陷入了沉思。知女莫若母！小羽母亲多年的陪伴，给予了小羽足够的自信和较强的自控力，我也相信小羽一定会不负老师和家长的重望，悬崖勒马，奔向更广阔的草原。

打完小羽妈妈的电话，接着拨通了晓倩妈妈的手机，如实报告了晓倩的情况。晓倩妈妈情绪没有太激动，而是平静地和我说，还没有下班，回去了解情况后再和我联系。

第二天，我收到了晓倩妈妈的钉钉信息，从信息中可以看得出，晓倩父母对此事是极其重视的，对孩子的成长也是极其用心的。除此之外，也提出了解决问题的一些措施。当时是2021年6月，属于疫情防控期间，学校不允许外来人员进入。最后，我们还是选择打电话的方式进行了沟通。我给出的意见是：希望家长腾出更多的时间来陪伴孩子，也希望学校、家庭能通力合作，密切关注孩子成长动态，共同帮助孩子渡过成长过程当中的难关。通过这一次的契机，营造更和谐的亲子关系。

处理完小羽、晓倩的事情之后，其实我心里的石头还没有完全放下，绞尽脑汁在想处理另一优秀生小西看言情小说的问题。小西自尊心很强、敏感，有一个极其严苛的全职妈妈。要是我贸然打电话过去，一定会带来狂风暴雨似的呵斥，加深亲子矛盾，思来想去后决定不告知家长。

于是，在课间我找来小西谈心。让她再次意识到看言情小说是在浪费最美的光阴，也在毒害自己的身心健康；同时，看言情小说也是以不好的榜样在影响他人，这是不负责任的行为。言情小说大多很完美、很感人，却不真实，不仅会让青少年过早地陷入感情的旋涡，沉迷幻想无法自拔，而且还会使青少年对于爱情的理解有所偏差，形成不正确的婚恋观。

除了说教，我还对接下来怎么帮助小西进行了详细的安排：让同学们都来监督她的行为；课间和放学后，让好朋友陪她聊天、打球，使她没有胡思乱想的时间，从而达到帮助她改正的目的。我深深地知道小西自尊心很强，肯定不会让大家再次投诉、再让同学们在这方面去关注她。

在小学高年级，部分学生处于青春的萌动期，体内分泌大量性激素，生理和心理开始变化。对异性感兴趣，有爱慕心，两性意识蒙眬，但是在与异性相处时又感到害羞、不自在，不能很好地处理与异性交往的技巧，所以他们会通过看言情小说来感受爱情。建议孩子多培养自己的兴趣爱好，转移注意力，多与亲人和朋友聊天等，对顺利度过青春期有着很好的效果。

很值得高兴的是，在毕业水平测试中，晓倩、小羽和小西的成绩都没有下滑，三人语数英三科均为 A。

天长地久时时尽，此爱绵绵无尽期。长久的真情付出就能做到心与心的对话，而这份幸福不仅属于孩子，更属于老师，让孩子的心在爱的滋润下逐渐飞扬。

成长感悟

苏霍姆林斯基曾经说过：教育的全部奥秘就在于如何热爱儿童。对儿童的热爱就是最佳的教育方法，教师要把热爱儿童当作教育的主旋律，在抓好学习的同时，经常了解孩子的思想动态，及时给孩子做相应的心理辅导。

班主任的工作是平凡又琐碎的，但只要用真心和爱心去浇灌，孩子成长过程中遇到的种种问题就能得到妥善的解决，也必将迎来绚丽的花朵。

在人的生命成长中，恋爱是人生不可或缺的重要组成部分。如何让小学高年级的孩子们顺利地绕开早恋或正确处理早熟等问题，是每一位班主任都希望处理好的永恒的话题。

青春的"红"

刚下课，我还在教室里和孩子们谈话。突然，刘欣欣跑过来，小声嘟哝着："老师，晓丽来月经了。你看，她裤子弄脏了一大块。"我转过头，晓丽站在我面前，始终正对着我低着头，脸红红的，有点不知所措，又有点不好意思。晓丽是班长，一个平时活泼自信的女孩，我从没见她这么窘过。

孩子们围拢过来，关切地望望她，又望望我。我包里没带卫生巾，办公室里也没放，只能找个同事要一包。转念又想，她的裤子弄脏了，还得换。我轻轻地问："是第一次来吗？"她咬了咬嘴唇，眨了眨眼，算是作了回答。上课铃响了，是体育课，我连忙收拾好要批改的作业，说："你先到我办公室外面等一下，我马上来。"我先给体育老师打了个电话，讲明情况，替晓丽请了个假。

我回到办公室，放好作业本，再抓起包，带着她下楼，她默默地跟着我走，一路碰到同事，我不断打招呼，回头看她时，她还是低着头。

来到宿舍，我关上门，拉开抽屉，找出一条粉红新短裤，撕掉标签，拉了拉裤腰，应当合适她穿。找到一条运动裤，腰不知大不大，我撕开借来的卫生巾，递给她。忽然记起她是第一次来月经，还不知怎么用。我细心地帮她垫好卫生巾，又往后扯了扯，怕侧漏，耐心地对她说："不要紧张，第一次都是这样的。老师第一次来这个的时候是在初中，记得当时吓得哭了，回到家跟我妈说，'妈妈，我流血了，我要死了。'"她浅浅一笑，脸上表情自然多了。我看她短裤穿着正合适，又帮忙给她扎裤带。

等她穿衣服的空儿，我突然记起了什么，拍了拍脑瓜子，应当先洗再换的，顺序搞反了。我笑了笑，拿出一个盆子和毛巾，来到洗手间，调好热水，喊她过来，等她进去，我关上门，出来洗她的裤子。一会儿，裤子洗好了，我晾在阳台上。晓丽走过来，默默地望着我。我说："现在是不是舒服一点？女孩子都要来这个的，一个月一次。来这个表明你很健康，进入青春期了，这可是美好的红色。来的时候不要喝冷水，不要用力跑和跳。下次你就有经验了。"她的眼神亮亮的。我想了想，又拿了几片卫生巾，告诉她如果血量多的话，大约一节课去换一片，她笑着点点头。我从书架上抽下一本书《因为是女孩，更要补上这一课》递给她，让她回去翻看一下，了解一些关于女孩子这个时期的事。她有些羞涩，红着脸接过书。

我想起我小时候，不敢跟老师说，也不敢跟同学说，根本不知怎么回事，只是害怕、恐惧。我摸了摸她的头，对她说："今天你可能会有点不舒服，比如老想上厕所，其实不是，是血在流，你不要剧烈运动就好。可能你还会不太想吃饭，心情不太好，身子懒懒的，还可能肚子有点痛，这些反应都是正常的，不用紧张，也都是可以忍受的。"她再次点点头。

后来，我给学校建议，请心理老师给中高年级的女孩子补上青春心理卫生这一课，学校把这项工作纳入常规工作管理中。

这事大约过了一个月，我早忘了。一次长假过后，她妈妈给我带了一些家乡的土鸡蛋，说什么也要我收下，我实在推辞不掉，就收下了。鸡蛋旁躺着那本书，上面有一张纸条，清秀的笔迹："老师，您就像我妈妈一样，谢谢您。"

后来她要毕业了，我知道孩子爱看书，送给她一套她喜爱的丛书。

她送给我满满一盒红的黄的千纸鹤，孩子说："老师，这些纸鹤不值钱，但这是我花一个多月的时间折的，希望您能喜欢。"

那盒千纸鹤，我一直保存至今。

成长感悟

对成年的我们来说，这事似乎不值一提，也早已忘却曾经的第一次，忘却了我们那些新奇、恐惧不安，甚至害怕的种种情绪体验。现在的孩子面对突然来到的青春的"红"，总是懵懵懂懂的，由于没有这方面的知识和心理储备，难免手足无措，但是有了老师及时发现并给予细心的关爱和引导，会较好地平复孩子羞涩、恐惧不安等情绪，认识到这"红"是美好的成长，帮助孩子们顺利度过这一特殊时期，使身心健康成长。

孩子，你要学着穿内衣

嘉是六年级学生，成绩特别优秀。据家长反映，女儿从四年级就开始发育了，而且发育很快。但她从不穿内衣，问她为什么不穿她也不说。有一次她妈妈说了她后，她把自己关在房间里，一天不出房门，把家里人吓坏了，破门而入，才发现她躺在床上睡着了。平时她似乎也不在乎别人背后的指指点点，依然我行我素，好像也不觉得有什么难堪。

嘉虽是成绩优秀，但和老师们并不亲近。平时不怎么去办公室和老师交流，她曾多次当面指出语文老师的讲解错误，弄得老师下不来台。

她在同学中没有可以聊天的朋友。同学们围在老师身边叽叽喳喳地说东说西时，她总是默默地站在一旁冷眼相看，从不凑热闹。班级的活动她一般不参加，老师也由着她，同学们也习惯了。

为什么嘉这么抵触穿内衣？为什么在本该穿内衣的年龄却偏要与众不同？这里面一定有其他原因，不穿内衣只是表面现象。我决定做深入了解。通过家访，我了解到爸爸妈妈重男轻女，极其宠爱两个儿子。两个儿子特别不爱学习，经常在校内惹事，还在校外拉帮结派，经常打架，家长经常被老师请去解决问题。但是家长极其抵触学校和老师的教育，总是指责别人的不是，与班主任、老师们关系非常紧张。因为平时生意忙，对女儿的教育十分放松，和女儿之间亲情比较淡薄。女儿在家常受两兄弟欺负，激烈地反抗过，但家长处理得不公平，致使女儿和家长关系十分紧张，孩子情绪很不稳定，容易为一点小事冲同学发火。比如，别人从她课桌前经过，不小心把她的书碰掉了，她会大喊大叫，言辞激烈，别人道歉还不依不饶，同学都尽量让着她。父母谈到女儿的成绩，一脸骄傲。在内衣问题上则认为女儿太叛逆，父母一直很恼火，曾因此事爆发过多次家庭战争。但是家长没有反思过是自己的教育方式不对，引起的孩子诸多的问题。孩子与家长之间很少把心里话掏出来。显然亲子关系出现了严重的问题。师生关系与同学关系也是造成嘉如今性格的原因之一。

案例分析

归因1：光环效应师生关系。首先部分老师认为嘉是优生，是给老师们争脸的好学生，因此她被捧得特别高。另一原因嘉不太服班主任老师，班主任听之任之，采取考好了不表扬，做错了也懒得批评的态度，忽视了优秀孩子内心深处的需求。

归因 2：亲情缺失导致安全感不足。她与爸妈平时没什么交流，家长陪伴太少。重男轻女，得不到重视，让嘉内心十分痛苦，把苦藏在心里。嘉在家里基本不做什么家务，也不会做。两个兄弟虽是男孩子，做家务方面倒很积极、能干，特别会哄家长开心。因此家长也比较喜欢儿子们的这一点，在学校里出了什么事也会护着他们，跟老师们对着干。嘉唯一让爸妈注意到的就是每次考试拿回去的优异的成绩。嘉此时能看到父母脸上的笑意，这是她认为最开心的事。但她的好成绩常令两个兄弟十分憎恨，甚至当面撕毁过她得的奖状。家长只是轻描淡写地批评了她的兄弟几句，结果导致嘉又把自己关在房间里，几个小时不出来。各自心里的结都没解开。

归因 3：自视清高，缺乏友情。嘉特别好胜，成绩上不允许有人超过她，否则她会恨别人，并且把恨意当面说出来，说话像刀子一样尖利。同学在班级活动中跳舞跳得好，大家笑着围着赞美时，她总是一脸不屑。在学校里，她很孤单，没同龄的朋友，同学除了向她请教学业问题外，都是敬而远之。她和同学之间心理距离很大。

孩子的班级人际关系很糟糕，情绪不稳定，没有什么团队意识，没为班级做什么事，只搞学习。同学们不喜欢她。我分析她在学校里的表现其实是为了得到周围人更多的关注，因而显出看不起别人的样子。人本质上是喜欢抱团前进的，所以嘉表面的抗拒和逆反是因为爱和安全感缺失的一种恐惧。那就从这里入手。

案例转化

关注情绪，疏导心理。嘉因为成绩优秀，以前在班上是个挂名班长，但一直是另一个学习委员在理事。我很快发现，做班长她不适合，她平时根本不管班，也极少和同学们交流，也没为班级出什么主意。了解情况后，我想着班长还是先让她挂着名，接手新班级要平稳过渡，也就没问她为什么不穿内衣。

一次单元小测试，因为她作文没写完，没有拿到第一名。她当场哇哇地哭了。语文课上举行了一次辩论赛，几个孩子的语言才能得到充分展现，而她显得普通起来。她听我表扬别的同学，当场也哭了。她的哭让所有的同学惊讶，没有人为她递纸巾，任由她哭，我安排同学们静静地写作业，等她任性地哭完。不过，也有部分同学的脸上有动容的表情，原来好学生也有为成绩难过的时候。孩子们似乎觉得她并不像以前那样优秀得让人望尘莫及，自己也能在某些方面超越她。快下课时，她还在抽泣，我用眼神示意一个女生给她递一张纸巾。她没有拒绝这张纸巾。下课后，我主动找她分析原因。她这次居然很平静地听完我替她分析的原因。她的整个气场都发生了小变化。

我想，一直以来的成功经历，使她对自我评价很高，其实也是对自我价值感到恐惧，缺乏安全感。同学们反映她不太好相处，平时很抗拒老师或同学跟她提要求，不太能接纳别人的建议，比较傲骄。

因为嘉比较沉迷于自我，经常忘记重要的班级事务，我考虑再三免去了她的班长职务，并告诉她属于专业研究型的孩子，将来适合走科研之路。她脸红了一下，但没什么太大的反应。

嘉不当班长之后，我发现同学们跟她走近了一点，好像除了讲解题目还能顺便聊点别的什么，有时候嘉还能主动向我和同学请教一些问题。"班主任"称呼终于变为了"李老师"。我和嘉之间，嘉和同学之间的冰层又薄了一些。我觉得是时候谈内衣的问题了。

课间，我和她一起上楼，我轻声拍拍她的肩问："嘉，你看你都长成大人了，比李老师还高了。"我顿了顿，看了看她的脸色，"怎么不穿内衣呀？"没想到她瞬间火山喷发，甩掉我的手，厌烦地吼："你侵犯我隐私！"丢下愣愣的我，"噔噔噔"径直上楼去了。因为时机不对，我碰了个钉子。

后面的女同学目睹这一幕后上来安慰我说："李老师，嘉是这样的。谁提这事跟谁翻脸。"虽说孩子的行为有些突然，但我仍把这失败的交流看作是一次破冰。

融洽关系，顺势而导。一次体育课，孩子们提前下去了，嘉和另一个女生由于来例假，留在教室里看书。我在讲台前改试卷，她的作文居然又没写完。改完后，我来到嘉身边，指了指试卷，她眼睛一下子红红的。我递给她纸巾，她的眼泪一下子出来了。我只是给她递纸巾，静静让她哭了个够。好一会儿，她才平静下来，主动跟我讲写作文时的想法，就是要出奇制胜，想得高分，所以构思花了一些时间。我很感兴趣听，她又说是看哪一本书、哪一部电影得到的启示……渐渐地，嘉滔滔不绝，旁边围满了不肯散去地回到教室的同学。

我顺势写了张纸条夹在她的试卷里："嘉，听了你的构想，感受到你真是有才，而且很擅长学习。李老师反思平时很少跟你们指导当堂作文的小技巧，以后我会注意改进课堂方法的。感恩我们美丽的遇见，小才女！"考试失败的她更需要欣赏与鼓励。她翻开作业本时，亮晶晶的眼神与我对接，我感觉我与嘉的心又近了一些，我觉得可以进行当面的心理辅导了。

第二天，我找她谈话，谈话地点选在操场上。因为她来例假，没有上体育课。我谈话的第一点是：人不可能每次样样拿第一，有的同学可能这方面不如你，但可能那方面会超过你。每个人都有各自的优势。你得承认这是个事实。这次没拿第一，老师认为你的语文水平还是很优秀的，我不会因为一次小失误就认为你不行。将来，你上了中学，上了大学，你会发现，优生越来越多，所以得放平心态。成绩只是衡量一个人能力的一个标尺，它不是唯一的标准。她点头。第二点：我问她，当同学们围着你，听你说，关心你的时候，你什么心情？她小声说，有些感动。我顺势引导，其实同学们都是喜欢跟你一起玩的，就是你有时候太冷漠了，所以大家离你远了一些。你试着和大家一起聊天，我相信谁也不会拒绝你。不要把自己关在一个狭窄的小圈子里。她又说了她的家庭，说爸妈只关心"两个男的"，她把兄弟说成"两个男的"，可见这个家庭子女之间的淡漠。我说这一点，确实我要深入你的家庭里去了解。但是爸妈一定是爱你的。只是他们成天被你的兄弟的事累着，看你学习那么好，忽略了你。你爸妈做生意也不是那么好做，钱也难赚，他们有生活压力，你也要体谅，有时候去店里帮着看看店。你可以主动为家里做点家务，做出一些改变。她若有所思。

她考试失利，放声哭泣的事很快在全年级传开了。五年来，从没有人见她为学习哭过。大家议论纷纷，原来好学生也会因考得不好难过。从那以后，我发现嘉好像温和了很多，课间自愿和她一起玩，一起聊天的孩子多了起来。由于她的优秀，她经常参加写作、演讲等比赛，同学、老师的建议她好像不再那么抵触了。

创设活动，引领评价。活动是学生成长的阵地，是增强班级凝聚力的舞台。我在班级开展多种形式的班会，各种才艺秀、跳 36 步舞、绣十字绣等活动。每次活动都有小奖品，丰富多彩的活动多以团队形式展开，嘉因为招数多，被举荐为小队长。男生女生纷纷和她合作，她很受欢迎。活动结束后，我特意让嘉谈活动感受。站上讲台与大家分享时，嘉说自己发现好多同学特有才，也感谢同学帮助她，夸奖与某某配合非常默契，谁谁非常聪明。被好学生表扬的同学一个个小脸通红。从那以后，嘉和孩子们围着我敞开心扉，讲活动的小插曲、小感动的次数多了。我也及时给孩子拍照发家长群，让家长更多地关注孩子的学习生活。几个月拍了上百张照片，嘉脸上的笑容越来越多了。

我与学生的交往中，有一套固定的话语系统："你行的，你真行，我也不知道我就是觉得你行。老师佩服你，太有创意了，这事你们决定，我相信你！小天才……"还有一套固定的手势系统，大拇指总是朝上，而且是双手大拇指。哪个孩子有进步时，要去拥抱一下，这些小招数孩子们很受用，班级氛围变得越来越好。嘉在这里面也不断地成长。

我也试着和同学交流一些说话的温和良方，比如少用反问句、祈使句，说话时眼睛看着别人等，增加"小绅士、小淑女""劳动小能手""寻找最美的小伙伴""阅读小标兵""小雷锋""善解人意奖""交往小明星"之类的评比活动，多维评价使孩子们的生活变得丰富多彩。

嘉就是这样慢慢地融入集体中，和同学们越走越近，一天天地成长起来，不再是躲在角落里，孤冷清高的女孩子了。我主动联系家长，经常提醒她的妈妈多表扬孩子的点滴变化，教孩子一些做家务的小技巧等等。

多方协作，静待花开。我也请心理老师上一些类似人际交往的心理课，增加一些体验活动，让孩子们多一些站在对方角度考虑问题的视角，孩子们特别喜欢上心理课，我顺势推荐了刘墉的小说《把话说到心窝里》。

我常在群里推荐一些家庭教育的小视频，家长会时让家长谈一下感受。有一次家长会，因为嘉的变化，我大力表扬了嘉变得善解人意，这次没有多谈她的成绩。她妈妈从头至尾脸上都是喜滋滋的。会后，我看她心情很好，就主动约着家长交谈了一些看法。比如：儿女都是自己的后代，是自己生命的延续，要尽量一视同仁，女儿养好了，自己以后还会有享不尽的清福。我谈了嘉的苦恼，家长很惊讶，承认自己不了解女儿，答应以后要跟女儿多说说话。同时，我请求家长配合我，给孩子准备几件内衣，挑孩子喜欢的色彩，悄悄地做。家长点点头，表示尽力配合。最后，我告诉她，家长要主动一些，起主导作用的还是家长，孩子毕竟是孩子。她也点头理解了。

过了一个月，学校请外校的心理专家给中高年级女生做青春期的心理辅导。辅导前还做了份问卷调查，让每个女孩子完成一份小测试，提出最想了解的问题。嘉的调查问卷我看了，我很惊讶她对这方面基本是一无所知。她还问了她最想问的问题：不穿内衣对女生的发育有影响吗？

辅导自然很成功。

第二天，我觉得可以和嘉谈内衣问题了。"孩子，你长成少女了，不穿内衣你觉得好吗？""老师，我知道不好，可我觉得束缚着，我会不舒服。"这一句话，给了我信心。"是的，女人长大了，会有很多麻烦，穿内衣，来月经，将来还有一大堆的事情，谁叫我们是女孩子呢？你们是小女孩，老师是大女孩。""嘉，穿内衣你会更漂亮的。"我用这句话结束了聊天，夸优秀学生漂亮比夸她学习好更能打动人心。女生拥着嘉的肩："你个子高，皮肤白。穿内衣更有气质！老师说的是！""就是！你会更漂亮的！"

一年一次的运动会后，我又精心为参赛的孩子准备了一点小奖品。我特意为嘉准备了一件紫色吊带内衣，放在白色手工袋子里，上面贴着一幅嘉的动漫画（内衣是嘉的妈妈买的，画和手工袋都是嘉的作品，紫色是她喜欢的色彩）。第二天，紫色的带子绕过嘉的脖颈，很是美丽动人。从拒绝穿内衣，到现在穿上内衣，等了整整半年的时间。我欣慰地笑了。家长欣喜地在电话中哭着说："李老师，嘉终于肯穿内衣了。她说她很喜欢你。谢谢你！"

成长感悟

对孩子的教育，第一点是深入了解，顺其自然，悄悄关注。我发现她不穿内衣这个问题后，没有急于去询问，装作不知，然后悄悄而又迅速地深入家庭，拿到了第一手材料。家长很欢迎。由于我是第一个去她家家访的老师，家长很坦诚，提到了很多她的事。我发现她在听我们说话时，十分安静，面部表情明显放松。原因是被爸爸妈妈关注了，找回了价值感。平时在学校里，有机会我也会让她适时暴露缺点，宣泄情绪，把她总是"年级的神话"这个压力打破了。我在第一次试探失败后，没有急于继续向前走，而是耐心地等待下一个合适的时机出现。

第二点是正确归因，多方合力。嘉如今性格的养成，家庭、班集体、老师三个方面都有原因，但主要原因还是在家庭。我找家长多次谈话，家长也慢慢地能理解一些。我也开过情绪调整和同学之间人际关系处理之类的班会，让同学帮助她，靠近她。我密切关注嘉的成长，建立良好的师生关系，孩子才慢慢地愿意袒露自己。

第三点是创设活动，融洽关系。我创设活动使学生之间有更多的交流，让他们在活动中了解同学，在活动中展示自我，团结同学。在活动中，她还是很善于表现自己的，创造性被激发出来后，她也自然而然地愿意靠近老师和同学。同学们也是在活动中走近彼此，提升了同学间亲密度。生生关系、师生关系都得以改善。良好的师生关系是开展一切教育教学活动的前提。

第四点是借助外力，弥补不足。学校及时组织现场心理辅导，给女生讲青春期卫生知识，孩子们听完十分兴奋，也有点害羞，但这是很有必要的一次活动，效果也特别好。

嘉冷漠的背后是对亲情、友情的渴望，是对自身缺爱的一种自我防御机制，当她拥有满满的父母之爱，丰富的师生欣赏之情，足足的同学关爱之意时，她被需要被看见的心理就得到了满足。所以当她生活在一种亲情友情十分充足的环境里时，孩子的心会融化，不会再敌意地面对生活。

别让情感的花儿提前绽放

杨坤玲，班上的优秀生，特别有绘画天赋，其作品在全国获过奖。心理较一般女孩子更为成熟。家境富有，出手很大方，在班上人缘很好。读四年级时，经常慷慨地请同学吃东西，但有点小虚荣心。

李崇，个子高大魁梧，比较帅气，但容易意气用事。曾是校篮球队的队员，因迷上游戏，经常不参加训练而被开除。好动，性格外向，成绩很一般。

同学们反映两人谈恋爱，经常 QQ 聊天，一起去看电影、逛街、吃饭、打桌球、溜冰等。据说最近李崇在追篮球队的另一个女生，杨坤玲情绪低落。

了解情况

经过多方了解，同学们反映的情况属实。我根据同学们反映的事实，归纳出他们来往的大致信息。

联系方式：QQ 相约，因为两人都有手机。

约会时间：多是周末，暑假交往频繁一些。

消费方式：一般是杨坤玲花钱。其它钱不算。她光为李崇充值打游戏，就有一千六百元之多。

几天后，我通过体育队的教练找到了学校女子篮球队的主力队员，也就是李崇正在追的那个女生，当时她正在做绕圈跑步练习，女孩子个子高挑，朝气蓬勃的样子。我问她对李崇印象如何。"李崇？没印象啊！以前打比赛时聊过几句。对了，他早就被踢出篮球队了。他有时候在校门口跟我搭话，我懒得理他。这种没有团队意识，喜欢出风头的男生我不感冒。我知道，有同学说他喜欢我。成绩那么烂，经常在校外打架，全校都闻名了。我爸上次在校门口警告过他。老师。这就是全部印象。"女孩子笑眯眯地望着我。看来，李崇喜欢这位同学只是一厢情愿。

接下来我带着李崇找了学校心理咨询部的老师。心理老师约谈了李崇，对话如下。（此段对话是作了调整的）

心理老师：李崇，听说你和杨坤玲走得很近，有什么特殊原因吗？

李崇脱口而出：钱！

心理老师：说得仔细一点。

李崇：杨坤玲家有钱，经常是她提出去看电影，我没钱我怎么好意思约她。其实我也没看进去。但是想想能让她开心，她就能给我钱玩游戏，就一起去呗。反正我周末也没事，我爸妈忙着做生意，也没空管我。

我：你就没一点欣赏杨坤玲的其他方面？

李崇：有，她成绩很好。出手很大方。

心理老师：怎么个大方。

李崇：我们经常在一起打游戏，随便闲聊。打游戏要充游戏币的，我的游戏打到40多级。以后想买游戏装备，玩得大一些。

我：游戏上赌博吗？

李崇：有点类似。但是这个很烧钱，杨坤玲说，她给不了我那么多，她妈会发现的。

心理老师：她有没有告诉你她的钱哪来的？

李崇：她们家有钱，经常是抽屉里放几千块，她拿一点，她妈不知道。她每次不敢多拿。

心理老师：如果她不给你钱打游戏，你还会跟她交往吗？

李崇：不会吧。

我：你妈知道吗？她家长知不知道你们交往的事？

李崇：老师，这事怎么会让家长知道？她家里也不知道吧。没听她说。

心理老师：听说你喜欢篮球队的林林，在追她？

李崇：是喜欢吧。她球打得好，长得比较那什么。

我：漂亮？

李崇：要说漂亮她不如杨坤玲。林林长得有味道，说话声音很好听，笑起来有两颗虎牙。上周她爸找我，警告了我一顿。

我：就完了？

李崇：完了。本来就没开始。我也就是想找她说几句话，她从来不搭理我。

心理老师：你没觉察到杨坤玲为这事不开心？

李崇：老师，她又不是我妈，她不开心关我什么事！

我：李崇，你打游戏应当谁来出钱？杨坤玲有没有义务替你承担这个费用？

李崇：是她要给的。

我：可是她说了，你也找她要过。而且几乎每周末你们要出去玩，她会给你充80至100不等。她给你钱你可以拒绝啊。她算了一下，大约有1600块，这些还不算看电影、吃饭的钱。

李崇：有那么多吗？

我：就算是她给的，那也是因为你利用她的感情欺骗她，带有骗的成分。她不给你钱了，你绝对不会再跟她出去玩，你刚才也说了嘛，是因为钱。这不是骗是什么？有目的的骗。你们之间超出了异性之间的正常交往的尺度。所以这个钱她的家长也就是监护人是可以向你的监护人讨要的。

心理老师：因为你的家长是你的监护人，在你未成年时，应当向你支付抚养和教育医疗费等，但是上网充值游戏的费用可以拒绝。因为你读六年级，应当以学业任务为重。即使是她自愿的，因为她是未成年人，她没有赚钱能力，所以她为你充值的这1600多块钱，她的家长是有权向你的家长讨要，你的家长也必须偿还的。何况她为了你一而再再而三地偷家里的钱，所以是你的欺骗和索要导致这种行为的持续，类似于勒索性质了。

我：你们还是读书阶段，多次单独上电影院看电影是不被允许的，应当让家长知晓，家长是有知晓权的。如果你们在外面出了什么事，也是很危险的。希望你们不要再持续这种状况，你们要把心思放在学业上。你有什么学业目标？马上要上初中，三年后想考个什么样的高中？

李崇：我妈说，我这个成绩上不了高中。初中毕业后，去学个修理技术，能上个中专更好。

接着是与杨坤玲的谈话。(同样，对话作了适度调整)

心理老师：杨坤玲，你坐。

我：坤玲，说说你和李崇单独交往多久了，就是两人单独在一起，包括上网、逛街等等。

杨坤玲：从那次打篮球赛开始的。五年级暑假到现在，有四个多月了。

心理老师：你们交往有哪些愉快的经历？

杨：我说什么他都听我的，再就是他长得很帅，性格也很温和。

心理老师：举例子。你说了什么他听你的？

杨坤玲：选择看电影嘛，有很多电影，我说看这个他说行。我说换一个电影他说也行。吃东西时，他不挑食，我买什么他吃什么。我喜欢看他打篮球，很有男子汉的味道。还有溜冰他也比我溜得好，他教我溜冰时，很有耐心。还有我无聊时，上 QQ 聊天，他会回我。不像别的同学，不理睬我。

心理老师：你们之间花钱，是你出还是他出？

杨坤玲：他从不出钱，都是我出。

心理老师：他跟你买过什么东西，送过你什么礼物吗？

杨坤玲：我生日时，他把他姐的一个储钱罐送给我了，就这一样。他生日时，我给他充了 300 块钱。他玩游戏要充值的，不充值的游戏不好玩。

心理老师：一般是他要你给钱，还是你主动给？

杨坤玲：都有。

心理老师：你爸妈如果知道了，会怎么样？想过吗？

杨坤玲：没想过。就是骂一下吧。

我：有没有想过以后？

杨坤玲没说话。

心理老师和我站在稍远一点的位置，放了和李崇谈话的录音给坤玲听。

（心理老师看着我的表情，小声说：这招比圣旨还灵。）

心理老师：现在你最想说什么？

杨坤玲：想哭……

我：为什么？

杨坤玲：他是为了钱才和我交往的。

心理老师：他的目的很明确，你帮他充值打游戏，他陪你看电影、聊天。你们的交往建立在一个事实上，那就是钱。一旦你提供不了这个费用，你们的交往就中断了。如果在他的生活过程中，还有异性愿意给他钱，他也会去陪着人家看电影什么的，所以他就听话呀，他其实不知道自己真正要什么，未来有什么生活目标，他一心就想玩游戏，心思完全沉迷其中了。你喜欢这种男生吗？

（杨坤玲眼圈红了）

我：你确定还要继续交往，继续去偷拿你父母的钱吗？

杨坤玲：不会了。

我：你出去玩是不是应当跟你的父母交代一声？跟谁出去，玩多久，做了什么，用了多少钱，这些是不是得跟你的父母交流交流？他们是不是有知情权？

杨坤玲：他们每天都很忙，我很少见到他们。

我：他们忙于拼搏事业，为了家庭生活得更好，忽略了与你的交流，这一点是他们不对。但是你不是有手机吗？这个交流的工具可以用啊。

杨坤玲：我不敢。

心理老师：你每次拿钱，心里有什么感受？

杨坤玲：刚开始很害怕，后来他们没发现，我也就变得大胆了。有一次，我给李崇充了60块，他还没到周末就用完了，就在QQ上跟我要钱，我第二天上学带给了他。

心理老师：今天把拿钱的事情说出来，心里有什么感受？

杨坤玲：感觉轻松多了。

我：你这件事，好像杨洋她们也知道。她们没劝过你吗？

杨坤玲：有的。我所有的事情，都跟她们说过。杨洋替我记的账。我当时觉得她们不理解我。我觉得为了喜欢的人花一点钱是值得的。现在明白了，这样不对。

我：拿父母的钱也是偷，知道吗？

心理老师：这种不光彩的行为，你应当向你的父母说清，求得他们的原谅。

约见杨坤玲家长

（心理老师放了与两个孩子谈话的录音。）

妈妈：太意外了，这么小的孩子！怎么会这样？那个李崇我见过，最调皮捣蛋的那个。

爸爸：还好没出啥事，出事可不得了。我们有责任，谢谢老师。

心理老师：看得出坤玲周末和你们家长联系得较少，这些你们都不知情。据她说她有手机？

爸爸：那是方便中午联系她用的。她在学校旁边的补习班午餐午休，会和我们通一下话。周末她总是和同学一起去玩，我们看着孩子挺懂事，她的同学都很优秀，所以我们也很放心。

心理老师：那她出去玩时，您有没有联系同学的家长，问问她们去哪里玩？

爸爸：这个没怎么问。

心理老师：回来有没有和孩子一起交流，听她说一说感受。

妈妈：我就想着小孩子之间的事，不太感兴趣，就没问。我们平时工作挺忙，管了一个大厂子。最近又扩展了一个新厂，在东莞，两头跑很麻烦，就住到那里了，回来得少。平时都是她奶奶照料她，偶尔打电话问几句。

心理老师：你们回来得少，有多久没回来了。

妈妈：快半年了吧。

心理老师：从时间上比较吻合。他俩单独交往也有四个多月了。你们陪伴得太少了，青春期的孩子更需要家长陪伴、倾听。他们不懂得什么是爱情，很多时候可能就是在模仿大人。你们首先管控好这个钱，李崇说了，没有钱俩人就交往不下去了。所以得先从这方面着手。其次至少有一个家长每天得回家，陪孩子吃饭，老人也是要陪的。尤其是周末，不能单独把孩子扔家里。可以带孩子去市里玩一玩，增长见识交流感情。再有这件事对孩子伤害很深，不要批评孩子，多安慰她。

爸爸：是，是。我们平时和孩子交流得太少了，不了解这么多事情。我能不能见见那个男生的家长？我想让他别再找坤玲了，他家长不管孩子的吗？

心理老师：孩子缺少关爱，就会找周围人尤其是异性发出这种诉求。然后她就以为这是真的关心她了。实际上是孩子的内心对你们发出爱的呼唤，你们如果责骂她，她有可能会跟你们逆着来，事情朝着反方向发展。千万慎重。孩子大了，有了很多烦恼，好像觉得自己长大了，其实他们也不成熟，需要多方面的引导。

爸爸：老师，我不会打她的。怎么着她是受害者，我是心疼我女儿。

心理老师：男女生正常交往是可以的，但是得有度。相约周末单独出去就超出了纯友谊范围。我们不建议这样做，万一一时冲动，做下一些事情，家长后悔都来不及。你们要和孩子像朋友一样谈谈心，淡化、弱化这件事。

爸爸妈妈：我们确实付出得太少了。

心理老师：高明的引导，是"肩并肩的教育"。表面上和孩子走向同一方向，这就不致引起他们的逆反心理，然后暗中"做手脚"，悄悄转变孩子。

我：李崇的家长和你们一样，管得少，不了解这些情况。你们可以交流交流。

心理老师：你们单独约见男生家长要想好你们之间说什么，最好能达成一些协议。两边家庭适当地管束自己的孩子。前提是，不能给孩子带来太大压力。女生这边建议找孩子的同伴聊一聊也是可以的。老师可以开展关于异性正确交往的主题班会，对全班孩子是一种预防与引导，我建议施行。

爸爸妈妈：希望老师多关注坤玲，帮我多疏导她。我怕同学因这件事歧视她，让她抬不起头，不能安心学习。我们家对女儿是寄予了很高期望的。还有课间，麻烦老师多关注坤玲，尽量让坤玲远离那个男生。一旦他还找坤玲要钱，麻烦老师发现了告诉我们一声。

第二天，心理老师和成长中心的领导一起约见了坤玲家长和李崇家长。

据说李崇家长当面拿了 1600 块钱给坤玲家长，坤玲家长没有要。

这之后的一天，坤玲把李崇送给他的储钱罐放到了他的桌子上。李崇转手就把它扔到了垃圾桶。

同伴劝解

青春期的孩子就像一个魔盒，盒子里包罗万象，应有尽有，可能会突然蹦出个东西震撼到你的眼睛。青春期的孩子喜欢顶撞父母，却愿意听从自己同龄人的意见。

坤玲在班上人缘不错，我约了平时和她玩得较好的女生谈一谈。这事浮出水面，还是她们告诉我的。

杨洋朝坤玲身边靠了靠，说："老师，李崇第一次跟坤玲要钱时，我就跟她说，要她告诉老师。这样会没完没了给自己增加烦恼。再说了，喜欢谁也不能喜欢他。"

慧慧说："我说坤玲是个受虐狂，她不听。班上的男生到处传播坤玲失恋了，说李崇在追林林，就是 2 班那个打篮球的主力，各种传言很多。坤玲，我们觉得为了这个李崇，一点都不值得。"

林梦也说："他喜欢的是钱，不是你！你醒醒呀，傻呀！这种男生我最看不起了。"坤玲听到这里，哭了。我劝导说："当局者迷，旁观者清。话虽难听点，但话糙理不糙。"

杨洋笑着说："我妈妈经常跟我打预防针，说小学的男生是一片小林子，初中高中的男生是一片树林，大学时的男生、参加工作后的男生才是一片森林。眼光要看长远些。"我接续杨洋的话："这个比喻很恰当。有这么个小故事，说是上初中谈恋爱，就好像春天坐火车到远方看风景时，看到路边有一朵小花长得很漂亮，于是下车去摘。等摘到时，火车开走了。因为路边的一朵小花而误了整个春天的大花园。"坤玲停止了哭泣。

班会教育

班会课上，我们以"莫让情感的船儿过早靠岸"为主题，讨论如何建立积极向上的异性交往关系。孩子们十分兴奋，经过一次次引导，在黑板上展示早恋有利的一面，具体内容如下：

熟悉与学习恋爱，为将来的恋爱打下基础

满足青少年渴望接近异性的心理

缓解学习和生活的压力，获得更多的积极情绪

培养勇气与承受挫折的能力

培养审美的能力

提高情商

培养对他人，尤其是对异性的鉴别能力

提高自信心

较成年人的恋爱而言，青春期恋爱显得更为纯洁、质朴

有孩子问："那为什么不赞成我们早恋？"

我笑道："因为生物学家们认为——自然界万物生长，讲究次序时节。"孩子们笑起来："我们才小学，个子都没长起来。"接着总结早恋的弊，讨论总结主要有以下三点：

由于很多早恋者情绪不够稳定、好冲动、易动感情、自控力较差，常常会产生各种影响身体健康的不良情绪。

对于早恋者而言，早恋是一个既欢喜又苦闷的过程。由于对对方的爱恋，早恋者常常因为对方的苛刻要求而造成情绪变化；也有因为早恋而面对父母、同学、老师的压力，造成心理失衡。

由于青少年自我控制能力差，往往无心学习，成绩下降，是十分常见的现象。这就是家长和老师反对早恋的最重要理由。

孩子们喊起来："明白了，我们这么小，不能掌控自己的情绪。还有那么重的学业负担，一恋爱就完蛋了，初中、高中都上不了。"

"我姐大学毕业了，还没谈男朋友呢！我们才小学，用不着那么急。我们看人的眼光太浅。"有同学小声说。"我妈妈说，一个人得长到成人了，他的本性才会定下来。""不玩那个，还不如刷几道题呢？大人们常说，只要你身体好，工作好，情商高，什么样的帅哥美女找不到。"全班学生笑起来……

我在PPT上展现托尔斯泰的名言"人不是因为美丽而可爱，而是因为可爱而美丽"。所以我们要选的不一定是美丽的人，但一定要是可爱的人，而发现一个人本质可爱与否是需要时间的。这样说来，"以貌取人"不可取，"一见钟情"是童话。

主持人朗读苏联著名的教育家苏霍姆林斯基写给十四岁女儿的一封信中的感人片段。

但愿父辈的每一句话如同一颗小小的种子，从中萌发出你自己的观点和信念的幼芽……

我意味深长地说：花季的情感是一种最美好的情感，然而如果处理不好，就会毁了自己的一生。人生每个阶段都有每个阶段的使命，我们千万不可以在春天就去挥霍夏天。

如果你不小心有了爱，有了恋，有了情，那么，把它交给时间吧！

日久见人心，路遥知马力；把它交给空间吧，将来，你成熟的双眸会发现：茫茫人海，处处方舟；情满神州，何处无芳草？我们要趁着美好春光，尽情地生长，准备着有朝一日能把自己开成一朵高洁、优雅、灿烂、完美的花朵，那么到时，我们在一起就一定会是一座令人侧目的美丽花园。

我也套用冰心奶奶的一句话来劝勉大家：青年人呵！为着明天的回忆，小心着意地守护好今天的花蕾。

班会课之后，坤玲第二天拿了两封信给我。一封是她家长写给我的，家长感谢我做了大量的思想工作，在班上平息了风波，坤玲的情绪没有太大的波动。第二封是她家长写给李崇的。坤玲告诉我她爸说我能看内容，并要我转交给李崇。

我笑了，打开浏览了一下，大意是劝李崇好好学习，少玩游戏，并说自己工厂里的一些工人，有的混了个初中高中毕业，只能做流水线工作，工资就不多。而一些名牌大学毕业的高学历的人才又很难聘请，因为各大公司抢着要。未来的企业之争，就是人才之争等。总之好好读书，把心用在学习上，未来有好多选择的机会。结尾一段话是用英文写的，表示祝福。家长的口吻十分真诚，我拍了张照将信私发给李崇的家长，然后把信交给李崇。

这以后，李崇暂时安静了一些，他妈没收了他的手机，完成作业了就让他到店里去帮忙。

我也经常看到坤玲的爸爸或妈妈开车到校门口接她回家，坤玲脸上的笑容多了些，她和李崇的交往也结束了。后来他们全家搬到东莞，孩子情绪十分平稳，成绩依然优异。

临走时，家长送了一件小礼物给我。打开盒子，里面放着一张照片，照片是坤玲和爸爸妈妈在韩国餐厅吃饭时照的。一家三口笑得很甜，尤其是坤玲。照片反面有一行字，是坤玲和妈妈的手写笔迹：祝老师永远青春靓丽，谢谢老师！后面附了一串英文祝福。

成长感悟

坤玲的家长是懂得学习并及时调整教育策略的家长。有一次，他们告诉我和孩子聊天，有时文字的魅力比谈话来得更有效。有时他们还一起上网看短视频，学了一些另类的新鲜词汇，比如将"为什么"说成"为虾米"，"这样子"说成"酱紫"。当他们使用这样的语言与孩子沟通时，孩子觉得与父母的距离一下子缩短了，亲子沟通会越来越顺畅。家庭是孩子们避风的港湾，多些温情，少些淡漠，孩子们就会恋上家，感受到父母始终是最可信任的亲人，从而会听取家长给出的指导性建议。

剪头发

王崇的发型很怪，一个西瓜头，还染上了黄色。老师们说，他五年级时就开始染了。找他谈话多次，无效。找家长谈话多次，也无效。

学生说，有一段时间，他的头发是按要求剪了短发的。可过了一个暑假，又留了起来。杨嘉威效仿王崇，将头发染成了灰色。好在效仿的只有杨嘉威一个，其他学生对他染发莫不嗤之以鼻。

我新接手这个班，想试探一下两个孩子的态度。我先是来软的，选择放学排路队的时候，这个时间精神比较放松，学生不会跟我较劲，越是这种时候越容易做思想工作。我笑呵呵抓起王崇的头发，说："要不要老师跟你扎个小辫子。"他也笑："不要。"不抓不打紧，一抓才知道，只有头顶上有一圈长及耳朵的头发，里面全是短短的，我想我可能思想落伍了，欣赏不来这样的发型。

我又抓着杨嘉威的头发，说如果扎个小辫子，一定更帅。男孩子们都笑了。我也笑了，于是路队出发。

这样说过两次后，两小子仍没有动静，我又旁敲侧击："你们两个蓄小平头一定更精神，你看江玉聪的小平头，还有张龙龙几个个个精神、帅气。"受表扬的男生个个仰起脖子，我的话到此就打住，不再多一语。

几天后，两人是外甥打灯笼——照旧。既然五年级时老师和学校都拿他没办法，我再用同样的方法肯定无效，于是我决定退一步。

我理解青春期的孩子，什么都想尝试尝试。另类发型并不危及生命、道德，而且黑头发很快会长出来。于是我对他俩说："我不喜欢你们的发色与发型，而且周围的同学也不喜欢。不过，如果这是你们的决定，我还是可以忍受的。杨嘉威染成灰色不太适合你的肤色，你可以去理发店让他们帮你多换几种颜色，试试哪一种更好看。"杨嘉威问："李老师，那怎么换？"我说："手机中有一款软件，会给你戴上各种不同颜色的发套，你就可以从中选择适合的。"王崇开心地说："谢谢老师，我们放学去试试。""不过，你们要忍受别人的白眼，可能这会令你们不愉快。""没事。"两人跑远了。

第二天，杨嘉威换了一种更奇特的发型，红色和黄色交叉，校园里议论纷纷。两人大声说："这发型发色李老师肯定喜欢。"我笑了笑，当什么事都没发生。

又过了一周，王崇也换了个奇特的发型，美发师在侧面剪出一道白线，一边染一个颜色。下课时，王崇特意走到我跟前问："老师，你觉得这发型怎么样？"我笑了笑说："我不是很喜欢。但只要是你们的决定，我觉得倒也没什么。频繁地换颜色会不会伤到头皮？""不会。理发师说不会。"

第四节课，校长打电话来，要我帮忙做做这两个孩子的思想工作，看能不能恢复正常的发色。

我说："得等，不急。"接下来一段时间，每隔一周两人就换一种发色，家长也拿他们没办法，学校里也拿他们没办法。我心里对自己说：折腾吧，看你们的兴趣还能坚持多久。

一个月后。

这天下午全校师生在操场上举行大型活动，有外校的领导老师们参加，活动场面很大。成长中心的主任特别嘱咐我，别让王崇和杨嘉威下来，就待在教室里给他们布置点作业。

因为我班有节目要表演，我还要管班级纪律，一时间把王崇和杨嘉威的事给忘了。负责看他们两个的陈老师打电话告诉我，五分钟前，王崇和杨嘉威不在教室里了，会不会去操场？我心中七上八下：来操场还好说，如果不在操场会不会发生意外事故？我赶紧找了个机会跑回教室，喘着粗气跑上楼，看到两个人正趴在走廊的栏杆上往操场方向指指点点。我放下心来，因为跑得太急了，突然腿一软，直往地上跪下去。俩孩子冲过来扶起我："李老师，李老师，您怎么啦？怎么啦？"我招招手："没事，跑急了。老师年龄大了，一口气爬到四楼，腿软了，歇会就没事了。"陈老师闻声过来，冲着他俩喊："你们两个，可把老师给吓到了，快去办公室把李老师桌上的水杯拿来！"陈老师从教室拖了张凳子让我坐下，两个孩子争着跑向办公室去拿水杯。

一会儿，我接过王崇递过来的水，坐下来喝了几口，歇了一口气说："陈老师说，你们不见了，你们两个没事就好，我就是来看看你们。我下去了。一会儿我班还有节目要表演。"王崇问："老师，刚才我们去厕所了。老师，能不能让我们去看一下节目？我们把遮阳帽戴上，保证不给学校丢脸。我们就是想去看节目。"我看看天，摇摇头，这么重大的活动，不能出一点差错。陈老师赶紧"补刀"："瞧你们刺眼的头发，不像个学生样。以后这样的大型展示活动多着呢，你们两个只能待教室里，这叫自作自受。"两人像泄了气的皮球。

第二天我来到教室，准备上课，几个学生大声叫我："老师，王崇和杨嘉威剪头发了。"我一愣，眼光扫过去，发现两小子都剪了平头，端端正正地坐着望着我笑，我也笑了。

课间，我找他俩聊天，问什么原因突然想通了。王崇说："其实也就是腻了，没什么新鲜的感觉了。而且昨天感觉自己像个怪物一样，不受别人待见，还是黑发好！"杨嘉威说："李老师，我爸爸说您挺理解我俩的，任由我们折腾，我们之间没有年龄的代沟。我剪头发，就是不想给老师惹麻烦了。"我说："你俩有福气啊，碰到了无比宽容爱护你们的校长和老师。"

这俩小子可真能折腾，我心想等他们长大了，回想这一幕，会是什么心情呢？

成长感悟

青春期的孩子有时候就想挑战一下现实和规则，想体会成人的感觉。这就需要周围的人对他们抱有同理心与极度的耐心，陪他们走过这一段旅程。所谓的代沟，实际上是孩子在成长，而你却停在原处。

卓淇的烦恼

卓淇是学校大队长，也是校长助理之一。虽是四年级学生，但是她的才气和领导能力完全堪当此任，还有一点要说明的是，这个女孩子长得不是一般的漂亮，黑亮的头发，白皙的皮肤，有点像当年的小童星金铭。我班的科任老师也说："卓淇真是漂亮！多少年难得一见这样漂亮的女孩子！"我班上公开课时，卓淇发言特别积极，入木三分的讲解连听课的老师都啧啧赞叹。数学老师打趣："那些个听课老师在下午听课本来没什么精神的，看到卓淇上台当小老师讲解时，瞌睡都没了。"

连德高望重的老校长都赞叹说："这女孩长得太养眼了！"

家长会上见到卓淇妈妈和爸爸的那天，才知道她的好基因完全遗传于父母。

可是最近卓淇有了烦恼，她交上去的作业本经常不翼而飞，然后到下课时，一定有某个男生又能帮她找到。她的课本经常会莫名其妙地出现在某个小男生的课桌里。

上个洗手间，经常有其他班的男生恶作剧，把她堵在过道上，说是找大队长报告情况。还有的直接塞给她小纸条，小纸条上写着：I Love You。课间，总有男生走过她身旁，有意无意地去撩一下她的长发。她被无端冒犯，很生气。有些女生暗地里说卓淇清高、矫揉造作。

放学后，她和同学一起在大厅排练跆拳道节目，一招一式，脚下生风，英姿飒爽。一群五六年级的男生团团围观，连连喝彩。谁都知道，这喝彩声都是冲着卓淇来的。

放学路上，她与同学结伴而行，总有男生大声喊："卓淇——"等她回头时，看到一个个男生做着鬼脸，转眼间就无影无踪。有一段时间，天天如此，她烦不胜烦。

卓淇漂亮，可是这孩子从来不娇情，很低调；卓淇聪明，可是这孩子爱帮助同学，人缘特别好；卓淇有才气，也非常有责任心。品学兼优这个词仿佛是为她而生的。卓淇在《我的烦恼》中写道：长相是父母给的，我爷爷奶奶外公外婆都容颜很好，我只是遗传链中的一环。长得好看不是我的错，我从没有因为容貌骄傲过，我的爸爸妈妈也是这样的人。我认为人最重要的是内在。可现在容貌成为我的烦恼。其实我有很多缺点，比如不爱收拾房间，比如我有些小心眼，很爱记仇，比如我比较急躁，经常冲我妈妈发火。我就是一个普通的女生。你看天上的星星，一颗挨着一颗，亲亲热热的，你发你的光，我发我的光，几十万年不变。我愿意和同学们一样做天上的星星。

看到这样的文字，她的烦恼也让我们烦恼。在我的班主任经验中，从没遇到这样的事情。

我把她妈妈请来：我相信漂亮的妈妈当年一定遇到过类似的困扰，一定有很多的经验。

卓妈妈有些羞涩，说她上初中时才有一点点烦恼。没想到现在的小学生这么有个性，这么敢于表现自己。我笑笑说："当然，时代不同了。"卓妈妈说："从淇淇五岁时，我们就给她报了跆拳道班，她一直在练，用于日后防身。这是她爸的主意。我们给她买的衣服鞋子只追求舒适，都比较普通。我和她爸时常告诉她，漂亮是父母给的，是与生俱来的，不应当成为骄傲的资本。她应当每时每刻向内追求自己的进步。"我感叹道："难怪淇淇身上没有一点傲气和娇气。"

我们给卓淇提了两点建议：放学后结伴而行，面对撩头发的学生友好地打招呼，能聊则聊，不能聊就不聊，不用生闲气；喊名字的学生，不用理他，久而久之，无趣了自然就不会再喊了；小纸条不用在意，自己该干吗还干吗，千万不要因为别人乱了方寸。卓淇妈妈总结了八个字：淡然处之，顺其自然。我补充说："少年的喜欢是一种纯净的情感，它也会在漫长的岁月里一点点的消失。你要淡然处之。"

卓淇点头说："好。"然后又问，"老是有同学捉弄我，我的作业和书经常不见了，怎么办？"

她妈妈说："李老师说你的作业和书本同学最后都还给了你，他们只是想用这种方式引起你的注意。所以遇到这事，还是妈妈的那句话，淡然处之。老师们都知道了，绝对相信你是做了作业的。下次你的课本不见了，你就和同桌一起用。当作什么事都没发生。而且你要有心理准备，随时都有这种情况发生，你也不用惊讶与愤怒。久而久之，做这些事的孩子就觉得无趣了。"

我很认同地说："认真按照你的学习节奏去做事。老师在班上也会找这些孩子谈话的。那些总是撩你的高年级学生，我注意了一下，也就是那几个。没事，我找他们的班主任和家长谈谈，帮你理顺这些事。有必要时，让你爸爸去见见他们的家长。"

卓妈妈有些担心："老师，那些都是孩子，你批评他们不要伤害他们的自尊。"我说："我请他们的班主任帮忙，分寸感我们会把握。毕竟是不懂事的孩子。"

第二天，我请班干部一起商量卓淇的事情，让他们帮忙设计一次班会，想想办法。当批评无效时，要另辟蹊径。林攀悄悄凑过来说："我有几次看见苏昭和李安安藏卓淇的本子，老师您要批评他们两个人。他们不让我说，我妈妈说还是告诉老师，不然他们就会变本加厉。"我提议先不批评，批评不能轻易使用，批评是让孩子改不掉毛病的重要原因。卓淇建议班干部用案例的形式来演一演、议一议。

孩子们自告奋勇地策划主题班会，还让我保密。第三天，苏昭和李安安很委屈地告诉我："老师，我的数学作业是做了的。揭老师不相信。您要替我们做主，不信您问问我妈。昨天她还签了字的。""老师，我的音乐书不见了。要是被音乐老师知道，得扣班分了。"李安安急得团团转。"你们再找找书包，翻翻抽屉，找得细致点。""找了几次了，书包都翻了个遍，抽屉里也没有。""是不是放家里没拿来？"我问。

"没有，早上搜书包时还看见了的。林攀可以为我们作证。"两个孩子很着急地争辩。"既然一时找不到，你就补吧。别让揭老师生气。音乐书的事，去跟老师说明情况。如果扣班分，那就等着按班规处理吧"。两人垂头丧气地走了。

第三节班会课，我一进教室，抬头看黑板上学生已经布置好了，画了些花花草草，题目很显目——告别恶作剧。讲台前还摆了两张桌子，一群孩子背着书包等在一边，副班长张颖站在讲台旁，班会课她是主持人。还没等我喊上课，苏昭就站起来十分气愤地说："李老师，我上午没上体育课，和李安安补完了数学作业，还被揭老师狠批了一顿。刚刚我的数学作业本又在抽屉里了。这肯定是谁藏了我的作业本，捉弄我！"

副班长张颖歪着头问："哦，你这么肯定，那会是谁呢？"还没等张颖说完，苏昭马上回应："我没有！"鲁绮问："没有什么？咦，她又没说你们有。不打自招啊！"两人眨了眨眼睛。我终于知道他们的秘密是什么了。"这叫体验生活——好好体验吧。"张颖小声说。苏昭瞪了瞪眼睛，没说话。

班会课开始了，副班长张颖在课件上出示了卓淇的文章《我的烦恼》片段。张颖说："卓淇的愿望多美好啊！让我们读一下最后两段

吧!"全班孩子一起大声读:

你看天上的星星,一颗挨着一颗,亲亲热热的,你发你的光,我发我的光,几十万年不变。我愿意和同学们一样做天上的星星。

同学们都纷纷发表意见:"己所不欲,勿施于人。""明知故犯。""把自己的快乐建立在别人的痛苦之上。"……

然后课件上出现一行字:情景剧《音乐课前》。

一群孩子上台开始表演,其中一个小片段让人眼熟。一个孩子吆喝,上音乐课了,赶紧走啦,走啦!然后青青和清扬故意磨磨蹭蹭走在最后,鬼头鬼脑地靠近一张课桌,上面立着一个字牌"小淇的桌子",然后蹑手蹑脚地偷拿小淇的作业本把它藏进后面的书柜里,小声嘀咕:"这事我俩谁都不能说出去,我倒要看看小淇出洋相的样子!哈哈。"蒋春岚同学在一旁大声催:"你们两个怎么这么磨蹭?"两人马上夸张地弯下腰,捂着肚子说:"我们刚刚肚子有点痛。""怎么那么巧,两人肚子一起痛了?"蒋春岚问道。

看到这里,我和孩子们一起笑起来,连苏昭和李安安也笑了起来。

孩子们用情景剧的形式还原了事实,隐射了做恶作剧的孩子,起到了意想不到的教育效果。

从那以后,苏昭和李安安再也没藏过卓淇的本子和书了。

高年级的几位班主任经过细致的观察,抓了几个起头的。处理问题时不是零打碎敲,而是集中治理。这样既不伤害学生的自尊,又能及时让他们受到惩罚。师爱,没有惩罚是不完整的,过度惩罚则又是扭曲的,都不利于培养学生的社会化成长。经过几个回合的交锋,他们就已经深感老师的用意,懂得了与异性交往的正确方式,不会再做出格的事。

卓淇又像过去一样平平静静地上学放学了。

成长感悟

　　小学高年级的孩子，自我意识增强，会不自觉地在意身边的异性。这样优秀的卓淇自然成了瞩目的对象。可是孩子们没有习得异性交往的办法，家长和老师往往因为他们年龄小而忽视了这方面的情感教育，引导孩子们怎样与异性交往，怎样守住基本的礼仪，把握好交往的"度"，则是我们教育者的责任。切不可大惊小怪，视为洪水猛兽，也不可听之任之。

　　教育无小事。所以教师要有"风起于青蘋之末"的防患于未然的意识，不要等事件闹大了再来处理。当班主任经验不够用时，可以借助别人的力量，他山之石，可以攻玉。

第四章
构建和谐家校关系

那个叫刘威的男孩

小店偶遇

下午放学，我带着女儿去学钢琴。经过校门前的小吃店时，女儿哼唧着要吃手抓饼，我看看还有点时间，就停下来打算给她买一张。

手抓饼是现吃现做的，需要几分钟时间等待。饼用一张白纸包住，很薄很薄。这个可能是从别处买来的，但要当场煎熟，可以加火腿、鸡蛋、肉松什么的。这小店生意很好，尤其是放学时段。

我正定定地看着几张煎饼在铁皮台上被翻来翻去，六（3）班的刘豪从店里笑眯眯地走过来冲我打招呼，我应了一声，这才注意到小店里还坐着几个（3）班的学生。刘豪调皮地喊："刘威，你别藏了，李老师看见你了！"我远远望去，并无刘威，但刘豪这么一喊，我发现坐在里面渐渐直起腰的刘威了，他拿着黄黄的干脆面嚼着，而其他几个孩子则有的喝奶茶，有的吃着煎饼，各式各样的。我知道这种干脆面才几毛钱，是最便宜的。我走过去，几个孩子嘻嘻哈哈地跟我打招呼，我故意说道："刘威，这么躲着老师，又给我惹事了吧？"我指的是上午他打架被肖主任请进办公室"喝茶"的事。我还没来得及找他谈话呢。

刘威是班上的调皮男生，高大帅气，可能是爸妈离婚的缘故，孩子脾气很急躁，同学两句话就会激怒他，以至于大打出手。由于爸爸工作太忙，顾不上他，他爷爷有一份退休金，平时都是爷爷照顾他的饮食起居。他和刘豪是堂兄弟，两家人合住一栋五层的统建楼，他和爸爸、爷爷住四楼，一楼出租。他学习倒不太差，说话很油滑。谈起纪律，老师们摇摇头，不愿意多谈。由于经常惹是生非，被德育处肖主任请进办公室"喝茶"的频率很高。

刘威有些不好意思地笑笑说："老师好！老师别见怪，刚刚没看见您。我怎么会躲着老师呢，景仰您都来不及。"又小声哀求我，"老师，您是老师，小点声，别提上午的事，这么多人听着呢。"我略感意外："嘿，小脑瓜转得挺快，口才不错啊！情商还蛮高的。"我的脑瓜被这小子一绕，接不上话了。为自己刚才的话后悔起来，怎么可以在小店这种场合揭孩子的短，孩子是要面子的。

我转移话题说："老师买个手抓饼给你吧。""老师，不要，我不吃。"他有些不好意思地阻止。我想这样问孩子当然说不吃。我一边买单，一边问："刘威，你是要吃火腿的，还是肉松的或者鸡蛋的？"他小声说："吃火腿的。"卖煎饼的妇女手脚麻利地边收钱，边拿出一张饼来，顺手把煎好的饼装袋递给我女儿。她笑着说："只有学生请老师的，没有老师请学生吃的。你这老师对你们真好。"刘威转脸瘪笑："天使李老师！李老师，这是您女儿呀，和您一样漂亮啊！"为这句动听的"谎言"，我当即笑出了声："刘威，口才真不错！"

我笑笑，带着女儿走远了。

单独交流，抓住时机

第二天，我单独找刘威和刘豪两兄弟了解打架的原因。两人争论一双球鞋的样式好不好看，因为看法相左，把刘威惹急了，说了几句粗口，而刘豪直接甩给刘威一句话："你妈都不要你了，你牛什么牛？"刘威才动的手。

刘豪向刘威道过歉后，我让刘威先回避一下。我小声问刘豪："你知道，刘威为什么对那句话特别敏感吗？"刘豪低头说："知道。那鞋是二婶去年暑假买给他的。"二婶指的是刘威妈妈。刘威妈妈离婚后，外出打工，回河源老家时会打电话给刘豪的妈妈，也会把刘威接到河源，所以刘威是有机会去外婆家看妈妈的。这些都是刘豪告诉我的。刘豪很健谈，性格很温和，做生意人家出来的孩子情商都很高。我缓缓地谈起："有一次，刘威在作文中写妈妈，都写哭了。他说他恨妈妈，为什么抛下他不管。所以这是他心中的一个痛，你等于揭他的伤疤了。""知道了，老师，我不应当拿话激他。"刘豪的脸红红的，"我爸经常教育我要多关心刘威。其实他蛮可怜的。老师，我知道错了。"

我找到刘威问他心情是否好一些了，没想到，他笑笑说："我不记仇的，昨天我俩就和好了。我爷爷经常说要我们兄弟几个团结，家庭才能和谐，家和万事兴。我不记恨刘豪。""那就好。"我欣慰地点点头，"刘威，我跟你爸爸接触过几次，发现他的话实在太少了。听说他在你大伯的厂里当保安？"他大伯就是刘豪的爸爸。"是啊，他不爱说话。我呢，话特别多。不过我爸当保安很辛苦的，我很少跟他在一起吃饭。他上白班我上学，他下夜班回家就是睡觉。他小时候跟我一样，不爱读书，勉强混了个初中。想去挣高一点的工资，他没那本事。他管不了我读书，我考得不好，他也没什么反应。"我笑起来："这话说反了吧，你爸小时候跟你一样，还是你跟你爸小时候一样？"他摸了一下头："都一样吧。老师，我知道你们劝我要用心读书，我以前班主任说我脑子很聪明，可是现在我读不进去。也不知道为什么。"我陷入沉思。

我转了个话题："刘威，你的作文写得很有灵气。那篇写妈妈的作文深深打动了我。你说你恨妈妈……可我从你的字里行间看到的是你日夜思念着你的妈妈。我……不知道……可不可以跟你谈一下你的妈妈。"我停顿了几秒，仔细地观察他的表情，他咬了下嘴唇，眼睛里有一丝亮闪过。"刘威，你的妈妈也许有她的无奈之处。天底下没有哪个妈妈不爱孩子的，她离开你一定有她的苦衷。大人的世界你们孩子不懂，但我相信，无论她走到哪里，她的心里都会牵挂你。"刘威的眼睛有些湿润，没说话。我观察他的情绪，觉得可以聊得更深一点："我上次去你家家访，听你婶婶说，你妈妈觉得你爸太不上进了，没什么追求，下班除了看电视看手机就是睡觉，完全跟不上深圳的生活节奏，看不到生活的希望。你爸妈之间没什么话说，所以才走到那一步……所以你得理解你妈妈，不要恨她。"刘威突然呜呜地哭泣着："老师，我想我妈妈，我不恨她。我就是想她。可是我一年才见她一次面。去年她在北京回不了老家，我得再等上一年。"我拍了拍他的肩膀，说："我答应你，我做做你妈妈思想工作，我相信，她想你更多。我一定做到让她一个月至少跟你视频一次，行吗？你用老师的手机聊。"男子汉的哭声戛然而止，坚硬的外表下是一颗脆弱的心。

寻找情感支撑点

一天晚上，我终于在微信里见到了刘威的妈妈，我首先惊异的是她的漂亮，刘威长得太像妈妈了。我谈了孩子的近况和我的期望，我把刘威的作文念给她听，妈妈沉默了好久，终于泪水哗哗地流下来，并要我把文章拍给她。我告诉她孩子的成长需要母爱，什么时候母爱都不要缺席，离婚是大人之间的事情，但是母亲教育孩子的责任还在。尤其是孩子马上进入青春期，心理上会出现很多问题，是急切需要家长疏导的。错过了婚姻，可是不能错过孩子的成长，孩子的青春期只有一次，不会再来。孩子的幸福会影响父母一辈子，亲子关系不会因为离婚而消失的。

刘威的妈妈点头说自己知道这个道理，然后就难过得说不下去了。我想象得出她内心经历了许多的挣扎和惦念，于是转过话茬："你的日子过得不容易。等以后刘威长大一点，给他买个手机。那时候他有了自控能力，这样母子间交流就更方便了。"我不好指责她过去几年为什么不跟孩子通电话，其实她可以通过刘豪妈妈与孩子经常视频。我提醒她爱儿子，首先要付出时间，要孩子感受到爱才行，把孩子带到这个世界上，走到天涯海角也别忘了肩膀上扛着"责任"二字。

我最后跟她说："刘威小学的这最后两年，彼此保持沟通畅通就好。我也会定期反馈他的学习思想状况，有什么好的建议跟我提出来也行。我相信咱俩的关心会形成一股不小的力量，这对孩子的成长也很重要。"可能是我的一番话让她下定了决心配合我的工作。我又开解她："我是他的老师，从本质上说是一个外人。他成长得好，只会对你，对整个家庭起到作用。我都这么关心你的儿子，你做母亲的为什么可以放手不管？我也是女人，我能理解你的痛苦。可那是成年人的痛苦，我们要尽量少影响到孩子的成长。这孩子各方面相当有天分，一定是遗传你的好基因。我觉得我们可以拉他一把，不然太可惜了，我的良心不允许我这么做，我会不安的。"

那天的聊天很有成效，我也明显感觉到刘威妈妈的个人素养很不错。我望着窗外想，如果不是实在过不下去，没有哪个妈妈愿意丢下孩子不管。只是生活的复杂多变让她暂时迷失了自己。

视频联系，打通情感通道

从那以后，刘威妈妈与刘威之间通过我的手机建立了固定的联系，每周一次。她打电话过来时，多半是周五刘威放学后，聊的时间不是很长，也许她觉得占用我的时间不好意思。我也悄悄记下这个时间，把时间留给刘威。孩子每次视频结束还手机给我时，整个人就如一枚馨香的巧克力糖，被阳光包裹着。

我又给妈妈和孩子新增了一个要求，那就是视频时，刘威得跟妈妈聊自己最近读到的一本课外书，妈妈得专心地听并鼓励孩子，其实道理不用多说。刘威妈妈在视频时间到的第一句话就是："儿子呀，跟妈妈说说你读了什么好书，妈妈想听。"我明白了她正在一天天配合着。终于有一天刘威妈妈在电话里对我说出了"谢谢"二字，我想她是发自肺腑的。

孩子变了

日子就这样平淡无奇地溜走，我推荐给他很多刘墉的书，告诉他刘墉的书非常贴近生活，很走心。我把我写的读书笔记给他看，他很喜欢读，也开始模仿着把感受写下来。而班上的读书氛围越来越好，孩子们争相阅读，上台分享读书感受。每月一次评比"小书虫"时，刘威都能得到表扬，我奖励给他的小礼物特别用心，比如我陪他去文化中心看一场舞台剧，比如带他和我女儿一起去深圳动物园。

又是一个周五放学的时间，刘威照例在走道上跟妈妈视频。办公室里还有很多老师没下班，还完手机后他在我身边磨蹭着不肯马上回家。当时我正在网上浏览文章，遇到一篇好资源，马上像打了鸡血一样兴奋，手指毫不犹豫地点击右键"另存为"。刘威过来看了看，挨近我说："老师，在网上读文章对眼睛视力不好，而且一旦您把它存起来，您跟这些鸡汤文之间的'蜜月期'也结束了。"我惊得一回头："这话说得很有道理呀！哪学的？""书上说的。"他得意地炫耀。然后他非常神秘而兴奋地小声说："李老师，我妈前几天跟我爸通电话了！"原来他磨蹭一会儿是为了告诉我这个小秘密。

刘威在考场作文《这个冬季不太冷》中写下这样的文字："生活永远不会辜负一个人，总有一天命运会绽放温暖妩媚，熬过岁月的苦与痛，最终会迎来春暖花开！"那段话打动了我。

刘威惹是生非的频率大幅度减少，人变得安静了许多。更重要的是孩子跟我之间明显多了种默契，有时他习惯性地想跟同学叫嚷，我一个眼神过去，他就偃旗息鼓了。

又是一个充满阳光的午后，我捧着作业本，走进教室。邓老师刚下课，忙得不亦乐乎，一群学生围着她领小礼物，科代表忙着给这节课表现优秀的同学盖红色章。邓老师大声说："刘威的章由我来盖！"然后扬起手中的章，重重地落在刘威的英语书上，又摸摸他的头，笑着鼓励他，"这段时间作业、纪律很不错，朗读发音进步明显。还要加油，看好你哦！"我发现邓老师脸上泛着红光，真的是很感动。

我望望刘威，他调皮地冲我笑了笑，扬起手中的英语书，朗声道："李老师，李老师，我这个月积满了十五个章！这是 Miss Deng 给我的小礼物！"我夸张地吸了吸鼻子，点点头："我闻到了，我闻到了，这本书好香啊！"

他愣了下，嘴巴一咧，露出洁白的牙齿："老师，您笑起来特别好看，您要多笑。""好！接纳！"我大声喊出来，觉得内心的小太阳亮了两格。

成长感悟

我特别后悔自己在小店前随口的那句"这么躲着老师，又给我惹事了吧？"当面揭短，图一时嘴快。幸好孩子自己转弯快，没有当面和我对抗，不然我不知道怎么下台。

我时时提醒自己，在孩子们面前说话，尤其是批评孩子时应当三思。感谢这个孩子，给了我面子，也给了我成长的机会，让我一步步走进他的生活。

我先是强化刘威情商高、会说话的优点，然后激发他自我完善的欲望。在我疏通了他与妈妈情感交流的渠道后，这个孩子才产生我想要改变的欲望。

他在不断地变化后，我和科任老师密切配合，及时地肯定他的成长，让他看到了自我价值。后来他和我的关系有点像朋友，甚至在某些方面可以指点我。这让我很欣慰。教出让自己惊叹的孩子，何尝不是一种幸福呢？

家 访

田宇，身高1米5；年龄12岁。本地户口，祖籍广东河源。有两个哥哥。一个大学毕业参加工作了，一个正在上大学。家中唯一的女孩。家庭经济状况良好。父母亲比较勤劳善良。

父母离异五年，母亲一直在附近商场打工，租一间小房子单住。她的父亲及继母经营着一家工厂，住在一栋待拆迁的五层楼房里，这房子与田宇母亲租住的小屋相距四栋房子的距离。

父亲承诺，房屋拆迁后留给两个儿子各一套房子，给田宇母亲一套小一点的房。田宇每天的早午餐都在亲生母亲家吃，晚餐和继母一起，晚上回父亲家住。她平时主要玩游戏，偶尔看点书，继母和父亲很少管教，河源人不重视对女孩的教育，平时对孩子的学习不闻不问，使孩子长期处于放任自流状况。她已有四年夜间长时间玩游戏的历史，过着黑白颠倒的生活。从二年级到六年级，上什么课都睡，语文英语数学，上课睡，下课睡。睡觉方式奇特，站着都能睡着，甚至老师找她谈话，她也能头一啄一啄的，仿佛一下子就能倒地。

原因分析：

1. 家庭成员关系复杂，缺乏亲情，家长完全放任自流的教育方式使孩子沉迷游戏，缺乏良好的学习心境和学习动力。

2. 师生关系紧张，同学关系淡漠。由于田宇成绩差，经常拉班级的后腿，老师们不喜欢她，同学们瞧不起她，使她对学习产生恐惧感，性格也变得内向自卑，再加上玩游戏，越发对学习失去了热情。

3. 对学习缺乏兴趣，很难感受到学习的愉快、学习的成就感，学习动力下降。

4. 对集体缺乏归属感和责任感。

教育对策：

1. 登门槛效应，低起点，小步子，快反馈，逐步实现目标，激发自我成就感。

2. 跟踪家访，用真情唤醒家长一起成为田宇教育成长中的合伙人并经常保持联系，树立家长对孩子教育的信心，更好地配合学校教育；

3. 开展班级活动，借助集体力量，建立良好学习氛围。

4. 学习游戏原理，强化正面反馈。记录《田宇惊奇日记》，每天发群，给田宇的生活节奏打拍子。

5. 注意观察田宇表现的反复性，经常给予关心、提醒，发现问题及时耐心进行教育。

疏导过程：第一次家访

准备工作：学校建立心理档案，对田宇做一次学习适应性的测试，了解其心理发展情况。

方法：采用沟通法和融洽法与家长沟通，共同探讨教育问题，制定努力目标。

家访是一种干预，校成长中心的成主任和英语老师一同前往，让家长感受到学校对孩子的重视与关心。与父母（继母没参加）商讨孩子教育的相关问题，了解到新的情况。

田宇的调查情况：田宇很少吃肉，吃多一点就有呕吐的症状，多吃素菜。上体育课有神经性的肚子痛，这是从她爸妈离婚之后开始的症状。田宇对继母没有任何称呼，在家基本没做过家务活。父亲对孩子的了解少之又少，近几年单独陪女儿的时间几乎为零。田宇和母亲交流比较正常（据母亲介绍）。

探问家长看群信息情况：父亲看过一次《田宇惊奇日记》，不记得内容了。母亲和田宇天天有查阅，母亲内心十分感激老师，表示配合。

英语王老师与田宇一样都是河源人，沟通起来比较方便。她以自身经验谈现在女孩子受教育的重要性，女孩教育得好，在社会上与男孩一样有出息，经济能力不弱于男孩子。并举身边女同事的例子，用以说明田宇受教育的迫切性。

我们从父亲的面容中看到他有明显触动，家长的心态开始朝好的方面转变。

成主任语重心长地说："希望子女能成才是每个父母的愿望，做个普通的能自食其力的人也很好。就田宇而言，至少要身体健康，将来不给父母添加负担，个人能独立生活。以田宇目前上课睡下课睡不听课不学习不写作业的情况来看，身体可能出现了一些状况。而且田宇不与人交往，没有体会友情的可贵，没有感受集体的力量。也无从学到应有的文明礼仪，应有的语言表达，学不到处理同伴之间矛盾的能力，经受不住将来生活中的挫折，因为家长忽视了对孩子这方面的教育，将来孩子进入社会也许会出现交往性障碍，遇到问题心理上无法排解……所以无论从哪个角度上看，家长都应当行动起来，与老师保持联系，共同纠正孩子目前不当的行为习惯，尤其关注田宇心理情绪变化。积极改善其体质状况，教孩子怎么与别人交往，包括与家人交往，家长也要定期过问其学业状况。"

经过商讨，家长和学校双管齐下，达成如下协议。

家长方面：

1. 正确引导并控制孩子玩游戏的时间。田宇晚餐在继母家吃，每天要求田宇和母亲一起睡。母亲控制孩子的网瘾，手机没收，电脑断网。母亲陪孩子说话一天至少30句，引导孩子聊班上的事，多听孩子的想法。

2. 建议近期去儿童医院检测，了解不喜欢吃肉的原因。神经性的肚子痛要进一步查清楚，身体是否因为长期的黑白颠倒导致激素水平下降，某些功能失调。

3. 增加亲子陪伴时间。父母经常与孩子交流，监督孩子每天完成一定的运动量，比如跳绳、溜冰、骑自行车等。

4. 言传身教。为孩子创造良好的家庭学习氛围，周末妈妈陪孩子去外面景点走走。一个月至少做到一次。爸爸带孩子去自家的工厂或亲戚家朋友家或老家走走，把田宇与哥哥、爷爷奶奶之间的情感纽带串联起来，使其增长见识。

5. 多方面共同监督完成家庭作业。

6. 老师定期家访时，家长要积极配合。

7. 父母亲经常抽时间关注班群，关注田宇的学习群体，抽空参加学校活动。

学校方面：

1. 课堂学习富于趣味性、活动性、交互性。与田宇约定，在校睡觉时间慢慢减少，一旦有进步就表扬。

2. 帮助田宇改善在班级中的人际关系，组织、鼓励几个活泼的女生与田宇交朋友，开展多种多样的班级活动。

3. 布置适合田宇实际水平的作业，并利用作业评语对她进行适当表扬和鼓励，找学习伙伴帮助其解决作业中遇到的疑难问题，使她通过完成作业获得成就感，从而喜欢做作业。

4. 选她当劳动小组长，定期召开班会，从而培养她的集体归属感。

5. 心理老师每周会和田宇交谈并作跟踪记录。

疏导过程：第二次家访

一个月后，再次家访，父亲比第一次的话多了。爸爸反映吃饭时会问一下田宇在学校的情况，田宇基本会回答。前几天还主动给爸爸盛饭，爸爸生病时能倒水递药，这在之前是没有的。针对她不吃肉和肚子痛的情况也去医院检查了，各方面没有什么问题。他爸爸还送孩子上了校外的绘画班，学了一周。她很喜欢绘画，绘画时不打瞌睡，和其他小朋友交往比在学校里多。田宇最近称呼她的继母"阿姨"，与继母之间关系有改善。

母亲说田宇谈了两三次学校的活动，但是没有谈到班级的事情，也没有说到数学、英语老师等，班主任和心理老师提到了三四次。每天只做一点数学作业。一个月里看完了两本薄的书。晚上睡不着时，想玩手机，有两次摔东西，发脾气。但妈妈好言相劝后，慢慢安静了，但还是有晚上睡不着，早上睡不醒的情况。

医院的检查结果出来，田宇有神经衰弱的症状，在医生指导下开始服药。

心理老师说，根据父母亲的反映，孩子突发肚子痛是有一次父母亲激烈争吵导致的，以后这种情况频繁出现。可能田宇不爱吃肉和紧张时肚子痛有一部分是精神上面的原因。要多和孩子沟通，建议多去咨询这方面的专业人士，慢慢缓解这个症状。家长多陪伴孩子，经常带孩子外出游玩，是可以增进亲子间的感情。逢年过节，陪孩子一起回老家与亲人团聚，也可以增进亲情。

疏导过程：期末家访

参加人员：心理老师、学生处主任、田宇小组的三个同学、田宇的父母以及语数英三科老师。

家长反映：

1. 父亲带孩子去了一趟广州看在大学读书的儿子，还去了长隆动物园游玩，哥哥很疼田宇，田宇表现十分活跃。

2. 田宇吃肉不像以前那么抵触了，体重增了 15 斤。肚子痛次数比以前少了。

3. 能在家里帮忙洗碗，扫地拖地。

4. 最近两周晚上十点前看一个小时的书，然后睡觉。

5. 孩子对假期和妈妈一起回老家很期待，性格上活跃了一些。妈妈单位同事的孩子来玩，田宇能带着他们去跳绳、玩拼图等。

小组同学发言：

田宇不发脾气，性格很温和，她不与同学计较，很大度。她也很喜欢读课外书，读得也很快。她经常和同学聊天，聊她爱吃的水果，聊她老家的生活等，还能帮助小组的同学拿书包、抄录作业等。田宇写语文、英语作业比以前积极了，听写能及格。上课睡觉次数比之前少了很多。体育课能和我们一起跑步，不像以前坐在一边打瞌睡。

老师反映：

1. 田宇每一周会有一天在讲台前小结前一天的值日情况，她的声音比较响亮，比以前自信了。我们上课十分关注她，经常表扬她。有时她实在支持不住，就让她睡一会儿觉。下课时会让同学喊醒她，去走廊上玩一玩。

2. 她的心算能力很不错。

3. 英语发音建议家长让孩子多听录音，多模仿。

4. 心理老师反映最近和她聊天时，涉及的话题广泛了。总之，孩子变得活泼了，有时不是约谈时间还会主动去看心理老师，上周送了一份小礼物给老师，是田宇喜欢的布娃娃。

心理老师建议：

1. 父母要善于无条件地倾听孩子的心声，并且态度要诚恳。即使父母分开了，这个态度也不能变。

2. 父母不妨花点时间体验一下孩子迷恋的漫画书、流行音乐、网络等，不要轻易作出道德评价，而要理解孩子的兴趣爱好和合理的追求。

3. 在情感交流上，亲子之间要力争达到"信息平衡"，父母要放弃自己"永远正确"的居高临下的姿态，向田宇学习。

4. 重要的家事，父亲或母亲要开诚布公地告诉孩子，听听孩子的意见，这样有助于创造平等、民主的家庭氛围。

学生处主任发言：

1. 希望家长继续配合，定期带孩子去医院检查，身体健康比什么都重要。

2. 家长虽然不在一起了，但是对孩子依然有监护责任。

3. 家长和学校老师配合，非常明显地感受孩子各方面的成长变化，要继续坚持，坚持才会变得更好。游戏的瘾其实是很难戒掉的，如果家长在这方面有什么隐情，可以说出来，共同想办法。再忙不能忘了陪伴孩子，孩子马上进入青春期，心理生理各方面都会有特别大的变化，学校也会举办一些活动，家长可以抽时间了解一下，一起陪孩子平稳地度过青春期。

田宇自己总结：

我很喜欢我们小组的同学，大家都很关心我。值日时，大家都能听我的分配。现在如果实在困，我就到洗手间去洗把脸再上课，上课睡觉的情况比读五年级时少多了。我不那么怕老师了，老师们说话很和气。我也不怕体育课了，会跟在后面慢慢跑。我画的画美术老师表扬了我，说我画画的结构比例比其他同学要好很多，还加了个框，挂在了楼梯的墙上，每次走过时看到，我就会很开心。我爸爸给我报了寒假绘画班的冬令营，我很开心和我妈妈一起回老家过年。

成长感悟

田宇的问题确实十分特别。如果从低年纪开始着手干预，问题会小很多。可事情往往是这样，当你总是坚持，坚持，坚持到自己快坚持不下去时，事情会出现转机。看到孩子那种消极的状况，每个教育者都会心痛，如果她不出生在那样的家庭，该是一个多么可爱的孩子。《家庭教育促进法》的颁布与实施为我们提供了有力的法律保障。改变不容易，但去做就有希望。管它成功不成功，进一寸有一寸的欢喜。

站在风中的孩子

这次家访已经过去了，偶尔想起来，竟然还有些难忘。

这天，刘清欣问我："老师，您什么时候到我家家访啊？"清欣这么问，是因为凡家访过的孩子第二天都会很开心，会找同学诉说老师昨天去他们家的情形。所以，一些没有家访的孩子很渴望老师去家访。第一次家访主要是交流情况，我多是鼓励孩子，以表扬为主。任盈盈等几个同学也曾问我类似的话，我说班上孩子太多，老师要一个一个地轮着来。

既然刘清欣发出邀请，我决定本周去她家家访一下。按惯例去家访前要提前三天通知家长。我班有两个住在坪东的孩子——刘清欣、王苗。两个孩子中刘清欣是班上的班干部，成绩较好，也是个讨人喜欢的漂亮女孩。王苗属潜力生一类，语文强一些，学习态度比较端正。她每次进步特别大，让人刮目相看。刘清欣的家长非常热情，诚恳地邀请我去家访。而王苗的家长没有留下手机号，座机从开学就没打通过，几次家长会都没有来过。问了一下原班主任戴老师，他也说没打通过这个电话。我们两人当即又拨过去，里面传来1、2之类的声音，然后自动挂机，从没遇到过这样的事。因此只能提前让王苗自己回去跟家长说，这个周四去她家。后来孩子回复说已经告诉家长了，家长同意了。

按安排，五点半至六点半在刘清欣家，七点到八点在王苗家。

我先和刘清欣一起回家，因我不知道坪东在哪里。放学后我和刘清欣来到校门口的小店，我快速地解决了晚餐，刘清欣说她不吃面，就坐在一旁等我。很快我们乘车来到刘清欣家。她家开超市，超市不算大，专卖电器，但产品种类很多。妈妈一边泡茶，一边和我聊天，刘清欣看店，她爸爸送货去了，正在回家的路上。

没坐一会儿，刘清欣爸爸就回来了，一进门，就跟我道歉，说回来迟了，不好意思，早就听刘清欣说老师要来家访，一家人很开心。夫妻俩陪着我一边吃水果喝功夫茶，一边闲聊。话题很轻松，夫妻俩都很年轻，典型的 80 后。

　　刘清欣家有两个孩子，刘清欣下面还有个活泼可爱的弟弟。从日记里知道，刘清欣很喜欢这个弟弟，平时总是让着弟弟。话题就从这开始。夫妻俩絮絮叨叨从家乡五华谈起，谈起两人的恋爱，谈后来周围男同事对刘清欣妈妈的觊觎，我打趣刘清欣爸爸的自信很好地遗传给了女儿。茶水喝了又斟，斟了又喝，水果吃了又吃，时间不知不觉流逝，我打开手机一看，快七点半了，懂事的刘清欣发现我看手机，提醒说："李老师今天还要去王苗家家访。"家长再三挽留，刘清欣妈妈又剥了水果殷勤地递给我，说："不急不急，再多吃点水果。老师难得来一次，平时工作忙。刘清欣在中心小学读书五年多了，第一次有老师来家访，让老师多坐一会儿。"我们又聊了很多。

　　从刘清欣家出来，快八点了，她带着我径直去了王苗家。一路越过热闹繁华的坪东市场，沿着公路，时而有几辆大巴车穿过，走过几条黑暗的小路，我们来到一家粥店前。这才发现风很大，有点冷，这家店前拉着帐篷，摆着三张大圆桌，空荡荡的，更增添了一丝阴冷，连路边走过的人都很少。刘清欣朝屋内高喊了一声："王苗，老师来了！"一个身影在闪动，那是王苗。我让刘清欣回家，清欣说妈妈等会会开车来，等我家访完再送我回家，来之前会发信息给我，让我留意一下手机。

　　王苗和她妈妈出来了。她妈妈怀里还抱着一个孩子，全身包裹得严严实实的。打过招呼后，我们坐在一张圆桌前，王苗手中还拿着一罐王老吉，她把饮料递给我。我赶紧推辞，但孩子还是执着地将王老吉放在我面前。没聊几句，我感觉气氛有些压抑，又感觉来的时间不对，人家这个时候是做生意的时段，我朝里屋看去，透过玻璃门影影绰绰地有人在吃饭。

　　差不多待了十分钟，我把饮料再一次递给王苗，因为怕影响做生意决定告辞。王苗的妈妈赶紧挽留："不影响，不影响。老师，我还不知道我女儿在学校最近的表现呢。"说完起身让我进屋，推开门，只见一男一女在吃饭，角落里摆着一台电脑，一个男孩子背对着我在玩游戏，又闪出一个面容清秀的穿着校服的小男孩，站着门角望着我，旁边一个比王苗小点的女孩正坐在一边。我就着靠门的桌子坐下，与王苗的妈妈面对面。我随意打量了一下屋子，摆着两张桌子，还有一些杂物，里面还有两间，是厨房与客房。我又随意望了一下那一男一女的桌上的菜，发现都是一些家常菜，我有些疑惑。这时那个女人站起身来与我打招呼，王苗解释说这是她姑姑，说那个男的是她爸爸。"爸爸！"我一惊，我进来这么久，孩子的爸爸居然稳稳地坐着，连个招呼都不打，我还以为是来吃饭的客人。

这时王苗的爸爸才起身坐到我桌子的对面。我连声说："对不起，对不起，打扰您一家吃饭了，打扰了。"又不好意思说走，因为刚进来。王苗爸爸开口就问："老师来有什么事啊？""哦，没什么事，就是到坪东来家访，这里住着几个学生，顺便来看看。几次的家长会，可能你们忙，都没参加，这不，你们不去，我来看你们来了。"

王苗妈妈连声抱怨说："老师，家长会我去过的，你是老师，哪里记得我们这些人。"我的大脑赶紧搜索，每次家长会签到表上王苗家长一栏都是空着的。王苗说："妈妈，那是四年级的事。这是李老师，我们早换老师了，家长会你都没去过。"我赶紧圆场："我姓李，是从五年级开始教王苗的。没事，你们一家子人，也不容易，没空去我能理解，就是你们家的电话老打不通，不知道为什么。"王苗的妈妈却不依不饶地说："我去参加家长会了，是你忘记了，不把我们当一回事。以前的老师总来家访，你却不来我们家。我们家的电话没问题，怎么会打不通呢？"我又一想，没听说过老师们常来王苗家家访啊，刘清欣的家长都说刘清欣读了五年书，还是第一次有老师家访。霎时间，感觉这个家长有点难缠。我决定不再谈家长会的事，也不谈打电话的事，只表扬了孩子，说她语文有进步，还是科学科代表。

她爸爸却说："我看她就不行，总是考不合格。"一副不信任的样子，站在一旁的王苗不作声。我轻声说："在我的印象中，不合格的几个学生中没有王苗，她每次都能得优良，有一次还是优秀。"爸爸却说："哪有，老师。""王苗，你有没有把试卷给你爸爸妈妈看，有没有给他们签名？"王苗说："有，他们看过了。他们说的是数学，不是语文。"

这时一直坐在角落打游戏的男孩转过身来，他穿着校服，看样子是附近中学的学生。中学生这个时间段应当是做作业的时候，怎么还在打游戏呢？我有点奇怪，这个男孩不张嘴则已，一张嘴就咄咄逼人："你为什么总让我妹妹买辅导书？"那眼光也有些奇特。我更奇怪了，进门时我就注意到了他，我还以为是进店打游戏的客人，因为他一直背对着我，从我进门后到现在。听完这话我才知道原来他是王苗的哥哥。买辅导书？我正想问王苗，可是她哥哥继续激动地说道："你们当老师的就知道让学生出钱，你看看，我们家到现在，有一个客人吗？一毛钱都没赚到，一个客人都没有。我们家的人，靠这生意吃饭，你们当老师的，一张嘴，就要交这钱那钱，你们就不怕教育局的人找你们吗？我要去教育局告你们！"说完，激动得满脸通红，手掌用力地拍打在桌子上。

我被他们家一连串的反问弄得不知所措，而这个中学生莫须有的责备与迁怒，更让我无言以对。我没着急说话，陷入了沉思。我知道沉默的力量，迎着这个中学生逼视的眼光，他的眼睛充满了敌意，可能不止对我，而是对周围的一切，包括他自认为比他过得好的人。那眼光不应是这个年龄的孩子的眼光，这个年龄的孩子应是尽情地学习知识，享受知识带来的快乐。我环顾周围，见王苗的父母对孩子这样的问话并没有阻止的意思，可见他们从内心里是赞同的。我决定开口了。

　　"孩子，我是王苗的老师，一个普通的老师，我们老师并不是你们想象的样子。我走到你们家来，不管怎么说，还算是一个客人。从你刚才的谈话中，我看得出你很有孝心，很懂事，很关爱你的家庭。可是……我想说的是，一个中学生不去好好学习，却在玩游戏，怎么样也无法解释作为长子对这个家庭的责任感。"我把话题转向王苗："王苗，你过来，我要你亲口告诉你的这位有责任心有孝心的哥哥，李老师有要你们买过辅导书吗？"王苗小声地说："那是四年级的事，李老师没要我们买辅导书。"房间顿时连鸡毛落地的声音都听得见。

　　哥哥却不理会，继续穷追不舍，义愤填膺，手在桌子上拍得啪啪响："那你为什么要求我妹妹一定要买礼服？我们都不穿礼服的，你知道我们家五个孩子，就靠这个生意养活我们全家，不像你们拿着国家的钱，一张嘴就要学生买这买那！我要去告你！"

　　我赶紧站起身来，打断他的话："孩子，请你打住，我今天如果不来你们家，你这些话朝谁说去？我是来家访的，不是来跟你吵架的，孩子，你也是受过七八年教育的，你的父母有这样教过你跟长辈说话吗？我是王苗的老师！"我心一急，说出这些话，而他的父母依然坐着不动，那眼神里似乎很欣赏他的儿子有这样的口才与胆量，尤其是他的爸爸，居然还笑眯眯地看着这个儿子。这时手机响了，是刘清欣家长打过来的，她说马上过来接我，让我先等她几分钟。我说："好，您赶紧来吧。"

　　我起身一字一顿地说："礼服你父母已经买了，你去问问他们当时怎么想的。王苗妈妈，这衣服不是我逼你们买的，请问您怎么看待这事？""就是天冷，怕孩子穿着着凉，她很少穿裙子的。我这个小的女儿就是感冒了，到现在没好，都用了一千多块钱了。"妈妈的话缓和了一下气氛，我小声说："只是周一穿，天冷可以给孩子穿件保暖裤，外面加外套，全校的孩子都这么穿，平常穿校服也是这样，外面可以加外套的。我非常感谢您当初对学校工作的支持。"

谁知提到钱这个哥哥又恼火了，说："现在看病那么贵，你们老师却要我妹妹穿裙子……"我知道继续下去会没完没了，也实在受不了他的语气，但有些话还是要说："第一，你批评我之前搞清楚事情真相。第二，礼服不是买给我穿，你不用生那么大气。还有王苗平时不用花钱买衣服吗？它就是一件衣服而已，而且现在还穿在你妹妹身上，你没有必要如此动怒。第三，我教给你妹妹知识，教育她学习，今天我也是出于爱护学生之心才走进你的家庭。至于你家有没有生意，那不是我引起的，你不要把这些迁怒于我们学校，我只是你妹妹的老师。第四，你一而再再而三地说要去告我，你要有切实的证据，无中生有的事大家不会接受，你不用吓唬我，作为中学生，能不能多点理智？说话能不能经得起推敲？"

没想到，这时王苗的弟弟冲出来居然用食指指着我说："你为什么老打我家电话？我们家电话是给客人点餐用的。你打就影响我家生意。"我很奇怪这几个孩子怎么这样跟大人说话，我说："这样吧，这件事情我现在可以答复你，你们家电话我从来没打通过。也就是家长会通知你们参加一下。平时你们也不看群信息，也不回信息，所以我打个电话。"这时，我听到刘清欣妈妈在门外面叫我的声音："李老师，李老师！我来接您了，太晚了，我送您回家。"我跟王苗爸妈简单说了一句，就往外走了。

王苗抱着一个纸盒冲出来，往我怀里塞："老师，您的饮料！还有，这一盒手工花我叠了一个星期，送给您！""饮料你喝吧——我走了，这手工花我收下了。外面风大，你进去吧！"

我回望，院子里三张大圆桌孤零零的，路上依稀几辆车开过，风吹得塑料帐篷呼呼地响，王苗家租来的那栋房子在黑暗中若隐若现。

我很可怜那个站在风中的孩子。

成长感悟

有些家长不太愿意配合老师，还专门给老师找碴。尽管家长可以不理解老师，老师却不能跟他们计较。因为我们是教育者，每每这样想，面对形形色色的家长的刁难也能心如止水了。

所幸的是，王苗依然在老师和集体的关爱下茁壮成长。她懂得感恩老师，用心学习，积极向上，这就是对老师辛勤付出的回报。

我坚信，只要孩子在成长，进步，终有一天她的家长会转变对老师的态度。当我回忆我的教育经历时，我没有遗憾。

让孩子远离网络

杨林林最近迷上了上网，频繁不交作业。家长打了几次电话向我求救，我决定今天去他家家访。

一去他家，妈妈先问我："这可咋办啦，老师？断网也不行，因为我是在家做网购生意的。密码改了一个又一个，改得我们都忘了，只有他记得。半夜里，他偷偷拿他奶奶的手机上网。奶奶年纪大，也不知道他什么时候拿走的。躲在被窝里上网，有一次被他爸发现，打了一顿，但是过一段时间又偷着手机上网。"

爸爸摸了摸头说："打也打不动了，他的力气大，上次用力一推，差点把我推到地上。这要是上了初中，根本不能打。道理讲了好多，不知道他为什么那么喜欢上网，聊天群好几个，看抖音啦，打游戏呀。网上啥都有，我就是担心他看一些不该看的东西，这不把他害了吗？手机一不留神就被他摸到手上，防不胜防。这个网瘾太大了。"爸爸一筹莫展。

杨林林的奶奶拄着拐杖走出来，用我听不懂的方言说这个孙子，我从她比画的手势中感受到奶奶也很着急。

妈妈十分焦虑："上了六年级，考试成绩一落千丈，原来还可以，现在都不合格。这样下去可怎么办？这个网络游戏害死人了。"

根据家长的反映，林林好像是上六年级突然迷上上网的。我猜想一定是长时间积累形成的，只不过家长没发现而已。

我先帮家长分析孩子迷恋上网的原因。

第一个原因：迷恋上网的孩子在生活中得到表扬少，批评多；成功少，失败多。但是在网上玩游戏，即使过不了关，没人会讽刺。过了关能不断收获奖励。在网上聊天，很少有人像家长、老师那样教训人，网友们总是互相安慰，或者帮着骂人，替自己出气。站在孩子角度，要让他选择，他会愿意在哪种环境中生活？在网上聊天，也有话不投机的时候，那好办，再换一个人聊就是了。网络聊天的关系是松散的，松散有一个好处，就是大家都自由，自己能做主。他躲不开家长的唠叨，但是在网上可以自由选择对话人。还有网络聊天，可以胡说，不像在生活中说话不自由。网上聊天给了他发泄的渠道。

第二个原因：网络游戏是孩子的"花果山"，那里最大的好处是没人念紧箍咒。打游戏，一周过关也行，一个月过关也行。一年过不去，也没人催。于是玩的人很从容，有足够的时间咀嚼自己的经验教训，不断提高。生活当中，没做作业，不断有人催、逼。

第三个原因：网络上可以"重新做人"。因为网络上的人们，无论你过去如何，都在同一个起点上，我的弱项我可以避开，你在学校里的强项在这儿没有用处，一切都可以重新开始。网络是可以放纵的地方，是方便掩盖缺点的地方，毛病越多的孩子，在现实生活中碰钉子越多的孩子，越容易到网络中寻找自我安慰。对他们来说，网络绝不仅仅是游戏和聊天的去处，还是一种新的生活，那是"希望的田野"。在生活中找不到成就感，在网络上可以轻松实现。所以有专家说，网络是"电子海洛因"。

杨爸爸打断我："可是网络给不了他饭吃，饿了还是得找我们做。想去玩，还得我们给钱。网络上的人都是虚拟的，看不见摸不着，打半天字，聊两个小时，聊不了什么，杨林林打字又慢，还不如在生活中找个好朋友聊聊。"我肯定杨爸爸的说法："您说得对。如果在现实生活中，有朋友陪在身边，父母经常听他倾诉，他待在网上的时间就会越来越少。这就是为什么很多孩子和网友聊着聊着就想和对方见面。虚拟世界不能战胜真实世界。你们还是大有可为的。"

杨爸爸略有所悟："也就是说，我们要在平时多给杨林林一些关心与鼓励，要去替代他在网络聊天中想要得到的东西。"我点点头："道理上是这样。我给您一些建议，不要总是挑孩子的毛病。要有重点、有梯度地帮助杨林林改掉他的缺点。比如，你们老是批评他的字写得不好，结果他的字越写越不好。还要教杨林林面对现实，面对自我。正视自己的优点和缺点，找到实现的自我途径。据说，他上次考差了，你们夫妻俩把他骂了几天几夜。"杨爸与杨妈相互看了一眼，没说话。

我开始小结："哪类孩子容易迷恋网络呢？一是学习成绩欠佳的孩子；二是学习好但未形成正确学习观的孩子；三是人际关系不好的孩子；四是家庭关系不和谐的孩子；五是自制力差的孩子。你们看看杨林林占几条？"杨妈妈说："除了第二条和第四条，其他都占了。"

我探问："其实杨林林喜欢打架子鼓，听说你们没同意，结果孩子总是闹别扭，这样子肯定跟你们关系不好。"杨妈妈说："我们不想让他做跟学习无关的事，所以每次闹得不愉快。"我给他们提供一个信息："杨林林有一次在作文中，写他有一个群，群里好多孩子都聊一个乐器方面的内容，什么比赛呀，考级呀，他插不上话，但是他喜欢听别人聊。"杨爸说："他就是没耐心，搞不了两天又不学了，白花费钱。"我启发他："这就是他要面对的问题，也是你们要面对的问题。其实你说的这些，好多学乐器的家庭都遇到过，刚开始入门都是凭兴趣，可是要持续下去，凭的是毅力。掌握一门乐器必定不容易。孩子在成长的道路上需要你们给予的力量。你们不能从一开始就觉得孩子不能坚持下去。这叫贴标签，有这种观念，你们看杨林林，就会有不能坚持下去的想法。我觉得你们首先要改变观念。这个特别特别难，如果你们能听进去我的话，想要帮孩子走出网络，就得去改变你们自己，也就是说问题的根源在你们身上。你们不让他找到生活的乐趣，他就会到网络中去寻找乐趣。"杨妈妈说："老师，为了我儿子，我们愿意努力，也请老师不要放弃我儿子。"我笑着说："其实杨林林进步不小，我在群里发了一些他进步的消息，您应该是没看吧？我问杨林林，爸爸妈妈有没有小奖励，他说你们不知道，他跟你们聊，你们总说忙，没功夫理他。跟奶奶说，奶奶耳朵不好，听不清。"杨爸爸不好意思地说，以后会常关注的。

　　我笑着说："其实网络也为我们提供最新的资料，我们现在谁都离不开它。与其堵，不如疏。你要适时监督与提醒，懂一点心理学知识，转移孩子的兴趣。与其害怕它，不如欢迎它；与其严防死守，不如索性熟悉它，掌握它，让它为我们谋幸福。这些道理其实一点都不新颖。不过我得提醒你们，一般来说，这种迷恋网络的案例都是一场持久战，需要长时间的跟踪与指导，可能会有多次反复。彻底纠正孩子的网瘾，特别困难的是要转变家长的观念和习惯做法。你们要做好心理准备。"

成长感悟

网络是一把双刃剑。面对网络上鱼龙混杂的信息，家长们害怕孩子受到伤害，害怕他们沉迷于其中影响学业，但孩子的学习又离不开网络。因此我们要利用专业知识疏导家长，缓解焦虑，形成合力，帮助孩子健康成长。

当了一回心理"专家"，在心理咨询培训中学到的知识还真是用上了。

风信子

苏明这孩子一直令各个班主任头痛无比，用前任班主任的话说就是顽石一块，又硬又臭。几乎每天都要发生几起暴力事件，每天都要遭到其他学生家长投诉。班主任多次约谈他的家长，后面他的家长连电话都懒得接。苏明在班上基本没什么朋友，因为爱惹事，完全被孤立了。

做文明学生！他明明白白地回三个字"做不到！"道理还是得讲，尽管他听腻了；尽管收效甚微，还得有十二万分的耐心。他坚持认为用拳头解决问题是最有效的。

这不苏明又惹事了，他跟隔壁班的同学打架时把教室门口摆放的花盆从花架子上踢下来了，还好，对方这次没受伤。漂亮的风信子早被他俩踩烂了，花的茎都折断了。一群孩子忙着收拾，辉辉一边抹眼泪，一边把花土捧回花盆里。因为这棵风信子是她搬来的，她分外珍惜。

几个老师轮番苦口婆心地教育苏明，我看着他的神情就知道了，他听得根本就是心不在焉。任何一种教育，孩子在其中越少感觉到教育者的意图，它的教育效果就越大。我把这条规则看成是教育技巧的核心，是能够找到通向孩子心灵之路的基础。

一群孩子拥着辉辉过来，小女孩长得十分漂亮，此刻眼圈红红的，不肯说话。科代表告诉我说："老师，那盆花是辉辉的奶奶种的，奶奶去年去世了。上个月的清明节他们全家还回去给奶奶扫祭，所以辉辉对风信子情感很深，就好像看见她奶奶一样。"原来有这么个故事。没想到，挨训的苏明听说了，小声地安慰辉辉："辉辉，别哭了。我明天把我家的两盆风信子拿来，一盆送给你，一盆放在花架子上，我来照料风信子。"爱惹事的苏明怎么这么温柔，善解人意。原来同学反映，一直照料苏明的奶奶前几天去世了，他跟总是护着他的奶奶感情很好。可能是辉辉的经历触动了苏明，使他做出了这样的承诺。

第二天下课，花架子上摆着的风信子，红红的花朵煞是好看。辉辉和苏明一起忙着，一把小锤、几根钉子散落在地。娇嫩的风信子花旁分别插上了四根小棍子。苏明正用一根红丝带绑住棍子。也第一次看到他这么有耐心。快散开的花架子也修好了，辉辉高兴地说："老师，苏明把花架子钉好了。他真能干！"被表扬的苏明脸红扑扑的，第一次看他这么安静。那两天，下课时经常看到辉辉和苏明一起在花架子旁停留，还叽叽喳喳地说着什么。辉辉有一次还说："老师，其实苏明也挺可怜的。他跟我讲他奶奶的事，就掉眼泪。他说班上同学看不起他，不理他，所以他就忍不住打人。""你可以经常疏导疏导苏明。"辉辉答应了。

这次苏明好几天没惹事了。风信子长得很水灵，红丝带也很显眼，苏明脸上笑容多了好多。

"苏明，你养这风信子这么有耐心，我觉得你也能改变一下你的脾气。同学们都说最近你说话像变了个人似的。我们来一个小约定：一周内你不许去打班里的同学。""一周？好的。"没想到他答应了。

可有了约定后他还是控制不了自己，常常"旧病"复发。面对调皮的孩子，每个老师的修养和耐心都面临着严峻的考验。因为他总爱攻击别人，所以没人愿意跟他聊天，经常见到他一个人孤零零地在角落里自己跟自己玩。有时候他看到别人玩得起劲，刚想凑近，别人见到他就绕开了。弄得他难受得大叫："我身上有病毒呀，这么躲着我！"然后呜呜地哭起来，没过一节课，又有老师把他拎到我跟前，他又打人了。

谁的内心不渴望朋友呢？这个群体对他真是残忍，可这又能怪谁。

这天，一群孩子围着风信子，我走近一看，辉辉在哭，大家都在批评添添，添添也哭着争辩："我没掐，没掐，就碰了一下，没想到就折断了一簇花枝。我不知道风信子这么娇气。"苏明刚好向教室走来，听到这话，冲过去就要揍添添。我急忙拦住了。苏明一边哭一边说："他就该打，为什么掐断风信子？它要是死了，我跟他没完！""我赔一盆花给你还不行吗？"添添说。"你赔的花能跟这盆比吗？这是我跟辉辉一起养的，这代表着辉辉的奶奶！"他冲着添添挥了挥拳头，吓得添添赶紧躲开。他气呼呼地俯下身去，辉辉扶着花茎，轻声对苏明说："缠住这个地方看看能不能好。"苏明又蹲下去细心地用红丝带一道道缠那根快折断的花枝。

苏明这次忍住了自己，真是有进步。我表扬了他，并启发同学们接纳他，下课时跟他一起玩。同学们摇摇头："老师，不是我们不跟他玩，他老是为了一点小事，就跟人动手。苏明经不起表扬。"

苏明脸红了一下，没有争辩，这又是进步。下课时，大家看到他拿粉笔在纸板上写了一行字：不许随便碰风信子。然后把纸板放在花架上。字歪歪扭扭的，但是写得很认真。

大家都知道苏明和辉辉爱风信子，每次只看，不伸手。而且对苏明好像比以前客气了许多，课间也有个别男生找他一起玩耍了。那簇被添添折断花枝的风信子慢慢萎了。为这事，添添总是觉得挺愧疚的，他一直有意躲着苏明。

集体是力量的源泉。苏明和同学们之间的关系，因风信子而有所缓解。

好景不长，他老毛病又犯了。苏明说他打人是因为萧萧不把他当朋友，玩得好好的，突然不跟他玩了。而事实是，萧萧突然记起来自己的书丢在光合书园了，要去拿书而已。苏明这种孩子，其实内心是极度的自卑，所以他喜欢外归因的方式，用自己偏狭的思维解释周围的现象。这种弊导思维，让他总是朝对自己不利的方向思考问题。

萧萧的父母参与进来，坚决不许儿子再跟苏明玩了。萧萧爸爸还对萧萧说，他一年级不是打过你一次吗？他恨不得把一个年级的男生都打遍了。老师都拿他没办法。你就敬而远之，敬而远之。

"苏明，你看看，那棵风信子萎了，你说过，就算是添添赔一盆也不是原来的那盆花。你恨添添。就算这盆风信子长得再好，但是这件事你心里一直没过去。就像你明明想和同学成为朋友，却总用暴力伤人，你有没有想过，别人心里面也许也留着这样的伤痕。所以老师希望你能遇事冷静，先想想后果，那些曾经被你伤害过的同学不能那么快和你成为朋友并不是他们的问题，而你能做的就是用你的行动告诉大家你真的变好了！"他认真地点点头。

一个有问题的孩子背后一定站着一个有问题的家庭。我想家长和班主任之间的冲突，充其量是爱的冲突，家长可以不理解老师，老师却可以理解家长。

我决定家访，特意买了一套乐高，还有苏明喜欢吃的番石榴。这都是辉辉告诉我的。苏明见到乐高十分意外，连声问："给我的？给我的？为什么？"我点头说："因为你最近进步很大，老师特意奖励给你的。"他立马拆掉包装盒，家长也有些受宠若惊，连连说："怎么好意思让老师买东西！苏明快收起来，去，给老师倒杯茶。"孩子立刻欢喜地忙碌着。他妈妈把身子朝我这边挪了挪，对苏明笑着说："你看老师对你多好！这个乐高啊，他要了好久，我说你啥时候学校同学不告状了就买。可他不争气，唉。麻烦老师了。"苏明憨憨地笑着递茶给我，我还是第一次看到孩子这个样子。后面苏明一直挨着我坐。夫妻俩十分热情，忙着续茶，招呼切水果，说自孩子读书以来第一次有老师来家访，平时都是夫妻俩轮流去学校处理儿子的问题，头疼得很。

我觉得在电话里交谈和在他家里谈话，感受很不一样。那天我谈了苏明的很多可爱之处，尤其是他照料风信子的细心。他爸爸指着院子里的花花草草说："明明不喜欢看书，但特别喜欢侍弄花草，跟他奶奶学的。他奶奶年轻时是老家市里的园艺师。这些花草养得很好，都是苏明弄的。邻居家养得快死的花被他搬过来照料了几天，居然活了。这孩子好像对花草有些天然的悟性。"我很惊讶，难怪他那么细心地照料风信子，也难怪添添弄断花枝，他那么生气。对于他的缺点，我并没有怎么提及。

苏明很乖地坐在我旁边，一直认真地听，还很听话地剥橘子给我吃。他爸爸说："咦，今天怎么变得懂事了？"我让苏明先去玩一下乐高。把孩子支走后，我趁他爸爸妈妈心情好，提了一个小要求：以后无论苏明犯了什么错误，不能动手打孩子。

苏明的爸爸妈妈同时说："老师，我们很少打他的。"妈妈笑着说："这个大的（指苏明）记仇。上次打他还是两年前的事，他跟他弟弟抢玩具，被他爸打了一顿，他老说我们爱弟弟不爱他。我这两个儿子，小的又聪明又听话，成绩好，老师老表扬他。还会心疼我们，经常问，妈妈，你累不累呀，我跟你捶捶背。大的，没一句软话，说话像石头一样硬，一件小事非要闹出大动静。一天到晚惹事，老师一打电话来，我就害怕。"

正说到这，从我一进门就十分高兴的苏明突然冲出房间，大声叫："你们老是说浩浩会疼你们，给你们捶背，哼！他就会撒娇，就会发嗲。你们的眼中只有浩浩，我是不是你们亲生的？我讨厌浩浩！讨厌！"说完"啪"地关上房门，让谈话的气氛一下子变了。我正想开口说话，苏明又打开房门冲他妈嚷："上次你们给浩浩买了双新鞋子，就不给我买！你们根本就是偏心！每次带我们去玩，总是牵着他的手！我上幼儿园时，你都是让奶奶接。可是浩浩上幼儿园，爸爸天天去门口接他。"说完竟哭了。这情绪变得太快，不过完全符合苏明的个性。

妈妈一听急了："李老师，你看这孩子，太不懂事了。这也计较上了。那时候不是奶奶在这儿吗？现在当然是你爸接他呀。苏明，你别吼叫，好好说话！你跟浩浩计较什么。你不是有鞋子吗？浩浩的鞋小了，不得给他买新的？爸爸妈妈怎么不爱你了？什么好吃的好玩的都是优先考虑你！"

我刚开始以为他爸妈之间感情可能不太好，经常打苏明造成苏明攻击性特别强，现在看来另有原因。苏明家长总是不自觉地拿两个孩子对比，越比苏明越有气，心里老是窝着一股火。

我劝妈妈道："苏明今天这火还是由于你表扬小的引起的。你们两个是不是经常当着孩子的面夸小的？"苏妈妈点头："苏明没什么值得夸的。要成绩没成绩，脾气还暴躁。我们夫妻俩的优点他一点都没遗传。小的呢，啥都好。"小儿子见妈妈夸自己，忙过来用脸蹭妈妈的脸，还给了妈妈几个吻。"这可能就是苏明爱发火的原因之一，他心里不平衡。我觉得你不该把两个孩子对比。我跟你举个例子，你就明白了。我有个同事大儿子上初二了，然后生了二宝，相隔十多岁。但是这个妈妈很会做人，当着客人的面两个孩子都夸，夸大的还多一些。有一次给二宝买个奶嘴，上初中的儿子也要，于是给大儿子也买了一个。这样二宝吸的是奶，大儿子衔着奶嘴吸的是空气，但是大儿子照吸不误。过了半个月，大儿子终于不再吸奶嘴了。大儿子要的不是奶嘴，而是爸爸妈妈一视同仁的爱。"苏妈妈听了，很惊讶："上初中还吸奶嘴，真的假的？""千真万确。我们这个老师特意分享出来的。其实大宝更需要父母的爱，他潜意识地总认为，二宝的出生把爸妈的爱抢走了一部分。其实大人未必这样想，但孩子不这么看。因为他处在这个年龄段，他无法理性去认识这个问题。你跟他解释千百遍，爸妈对你们是一样的爱，不如扎实付出一点行动。我在广场吃饭时，见过一个妈妈做得特别好。大宝上初中了，因为穿的初中生的校服，二宝有五六岁吧。妈妈买一包零食，二宝举着一根串串，一边走，一边啃。妈妈却一边走，一边喂大宝几口。是不是反了？看得出这个大宝十分满足，因为他感受到了妈妈的爱。所以爱不是挂在嘴上的，得行动起来。"

他爸抓了抓头发："老师说得有道理。苏明虽然长大了，可还是个孩子。老婆，我们以后不能当面夸这个小的了，这相当于对比，我们比是为了让苏明更好些，现在看来，不是这样的。弄得不好，以后他们兄弟俩成了仇人。"

我伸出大拇指："苏爸爸悟性太高了。难怪这个小的这么乖巧。不过，确实，苏明非常介意你们两人的态度。你们好好琢磨，你们说话得小心，得考虑苏明的情绪。这是当下二宝出生后大宝普遍的心理，总觉得你们对小的好，不爱他了。小孩子就这样。"苏爸爸马上懂了："看样子，我们确实做得不好，以后放学了，我有空去接一下苏明。我们对不起孩子。"妈妈恍然大悟："难道这就是苏明无名火的由来？"爸爸说："这教育是个大学问呀。我能不能跟你们学校哪个教育专家认识一下？"苏明妈妈马上说："多跟李老师聊不就得了！李老师就是教育专家。苏明这学期也应该是犯了不少错误吧，李老师一次都没打我们的电话。"

苏爸爸忙点头："老婆说得对。老婆说得对！"这苏妈妈情商很高，做生意的人都是和气得不得了。这进一步表明夫妻感情不差，这让我从心里排除了一个最大的障碍。

我继续引导："苏明常常为了一件很小的事情与人发生冲突。很大一部分原因是他十分缺乏人际交往的经验，你们要教他，不是他要打别人，是他不知道怎样表达，说不清楚，一急就直接动手了。比如向人家借一样东西也不会好好说，伸手就拿，对方不干，于是动手打起来了。对于这种事，也不能只批评他不该打人，要具体地一样一样地告诉他，做什么事需要说什么话，什么情况下应该做什么动作才算不失礼。他学会了这些，才能减少攻击性。你们不具体地提高他的能力，即使他知道打人犯法，他也还会打人。因为他找不到别的办法，只好出此下策。"爸爸点头。

我又趁机说："班级同学现在孤立苏明，你们家长要行动起来，经常问苏明心里咋想的。听他倾诉，耐心听他讲学校中发生的事情。还可以约请同学一起去吃饭，玩耍呀，请同学谈苏明的优点，帮助同学看到苏明的长处，化解班级同学与苏明的矛盾，调动起同学帮助苏明的热情。"苏妈妈将削好的水果递给我。

"我刚刚观察之后想到的。苏明一旦发火，表明他的情绪不稳，家长千万不要逆行，尊重在这个时候特别重要。凡是逆行的，开骂的，恕我直言，给孩子一种居高临下的感觉，你们之间地位不平等了。这是压服。说实在的，你们家苏明情绪一上来，我都吓得不敢张嘴。"苏爸说："老师，您那是尊重他，拿他当大人看。"

"这个时候讲道理基本没用。其实在孩子发火之前，他的眉毛眼睛都会透露出情绪，家长要先疏导他的情绪，再处理问题。还有做错事，应适当向孩子认错、道歉。我就经常向苏明示弱。有一次，他跟隔壁班的孩子打架了。我发火批评他，他就吼我，说是别人先对不起他。然后我就道歉了，说李老师太急了，没弄清楚情况就批评你，李老师错了。我边说边抱一下他，他的情绪很快安静下来，百试不爽。你们夫妻俩有多久没有抱过苏明了？"两人面面相觑。

"你们多向苏明示弱，就会让孩子感觉自己受到尊重。爸爸妈妈也不是啥都懂，孩子也不是什么都是错的。你们俩只有清楚地认识到家庭教育中的盲点，学会反省自己的教育失职之处，找出自己在教育上的误区，才能从根本上帮助孩子走出不良行为的阴影。"爸爸说："老师，您说得很有道理。我们就是关注小的太多了，苏明喜欢什么呀，有什么烦恼呀，我们都很少想办法，帮他出点子。他在班上这个状况，我们就是急，没有时间坐下来跟他聊一聊。现在想想，孩子没有同伴，没有朋友，实在是太孤单了。我这个大儿子，我好对不起他。"爸爸的眼圈红了。我觉得今天这个谈话相当顺利。

妈妈起身去敲苏明的门，小声哀求："明明，妈妈错了。不该冲你发火，你开门吧。李老师为了你耽误这么多时间，还没吃饭，我们一起去吃个烧烤。好不好？"我笑了。

弟弟浩浩很懂事，也跟着喊："哥哥，你喜欢吃什么？炸鸡翅，还是鸡腿，我们去吧。"门开了，明明妈妈一把抱住儿子，说："对不起明明，妈妈错了。妈妈不该批评你。"我真是没有料到家长的情绪转变得这么快，但是也十分高兴。苏爸爸笑着邀请到："老师，您喜欢苏明，对他很关心，今天您无论如何答应我们这个不情之请。苏明，过来，我们邀请李老师一起吃东西去，爸爸教你说。"我牵着苏明的手："李老师答应了。"

我们下楼，边走边聊，苏明说："老师，我以前不喜欢上学，现在我有点喜欢上学了。对了，辉辉总是说我有进步呢！"他爸问："辉辉是谁？""我们的英语科代表！"苏明神气地说，"她跟我可铁了！"苏明妈妈好像回忆起什么似的，问："就是那个你们班上最漂亮的女孩子？跳舞跳得很好，成绩也很优秀的那个？她跟你怎么是好朋友，你吹吧。"苏明马上叫起来："没有吹。你问李老师。"我赶紧点头，并说了关于风信子的事。苏明说："她不光会跳舞，还会弹古筝。不过，她奶奶去世后，她变得不那么开心了。她跟我一样，想奶奶。"沉默了一会儿，苏明妈妈嘱咐儿子说："你可不能动手打人家女孩子。""不会，辉辉脾气好得很，从来不会让我生气。我现在就她一个好朋友了。"苏明朝我眨了眨眼睛，笑了笑。

离开店时，苏明突然说："李老师，花草有灵性的，你对它好，它知道的。"听到这些有深意的话，我惊呆了。第二天我在班上说苏明会养花时，同学们也很惊奇，放学后，马上约着去他家看花。后来是三五成群约着一起去他家看花。苏明果然懂得很多：这种花不能跟那种花放一起，它们相克；那个隔三天浇一次水，不能浇多；这种花在晚上浇最好，而且可以浇啤酒，一次半罐。同学们不断地问，他不断地解答。还说那些市场上卖的好多话是骗人的，要照他们说的那样养，过不了两月就死了。"难怪，我妈妈养花最多不过三个月，全死了。再换一种，也不好养。"同学们纷纷赞叹。因为苏明的养花技艺，吸引了一堆好朋友。他还被邀请上同学家去亲自指导。他拍的养花小视频，被学校选送到区里参赛，还获过奖呢。再调皮的孩子也有优点，就等着你去发现。

教育是慢的艺术，凡是产生立竿见影的效果的都不是教育。苏明以前爱动手打人，现在虽然同样是欺负别人却有了变化。以前是欺负了，没事似的在走道上闲逛。现在是脸红着站一边等老师发落，这便是进步；同样是打架，以前是先发制人，现在是后发制人，这便是进步；同样是打架，上一次距离这一次延长了一个星期的时间，这也是进步。从中我看见了他点点滴滴的成长。他有了羞耻心，有了自控力，有了尊重别人的心，只是他比别人慢一些。苏明爸妈很配合，改变了很多。有几次，我都看见苏爸爸骑着自行车在门口等苏明。其实他家就在学校对面，没多远。苏明一出校门，一路小跑，爸爸先接过书包背在背上，苏明跳上爸爸自行车的后座，抱着爸爸的腰，车向前驶去。我笑着看这温馨的一幕。

半年过去了，随着苏明的改变，他的朋友也越来越多了，虽然成绩提升不明显，但也渐渐地改掉了打人的坏毛病。起初也有家长提出意见，可是大家看到他真的变了，再加上我在家长群里经常发一些积极的信息，也赢得了班级家委会的支持，后来大家也就慢慢接纳了他。

有一天放学时，班上的调皮大王磊磊与苏明干架，磊磊的身高体重完全碾压苏明。他下手很重，把苏明的胳膊抓出几道很深的血印，连我都心疼。磊磊的妈妈先到，一个劲地批评儿子。苏明妈妈看到儿子身上的血印，心疼得不行，说话时都有些哽咽。

苏明妈妈轻轻给孩子涂药，磊磊妈妈不断道歉，苏明妈妈只好说没事。苏明一动不动，我问苏明："疼吗？"他摇头："不疼。老师，不疼。"我拍拍他的肩："苏明，李老师终于看到你长大了，像个男子汉了。你今天特别帅！"我又一次伸出大拇指。

磊磊妈妈站在一旁，也说："苏明好懂事。我们家这个啥时候懂事呢？苏明，看在阿姨的分上，别计较磊磊，你们俩可是从幼儿园开始就是同桌，以后还做好朋友，好吗？阿姨带你们两个去吃肯德基，好不好？"苏明笑着说："阿姨，吃油炸的会影响伤口的恢复。磊磊，我们以后还是好朋友。"磊磊不好意思地点头。

磊磊妈妈赶紧说："说得对，说得对！这孩子真懂事！苏明变了，真的是长大了。"苏明妈妈说："还不谢谢阿姨和李老师。"

看得出苏明妈妈又心疼又欣慰，我也是，又心疼又欣慰。

成长感悟

作为班主任，我们是家、校、孩子的联通点，我们要善于搭建一座沟通的桥梁，引领孩子健康地成长。为了让这座桥梁更加坚固，我们要用到最坚实的材料——爱！"爱是教育的灵魂，只有融入了爱的教育才是真正的教育。"是的，我成长了，通过这段特别的时光，我更加明白作为班主任的不易，也深深理解了"改变的过程就是接纳的过程"这句话的真正意思。在这个过程中，我先接纳了孩子，最终孩子才能接纳我；班集体接纳了孩子，孩子才能接纳整个班集体！

教育的真正秘诀是三分教，七分等，要有耐心地等，等着孩子自己去发展。

雅斯贝尔斯说过："教育意味着一棵树摇动另一棵树，一朵云推动另一朵云，一个灵魂唤醒另一个灵魂。"

我行进在教育的路上，脚步从未停止过。

第五章

塑造教师阳光心态

清　欢

早操时间，成长中心号召全校学生向老师敬礼，并齐声说："老师，我们爱您！"

老师们都笑了，虽然这声声"爱您"是要求学生说出来的，但它好听，好话嘛。一时间我和几个同事说说笑笑上楼，早晨多了一层清欢。

今天是教师节。一早来到办公室，就发现几乎每个老师的办公桌上都堆满了鲜花，当然塑料花还是占多数。有老师打趣道："现在送花的多是低年级学生，特别是一、二年级学生。学生送花也是看科目的，语数英老师就送大一些的花，等到音体美老师就是一枝孤零零的塑料花了。班主任就送鲜花。"大家又笑了，尽管那些花过不了几天就谢了，最后都会进垃圾桶，但看着这些花儿，还是有了一些清欢。

第二节我的课，学生照常向老师问好，我笑着问："今天应该怎么说？""老师节日快乐！"孩子们一个个笑嘻嘻的。在学生的嘻嘻哈哈声中我们上课了，教室里很快安静下来，一个个用心读课文，用心写感受，一切如往常一样。

下课时，谢意文第一个跑过来，手持一枝玫瑰红的鲜花对我说："老师，这是送给您的。"我接过来，闻了闻："很香啊，谢谢你啊！""老师，您把它插在瓶子里，可以存活几天的。"有学生提醒我。接着几个学生也拿着各色的花笑着送给我，"祝老师节日快乐！"的声音此起彼伏。我则一一微笑接过，放在讲台上。

中午，刚来到教室，讲台上摆满了小小的贺卡，有很多是学生自己制作的。我一一打开，读着上面祝福的话，笑了。曾思嵘和程芮走过来，捧着一张小贺卡，我赞赏地接过来，这也是她们自己动手做的，因这两个孩子手工不错。曾芳拿着一个纸飞机，笑眯眯地说："老师，我刚叠好的，送给您，祝您节日快乐！"

中午放学时，一批批初中的孩子手捧鲜花来办公室看望老师，师生之间其乐融融。老师们感叹："越是当年批评得多的孩子来看老师的越多。那些成绩好的，全没影儿。老师眼中的好学生多是些小没良心的。那个李志，对了，他妹妹李诗诗现在在李老师班上。李志成绩特别好，当年我们在他身上花了好多心血，我们几科老师都对他寄予了厚望。刚毕业，教师节都不来看一下我们。"英语老师抱怨说："别指望了，他平时见到老师都爱理不理的，不懂礼貌。"我问："那你们给他指出来了吗？""那是基本的常识，难道还用得着讲吗？"英语老师反问道。

刚巧李诗诗和曾思嘉来办公室送自制的贺卡。我一边下楼，一边了解诗诗哥哥的情况。曾思嘉说："诗诗住我们家对门，他哥哥也不是没礼貌，只是平时话少，不喜欢跟大人打招呼，他对谁都这样。"诗诗说："对，我家里平时来个客人，他低着头，也不打招呼，就往房间冲。总是客人跟他打招呼，他就应一声。他这性格，我妈说随我爸，是个闷葫芦。他的同学到我家里来，他的话可多了，特别能说。"我点头，这个我相信，成绩好的孩子，口头表达肯定不会差。李诗诗说："我哥挺喜欢曾老师和林老师，他在家经常说曾老师和林老师对他要求严格。今天是教师节，我妈昨天给了他钱，让他去买花送给林老师、曾老师。他昨天晚上还画了两张贺卡。他下午应当会来的。我中午回去跟他说。"

果然，下午放学后，李志和李诗诗来办公室送花和贺卡了，可把林老师、曾老师乐的，拉着手问长问短。李志说："林老师、曾老师，节日快乐！谢谢你们，我来迟了。我感谢你们指出我身上的毛病，让你们误会了。我一定改，还请老师们原谅这个不合格的学生。""哪能呢！你是我们的骄傲。"林老师乐呵呵的，"懂事了，长大了。"

一年的教师节又这样过去了，没有学生送花吧，有点失落；有了吧，很清欢。

成长感悟

好学生没良心？我想不全是。相反，一些成绩不太好的学生因为经常会被老师请进办公室训话，老师向他们灌输了好多做人的道理，他们或多或少地听进去了。这些道理在以后的日子里发挥着作用。而一些好学生，由于老师注重于成绩，希望把他们的潜能发挥出来，可能忽略了一些做人方面的教育。

排　练

12月26日的周一轮到我班国旗下表演法制节目，同学们一致推荐刘昊、王雯、张小亮和晓燕姿担任主持人，因为他们几个已经有过多次主持经验了，此任务非他们莫属。

提前一周，我们进行了排练。在排练小主持人的过程中，却出现了问题。在练习开场白时，两个孩子总进入不了状态，我想要的感觉也找不到。特别是刘昊，播法制新闻案例时要么总是说错，要么像在背稿子。我要求不是读而是讲话，就像平时说话一样自然，还给他做了示范。一遍又一遍，还不理想，我的语气也有些急躁了。

乖巧的王雯很快觉察到我的情绪变化，变得小心翼翼起来，总是问："老师，我这样读……"我丢给她一个眼神，她马上改口，"我这样说，可不可以？""老师，能不能再给多一点时间让我练练？"语气里明显带着不自信，"老师，这一遍我和刘昊说得怎么样？"连一向自信的刘昊练完一个片段也会问："老师，您看，这几个新闻案例我说得可以吗？"我一惊，不对呀，刘昊和王雯平常多自信啊，敢想敢干，一鼓冲劲。课堂发言头头是道，条分缕析。平时的朗诵更像播音员似的。现在他们怎么回事？而一向文静稳重的王雯这次也明显烦躁不安。

第二天全班合练，有台词的孩子都拿着稿子，一边说一边看，当发现台词与剧本上有出入时，会停下来看我一眼，而且旁边不断有孩子提醒："读错了！读错了！掉了两句，顺序反了！""晓燕姿你不能老坐着不动呀，你可以站着走几步，你的动作太死板了。""可是李老师没要我们加这个动作。"燕姿不知所措。

问题在我！我得调整孩子们的心态。"没事，按照你的理解来，怎么顺口怎么来。掉了一句半句也没关系，因为听众不知道我们的台词，你们能连贯起来就好了，也不必介意李老师的意见，如果你认为自己的想法更有道理，希望你对我说'不'。"

孩子们一下子放松了。"李老师，刘昊与家长对话时是不是让王雯去台上互动一下，这样节目会好看一些。""张小亮是不是可以戴个墨镜？因为他演的是成年人，而且，他演不好时，墨镜可以遮掩一下他的眼神。""李老师，这四条新闻能不能少播两条，我背不熟。而且下面的内容跟这两条新闻关联不大，删掉后重点更突出。"

我欣赏他们的想法。

"张小亮，别人的思考帮你看到不同的角度。这样，我们就会对问题有更全面的认识。"

"刘昊，你的建议不错。不过，你看我这样做怎么样？"

我鼓励他们。

"王雯就是会出错的小精灵。"

慢慢地学生们知道了出错、提出不同的看法是可以的，几个害怕出错的学生也放松多了。王雯、刘昊终于有了更多的自信，讲、演能力得到快速提升。

12月26日星期一，我班《珍惜同学情，拒绝校园欺凌》的主题节目如期进行。正如我期待的一样，孩子的表现自然、入情入理，赢得领导、老师、家长、学生阵阵掌声。

成长感悟

班主任经常要组织学生排节目，台上一分钟，台下十年功，这话一点没错。排一档节目从选题、写稿、排练，到上台表演，真的是一个无比辛苦的过程。我又不愿拿网上现成的资料来用，只能总是折磨自己，当编剧搞原创，又总想出点彩，总想不断超越自己，总想让教育生活诗意一点，于是总把自己累着，也把学生累着。而在排练过程中，没有学生会不在乎出错。作为老师，我们要给学生出错的安全感。如果学生有"出错是正常的，出错是在帮助我进步""我不用完美，但要有创造力""我可以和老师说'不'"这样的想法的话，就会放心尝试新东西。一个不怕出错，没有后顾之忧的学生，才会放松，才会提高学习兴趣，大胆尝试。而我在这个过程中也不知不觉成长了。

相信学生，给学生舞台允许学生出错，锻炼学生对老师说"不"，就是锻炼学生挑战权威的勇气。允许出错，才是真正地爱学生。

现在的我排节目不那么辛苦了，因为我发挥了学生的主观能动性，让几个优秀的有特长的学生自己去编节目，再由家委督促。我只是就关键处点拨一下，偶尔去监督纪律，搞点小吃去慰问一下。这样反而让他们更有创造参与的兴趣，结果是节目越弄越好，孩子们的创造力真的是无法限量的。

家长的求助短信

我收到班级群里发来的一条短信：李老师，最近欧阳慧慧越来越不听话了，请您帮忙教育一下。我想了想，回复了一条短信：这说明孩子在成长，不要紧张。不过最近发生的事可能与您管束过严有关，哪里有压迫哪里就有反抗嘛。您平时可以多与孩子交流，听听她心里的想法。我平时也与欧阳慧慧多聊聊，多留意一些。

欧阳慧慧是我挺喜欢的女孩子，做事情特别有条理，喜欢动脑子，我多次表扬她。这学期还让她担任组长，孩子干得挺不错。

前两周的一个周末，我带女儿在龙潭公园游玩。突然接到欧阳慧慧家长的电话，问我欧阳慧慧在不在学校里？孩子告诉家长学校搞科技活动，要求她去参加。还说跟一个叫陈慧琳的女生一起去的，还问我班上有没有这个女生。我马上反应过来孩子拿学校做幌子，独自活动去了。

周一，我找来欧阳慧慧，询问怎么回事。孩子说着说着就大声哭起来。原来，周末她和陈慧琳以及黄玲想一起去龙岗书城买书，由黄玲爸爸带她们去，可是欧阳慧慧爸爸说什么也不让她去。我问她："你有没有让黄玲爸爸跟你爸爸直接通话，并请求她爸爸送你们回家，这样能保证你们的安全。"她摇摇头。我能理解欧阳慧慧家长的心，女儿独自外出是一百个不放心。再加上爸爸与黄玲家长不熟悉，自然是不肯的。平时家长工作太忙，没有时间带孩子去逛书城。欧阳慧慧说她长这么大，父母极少带她去哪里玩。这是她第一次独自外出，特别想去书城看书，听说班上几个孩子经常去书城，自己很羡慕。弄清事情原委后，我先安慰欧阳慧慧，孩子慢慢止住哭声。

我告诫她：拿学校做幌子掩盖自己的真实意图不好，这样只会使家长更不信任自己。因为学校周末从不安排活动，家长只需要一个电话就能将谎言戳穿。这么大了，要学会跟家长表达自己的意愿。现在的社会实在太复杂，一个女孩子独自外出，家长是会担忧的，作为女儿要理解。当然父女之间的沟通是一个常态过程，要时常沟通，养成主动沟通的习惯，这样长辈就能理解自己。作为六年级学生，在这一点上更要主动些。不妨可以请教一下程芮、全蔚等女生，她们与父母沟通就比较好，借鉴一下别人的经验。即使父母一时理解不了也不要生气，慢慢来。

欧阳慧慧说："老师，我觉得您刚才说的特别有道理。您能不能写下来发给我爸，让我爸学习学习，或者发到群里，让所有家长都学习一下。我爸虽然不看书，但是李老师写的东西，他肯定看。话说了会忘记，但是写成文字就能经常看到。我跟我爸之间沟通有问题，我也改，我爸也要改。"

我不禁笑起来："这个想法不错啊。家长也要改变，要学习。"没想到孩子鼓励我说："老师，您说的那么多话，每天要做好多同学的思想工作。如果写下来，就能变成一本书，让更多家长看到老师好辛苦，很伟大。""谢谢你的鼓励。我努力做到你希望的那样。"我心里顿时有了写的勇气。

今天又收到欧阳慧慧家长发来的一条短信，说是他的手机不见了，估计是欧阳慧慧带到学校里来了，想要我问一下欧阳慧慧。

上午我忘记了这件事，中午一到教室，我就找来欧阳慧慧。欧阳慧慧告诉我，她没拿爸爸的手机。中午她一回到家，马上遭到爸爸莫名其妙地责问，她不跟爸爸生气，而是帮忙找手机。后来在一张小桌子下找到了手机，原来是她爸爸随手放那的，冤枉了她，爸爸还向她道歉了。我看到孩子说这件事时，脸上有欢喜的神态。这件事一定让孩子与家长之间多了一些沟通。

沟通真好。

成长感悟

在平时工作中，经常会收到家长的咨询短信，这也算是我们工作中的一部分。站在家长的角度，我也愿意与孩子的老师建立这样的沟通渠道。它可以缓解很多焦虑。咨询不断，沟通不停。

作业本上的红叉叉

铃声响了，我正好没课，忙着改作业。同事郑老师轻轻走过来低声附在我耳边说："张杰和李崇不听课，又在走道上罚站。你要不要叫到办公室来谈谈话？"我愣了下："我去看看吧。"

我走出办公室，扭头朝班级方向望过去，空荡荡的走道，五（1）班教室门口，散着几张撕下的作业本残页，两个孩子笔直站着，身影背对着我。教室里传出数学老师抑扬顿挫的声音。我准备走过去，但想起上次碰的壁，又退了回来。

我仰头看看办公室高悬的挂钟，上课不到五分钟时间，又是他们两个不守纪律。一个星期内，发生过三次这样的事件了。刚好桌上有一份三科期中成绩单，很快，我看到了李崇数学不合格。张杰，我的眼光直接往上找，因为我知道他的数学成绩还算不错，这是上次家访时，他妈妈告诉我的。没找到，没有他的名字，没考试吗？只能往不合格的名单中找，突然"张杰"出现在我眼前，我吃了一惊。

下课铃响了，这是最后一节课，我要组织学生排队放学。我走过去，刚好李崇和张杰两个人拿着本子低着头往教室走。我停住，刚好他们两个仰起头，张杰的眼光有躲闪之意，李崇苦着脸。我叹了叹气问："是不是习惯于不听课，习惯于站在教室外面，已经无所谓了？"他们嗫嚅着："不是。"声音慢慢低下去。路队长已经在整队了，我不好再说什么，示意他们赶紧收拾地上的作业残纸排队去。我一边走，一边沉思，怎么这么不爱上数学课呢？怎么让他们喜欢数学？以后还会不会喜欢？

没有答案，两个孩子那复杂的眼神，让我内心苦涩。

周四，学校组织开年级教学质量分析会。会后，数学老师拿着两本满是红叉叉的作业找我诉苦："李老师，这李崇和张杰天天不做作业，课堂上写的作业全是错的。你说这几个扯后腿的娃怎么办？他们的语文怎么提高得那么快呢？唉，你有什么好经验呀？"

我接过本子看了看，那一个个红叉叉太刺眼了，而且由于用力过猛，有几个叉把作业纸都画破了。可见改作业时，老师的心情真是坏到了极点。我翻了翻几个像被飞机扫射过的页面，惨不忍睹。红叉叉，我记起自己还是刚踏上老师岗位的那几年使用过。现在，孩子们的题目做错了，我要么画一道斜线，等孩子们订正对了，再把那道斜线完善成大大的对钩，或者画个圈，或者打个问号，或者画道双横线，就是不再使用红叉叉了。再看红叉叉，都有些不习惯了。

我笑了笑说："建议你改作业时，少使用叉叉，改为问号或圈圈。你试试看，尤其是李崇和张杰。你翻一翻他俩的语文《知能》。"我从一叠作业本中抽出他俩的《知能》作业，递过去。他接过本子，满脸狐疑："题做错了，打个叉叉不很正常吗？再说了连个叉叉都接受不了，现在的学生是不是心理太脆弱了？是不是我们老师把学生宠坏了？"他一边翻，一边摇头，"语文作业基本没什么空题，写得满满的，黑色笔迹，蓝色笔迹，订正得也很勤，红对钩也不少。"我凑过去指着几道题说："其实他俩很多作业都是订正过补完得到的红对钩。几周下来，根据得对钩的数量给他们盖进步章，然后买一些小吃哄哄他们，这比奖励学习用品管用，孩子们很吃这一套。"

数学老师合上作业本，叹口气："你们女老师比我们细心，这么有耐心。一个红钩都要花两次打。"我接过说："有时候不止两次呢！""太难了，我做不到。看到错了的题我就气不打一处来，这么简单不会做，讲了无数遍还是错。李老师，我是真没法控制情绪，尤其对于这两个拖后腿的。"数学老师一脸苦闷。我生怕引起数学老师的怒火，赶紧安慰："这两娃，急不来的。"办公室里德高望重的郑老师一边倒水，一边接话茬："做题，不是老师觉得简单就简单，而是要学生觉得简单才是真简单。不是老师认为他应当会做，而是要学生觉得自己会做。你呀，就是少了点学生立场，要研究学生心理。我赞同李老师的观点，鼓励教育。那作业本上的红叉叉你看着喜欢吗？你都不喜欢看，学生怎么会喜欢写你的作业？"

数学老师没说话，低着头沉思着什么。

成长感悟

作业本上被打钩和打叉看起来是一件极小的事情，因为我们大多数人从小大就是这么过来的。因此我们会习惯性地运用经验办事。当我们站在学生立场看问题时，想法就不一样了。就像我们给孩子们打作业等级时，我从不给 C 等级，B 等级也少之又少，而是以"暂不评等级"或"评讲时注意听课""期待你积极改正"之类的话语代替。将叉叉改成斜线，做对了再变成对钩。一个小细节诠释教育的真谛，因为我们面对的是鲜活生命的成长，每一件小事就不再是小事。

暴雨来临时

"咚咚咚！"一阵急促的敲门声把我从梦中惊醒，我猛地坐起来，脑子一下子糊涂了，这是星期天的清晨还是晚上？什么时候了呢？又一阵"咚咚咚"声，"李老师！李老师！"

原来是我的学生，我扭头一看闹钟，不好，两点了。我一边应答，一边飞快起身，中午迷迷糊糊地靠在枕头上，什么时候睡着的都不知道，只听着外面雨点像打鼓似的。"老师，很多学生要走，被我们拦住了。因为电视上显示今天的天气是红色预警，学校要我们的家长来接我们回家。"终于明白怎么回事，我心有内疚，不知道一个午觉竟然发生这么大的事。

一边跟着孩子们走，一边听他们叙述情况，并查看手机，因为我的手机调成飞行模式，所以无法接听电话，但是手机有短信提醒，果真萧静家长、郭海家长和曾小苑家长在一点四十分左右打过我电话。雨真大，通往架空层篮球场的水足有一尺来深，来来往往的家长正在接孩子，学校顿时陷入紧急备战状态。我加快脚步。

来到教室，见到数学老师正在讲台前，几个孩子在写作业，大部分学生正全神贯注地看上次没看完的教育电影《三傻大闹宝莱坞》，一个个看得乐呵呵的。顾不上跟数学老师说声"谢谢"，马上处理问题。第一反应是多少学生未到校，一看不多，仅刘欣欣、温文涛、王明明、曾小苑、何文进、萧静、张平两姐弟，一共八个学生未到。我拿笔记在纸上。这时学校广播里传来马校长焦急的声音："五（1）班！五（1）班！五（1）班！"我意识到自己的贪睡误了大事，让学校领导着急了。不过眼前得马上联系家长，看看这八个孩子是否在家，其他孩子已在教室，没有安全问题。

挨个挨个打过去，信号出奇的好，一下子都通了，家长马上回复，确定孩子在家。打给张平的家长，他还没接电话，我暂时放下手机，然后打电话给已在教室的孩子家长，请家长们过来接孩子。先打给高文杰家长，这个小区有五个孩子住一起，来一两个家长就可以全部接走。仍没人接，于是打朱鑫家长电话，通了！三言两语："您好！我是李老师，有个紧急情况需要您的协助。因为今天下午有暴雨，全市中小学生停课半天。现在您的孩子在教室里，学校考虑到您孩子的安全，要求家长马上到教室门口来接孩子回家，您来了我们才能放孩子，请您配合。"大部分家长接到电话，会马上说："好的，好的，谢谢李老师。"也有家长会问："我能不能过一会儿来？现在在上班啊。"我不假思索地说："现在全班的孩子全被家长接走了，就剩下您的孩子，请您赶紧过来，雨下得太大了，我们不放心。"加了这一句后，家长就再没有多问了。于是后面的电话，都加上这么一句，事情很顺利。有一些家长不等电话就已过来了，因为他有几个孩子在我们学校读书，肯定也有班主任打电话给家长的。一时间，教室里开始骚动起来，孩子越来越少，教室里越来越安静。马校长洪亮的声音又响起来："请各班班主任到位！半小时内请迅速把本班学生未到的名单报告给我！落实好每个学生的接送工作！"

我向外望去，迷蒙一片，走道上，不断地有家长打着雨伞、披着雨衣到各个教室接孩子。时间一直持续到三点半，只剩下七八个孩子，看到所有男生都被接走了，郭海很着急："老师，我家长怎么还没来？"我笑了笑说："打了电话，你家长会过来。你等等，你不还有个哥哥吗？去看看走了没？"他转身就跑。"你慢一点，小心摔倒！"没等我说完，他飞一样上楼去了。

又过了二十多分钟，在我不断的催促下，林苗苗妈妈的身影终于出现在教室门口，来了后嘴巴一点也闲不住，一个劲地埋怨老师不打她电话。我飞快地走过去与家长打招呼，这个家长是挺麻烦的，我须得小心应付。我笑着说："刚才林苗苗还说您没时间，不会来接。现在好了，我可以放心了。"因她家留的固定电话问题多多，要么就关机，要么就打不通。我请林苗苗连续拨过几次手机号码，出现"请选择1，请选择2"等话语，然后自动挂断。

我请她妈妈把手机号码再报一次，号码正确，我拨了过去，顺手把电话切换到免提状态，拿到妈妈耳边让她听，电话如前一样，自动挂断。我又翻出通话记录，让她看我拨过多少次她的电话。她仍不依不饶地说："怎么温老师就打通了，你打不通，是你的手机有问题。"我不出声，知道她还有个孩子在温老师班。刚巧碰到温老师送林苗苗弟弟过来。我问温老师："温老师，林苗苗家的电话你打通了吗？"温老师边走边说："林妈妈，你要安装个有用的电话，方便联系。刚刚打电话还关机的，这个电话有时还莫名其妙地说些话。"温老师说完匆匆地回自己班级了。林苗苗妈妈这次没再说什么了，带着两个孩子走了。

最后剩下田嘉嘉了，电话已拨了两次。但还不见家长的影子，孩子有点着急。他们家离学校最远，爸爸在中心城做生意。我又拿起电话拨了一次，家长说是在路上。我放下心来，带着她转身回到办公室，拿了一本《皮皮鲁传》给她，她边看边等，终于电话响了，是田嘉嘉妈妈打来的，让我带孩子到校门口等，会有个车牌是"58"的车过来，是田嘉嘉舅舅来接的。我二话没说，转身带孩子下楼。真巧，一辆"58"的白色车正好停在门口，没等我再拨手机向家长确认，司机已把手机递出车来让我接听，是田嘉嘉妈妈的声音："李老师，我是嘉嘉妈妈，让嘉嘉上车。""好的，好的。我再让孩子跟您说几句话。既然您确定没问题，我就让田嘉嘉上车。"车一溜烟走了，我一看手机，四点整。我叹了口气，好像打了一场仗。

中午我睡过头了，还好没误事。不过，我告诫自己，这样特殊的天气，手机以后绝对不能调到飞行模式。尽管如此，还是跟孩子们道了歉，并表扬李慧慧、谢隆隆等班干部。他们在老师迟到的时间里，有序地组织全班学生观看电影。我是个有缺点的老师，我不忌讳向孩子们认错。

成长感悟

俗话说："人无完人。"我总是告诫自己，不要给自己太大的压力，不必非要在别人心中树立一个完美的形象，特别是在学生面前。

事实上，我们犯错误正是在给学生呈现一个真实的世界，如果我们懂得恰当地利用自己的错误行为，反而会创造一个良好的教育机会。俗语说："福在受谏。"一个真正有雅量、有度量去接受他人劝谏的人，是真正有德行、有福气的人。所以，当别人对自己的错误行为提出批评时，我们不要因为自己的面子而辩解，而是要虚心接受别人的批评。

谈　话

（周三午读后，我留下林浩谈话）

我：（探问）林浩，昨天下午怎么没见你上学呀？

林：老师，我来了。

我：午读时我没看见你在教室里。

林：我在厕所里。后来廖主任请我和我妈妈去校长办公室谈话了。

我：我想了解一下你们昨天中午到底发生了什么事？你说说吧。

林：昨天我回家跟妈妈说您要我买洗面奶，可以洗掉鼻子上的黑头，我姐姐说那是骗人的，洗不掉的。我又跟她说了一次，她还是坚持那句话，我就很生气，拿起东西砸过去。我爸爸就过来打我。我妈妈一看爸爸打我，就急了。老师，我妈妈脾气不好，有点急躁，昨天打电话说话时没有轻重，居然指责您，说您是个害学生的老师。我妈妈说得不对。我们一家总说您是个有良心有责任感的好老师。对不起您了，老师。

我：（惊讶）你再把后面的话说一遍。

林：老师，我对不起您。

我：你妈妈教你说的？

林：不，是我自己说的。老师，我知道您是为我好，我对不起您。我也代我妈妈向您道歉。

我：（感动）这句话听起来很舒服。老师活到四十多岁，还没有被哪个家长像昨天那样斥责过，确实很难过。昨天我正在饭堂吃饭，突然就接到你爸爸妈妈的电话，当时校长也在旁边，还有很多老师，你家长的话大家都听到了。王校长听得最清楚，他还对着电话说"喂"，但你妈妈根本不容人插话。这件事情完全因你而起。本来是关心你的一句极为平常的话，为什么在你们家有那么大的反应呢？

林：我也不知道。

我：生活中，总有一些人与我们有不同的想法。想法不同，就扔东西砸人吗？砸了东西别人就改变想法了？

林：不会。

我：姐姐说的话一点道理都没有吗？

林：有的，她怕我受骗，因为现在假货太多了。她是为了我好，是提醒我。

我：当时为什么没这么想？

林：我姐成绩特别好，什么事都显出比我聪明，我爸老是表扬她，笑话我。我心里很讨厌我姐。在她面前，我很没面子。我总想，我为什么有这么个聪明的姐姐呀？

我：你是不是偶尔也会想，她成绩要跟我一样不好那该多好呀？

林：我的确这么想过。

我：你后来跟你姐沟通了吗？

林：没有。我不想跟她说，我们之间很少单独说话。

我：后来你跟你爸妈沟通了没有？

林：我爸骂了我一顿，我妈骂了我爸一顿，我姐把自己关在房间里哭了一顿。

我：可是你们之间的问题还是没解决呀。你刚才跟我说了你的内心想法，我觉得挺好的。如果你能把你的想法跟你爸爸、你姐说一说，兴许他们能理解你，能改变一下对你的态度呢？

林：我成绩不优秀。

我：不是成绩的问题。你说昨天的事情是因为你成绩吗？是因为你扔东西呀，其实你换一种说话方式，让你姐听起来舒服，你爸也不会生气。

（林沉思不语）

我：我打个比方，你看店里卖衣服的人就知道了。他说这衣服怎么怎么好。你拿不定主意要买还是不买，或者你觉得没那么好。这时候你们的意见不统一了，是不是？那怎么办？扔东西把人家骂一顿？

林：那肯定不行，那怎么卖得掉衣服呢？

我：你很聪明。当你要让你的想法变成别人的想法时，你就得想着，他很可能不同意。这时候怎么办？

林：跟他讲道理，说服他。

我：对。我俩来演一遍。我是你姐。来，你先说，假设你爸妈坐在对面。

林：（想了想）爸，我鼻子上有黑头。我们李老师说，买一款洗黑头的洗面奶可以洗掉。

我：（模仿）骗人的，洗不掉的。

林：老师，我姐就这么说的。

我：往下，想办法说服我。想想怎么说。

林：姐，现在确实有很多骗人的东西，不过，李老师是老师，不会骗我的。

我：前面半句太棒啦，等于是肯定了你姐的说法。肯定别人更容易表达自己，你姐不好直接反驳你。说话高手！继续往下说，说洗面奶的好处。

林：就算是不管用，也不要紧，洗面奶可以润滑皮肤，补水保湿。

我：加一句，现在哪家哪户不用洗面奶呀。

林：现在哪家哪户都用洗面奶的。

我：撒娇。

林：妈，给我买一瓶嘛。

我：理由不够充分。

林：用我的压岁钱买，行不行？

我：这个理由不错。说话高手呀。

林：可是没提到去黑头呀？

我：你的目的是说动你妈妈买一款能去黑头的洗面奶。只要你妈同意买了，这愿望不就达成了嘛。

林：真的呀，这样说我爸肯定不会骂我。

我：你姐也不好再说什么。我们来把昨天你说的再演一遍。

林：不要了吧。

我：对比一下，你就知道了。来，开始。

林：妈，我的鼻子上有黑头，李老师说可以买一款去黑头的洗面奶洗一洗。

我：骗人的，洗不掉的。

林：你没用怎么知道？

我：停！

林：老师，我姐一说话我就来气。

我：对，你姐说话态度也是有些问题。那她应当怎样说，你才不生气呢？

林：她应当这样说，弟弟也爱臭美了。不过，我提醒你，有些洗面奶没有那么大的作用，你到时候不要后悔。

我：高手，说话高手。请你姐继续帮你提具体建议。

林：姐，你说得有道理，要不，你周末陪我去挑选一下，你这方面有经验。

我：说得好。那你姐会怎么回呢？

林：让我想想。我姐肯定会说，好哇好哇。或者还会说，我还要做作业，让妈给你拿主意，老妈经验最丰富。

我：说得好。你总结一下，发现什么道理没有？

林：第一，意见不一致时，不着急；第二，无论他说得怎么样，都要先肯定，表扬他说得有道理。

我：第三呢？

林：请别人帮忙提建议。

我：你真是个聪明又有悟性的孩子。我要把这个过程写下来，发给你爸爸妈妈。让他看到你小小年纪，悟性强，说话水平还是不赖的。

林：（摸摸头）老师，我真的有那么厉害吗？

我：你觉得我表扬你哪一句是不真诚的，是哄你的，你可以指出来。

林：没有，没有。老师，我还是跟您说声对不起，昨天的事。

我：没关系。希望你在说话时记住你刚刚掌握的三条。

林：那就请老师帮忙把这件事说给我爸爸听。

我：活学活用，小脑子好使，孺子可教。

（林做鬼脸）

我：咱接着说。你说你爸总是表扬你姐，批评你。然后你听了就很生气，讨厌你姐，恨不得不要这个姐姐。

林：是的。我爸从来不表扬我。我姐经常考年级第一名，我的成绩没她好。看到她拿试卷回去的得意样，我就生气。

我：然后恨自己为什么不如姐姐聪明。姐姐考了第一名，她很高兴，你爸也高兴，你觉得这是正常反应吗？

林：可是他接着就是批评我。所以每次是我姐考得好，我挨批。

我：你总结得好，你找出了你爸爸说话的逻辑关联性。这样子是挺让人沮丧的。换作是我，我也会很委屈，很委屈。而且每次这样，不把人憋疯才怪。林浩，你忍受了那么多次，还能忍，了不起！

林：老师，您也这么想。您太理解我了。我没能忍住时，就发火，砸东西。

我：可是越砸越生气。是不是心想：不就是要你表扬一下我，看到我其他方面的优点吗？

林：是啊。我爸看不到。

我：其实你砸东西时，心里很难受。

林：嗯。觉得没意思，这个家庭没意思。我姐越优秀我就越自卑。我好想我在爸眼里是个好孩子。

我：那你的优点有哪些？

林：我经常拖地、洗碗，有时候我爸回来晚了，我就炒菜。我做的菜比我妈做的好吃。我姐不会做这些的。她就一天到晚捧着书。

我：你还会踢足球，篮球打得也不错。你姐会画画，写得一手好文章。你们俩各有优点。做饭跟谁学的，你妈？

林：我妈炒个白菜都能炒煳。家务都是我爸做，我看着看着就会了。

我：你家是妈主外，爸主内。

林：也不全是。我妈和我爸在一个公司，我妈是总经理，遇到问题，总是会问爸爸，爸爸出主意，当参谋。我妈说，我爸本事不大，但是勤快、顾家、有责任心。

我：你妈挺会夸人的。你也想做个像你爸一样的男人？长大了勤快、顾家、有责任心？

林：这个没想过。

我：我基本上了解你的家庭。现在回到刚才的问题上来。你姐考得好，你爸夸她不夸你，你生气砸东西。东西砸了，可是你并不开心。可见它解决不了根本问题。刚刚你学的三招记得吗？

林：记得，以后会控制自己。

我：你刚刚总结出了一个非常重要的规律，就是你姐一考得好，你爸就表扬她，然后就批评你，基本上成为一个模式。

林：嗯。

我：知道我想说什么吗？

林：不知道。

我：你掌握了规律就好办。你打破这个模式，破坏它，阻止后面的事情发生。

林：只要我爸一夸我姐，我就抢在前面说，爸，你是不是又该批评我啦。

我：好。再破坏这个模式。

林：我就给我爸捶背。

我：再想想，还有什么方法？

林：我就跟着夸我姐，或者我就躲到我房间里去做作业。

我：第二个方法也可以，叫物理隔绝法。不用躲，你还得说话。

林：怎么说？

我：想想。

林：我就说，我也要用功去了。

我：得真的是去用功，马上去学习。这样阻断你爸的思维模式，阻断几次后，这整个局面就被你控制了，你就不用那么生气了。

林：老师，这么一说，我的心里好像透了个窟窿一样，很明亮。

我：你本身有很好的觉察能力，这个能力其他小孩子没有你理解得那么透。老师虽然是几十岁的人了，但跟你说话不费劲，我很喜欢你这样情商高的孩子。

林：那老师，您继续指点我。

我：不过第一个更好。我先打个比方吧。前天校长到我们班来巡视，是不是夸李老师啦？曾老师也在场。

林：是的。曾老师在改英语作业。

我：那曾老师有没有生气，然后砸东西。因为没夸她呀。

林：没有，你们是大人，是老师，不会那样做。曾老师也夸李老师做工作有创意。

我：观察很仔细。

林：当时我在你旁边。

我：然后李老师怎么说的？

林：您当时说……我想想。记起来了，您也夸曾老师，说她年轻，脑子灵活，抓学生很有方法。您还说了，您要向曾老师学习，年轻人懂得多。

我：然后呢？

林：然后校长也夸了曾老师。

我：我发现你特别善于观察，前天发生的事，你居然记得那么清楚。

林：我记性好。老师，您要我也夸我姐姐？

我：悟性好，触类旁通。是的，当你爸夸你姐时，就像校长夸李老师。你想想这个情境。

林：可我是在家里，这关系不一样。

我：孩子，人同此心，心同此理。

林：哦。

我：你现在夸你姐，开始。

林：姐，你每次都考第一，好羡慕你。我一跟我同学说：我是林诗雅她弟。同学都瞪大眼睛看着我，说学神的弟弟，好佩服的样子。每次提起你，我特别有面子。我沾你光啦。

我：说得好，还会举例子。我现在模仿你姐接你话，哎呀，林浩怎么嘴巴变得这么甜啦？

林：她从来没这么说过。

我：你也从来没那么说过吧？继续往下，轮到你姐开始夸你啦。

林：她才不会呢。

我：你如果夸了她，至少她不会生气吧。

林：那不会。

我：对呀。你再向她请教，请她帮忙。要具体些。

林：哦。姐，那个我以后能不能向你请教英语呀，我老是发音不准。

我：接得好。你姐还会生气吗？

林：不会，她就会说怎么练怎么练。

我：你怎么知道。

林：小时候，她这么教过我。后来看着我不上进，就懒得理我，我也懒得理她，我们之间没话说了。

我：所以你得——

林：经常请教，经常夸，夸一次不行。

我：对。接着你姐就该夸你啦。

林：我有什么好夸的。

我：想想我不也夸过曾老师吗？如果你姐说"其实你挺聪明的，就是有些贪玩。你多练习就能跟上来"。你姐这样说，你会生气吗？

林：不会。

我：那你接着跟她聊，聊出你的心里话。来，我们继续。

林：姐，爸老是夸你，说我没什么优点。

我：没有，你好勤快，炒菜好吃，将来准是个和爸爸一样顾家的好男人。还有，你会说话，让爸妈听着舒服。我不如你。

林：她会这么说？

我：人同此心，心同此理。你姐夸你的都是事实吧。

林：确实。我有时给我爸和我妈捶背、揉腿，我姐从来不做这些事。

我：这就是优点，而且你悟性好，特别善于觉察人际关系。这是个很重要的情商，将来工作中必不可少。有的人会读书，但情商低，也不一定会过得好。

林：那我爸会怎么说？

我：你姐这么夸你，就像我夸曾老师一样。你爸肯定不会生气。

林：然后我夸我爸？

我：这个思路很好，你往下。

林：爸，我读书不如我姐。但是我也不差。不能人人都考第一，我也能考上好大学，而且我将来就做个像爸爸这样的好男人。

我：勤快、顾家、有责任心。

林：我爸肯定会很开心。

我：为什么？

林：儿子崇拜老爸呀。

我：林浩，我不得不表扬你，你是个情商高的孩子，再加点体态语言，效果更好。现在我们总结一下你学到的方法。

林：第一，肯定别人更容易表达自己；第二，要善于觉察并阻断不利于自己的思维模式；第三，多赞美别人。

我：赞美是人际关系的润滑剂。要多赞美家人。第四，行动起来，多向你姐请教学习。在家庭中，要把自己的想法说出来，像个大人一样地表达自己。砸东西，那是三岁小孩子的行为。

林：老师，我觉得我错了。

我：老师要为你的认知点赞。

林：老师，我再次为昨天的事向您道歉。对不起。

我：老师不计较的。

林：老师，跟您交流很开心，就像有句古话说的，听君一席话，胜读十年书。老师，有没有这方面的书推荐给我看？

我：（笑）有，明天我带几本书和杂志借给你看。你可是耗了我快一个下午的时间。下次咨询要收费的。

林：我明天请您喝奶茶，您喜欢什么味的？对了，老师，您笑起来真好看。

成长感悟

林浩的事件是突发事件，家庭原因居多，孩子得不到家长足够的重视，心理就会变得扭曲，表现出叛逆的一面。孩子怎么和父母沟通交流，主要来源于他看到的，听到的，然后会不自觉地模仿。跟林浩聊天，是一种刻意的引导。现在的孩子一个个鬼精鬼精的，有一种和高手过招的感觉，甚至产生一种思维的碰撞。我还真的是喜欢这个特调皮的孩子，后来孩子也确实变化了不少。

累并快乐着

让我们把镜头拉到学校大堂。

送完学生放学路队，碰到李主任，他远远地对我说："那个科学抽考就这样不了了之了。"

我说："哦，是啊，让我们白搞了好几天。"

他又说："对啊，最后不抽考了也不和我们说一声。"

"是啊，现在上边总是想一出是一出的，昨天的朗诵会也是一样的，太不像样了。"我很无奈地说道。他笑了笑："据说你是全场最高水平啊。"

我莞尔一笑，昨天的朗诵会确实不太好，没什么悬念，因为高手都没来。为什么没来？因为这个不评奖，只是表演，没有得到大家的重视。我也并不是特别优秀，但是我很认真。我只是想，我走出去，可不能丢荣根（学校的名字）的脸。昨天，25 位选手中，就我一个要现场表达感言，而且事先都没有通知我准备一下。我原先觉得他们有点乱来，后来一想，他们一定是很信任荣根的老师。

那天彩排，我来得最早，但也是最后一个走的，而且我是第五个走台的，后边那么多人，我都认真地听，怀着学习的态度。不过当我得知不评奖的时候，心理压力也没那么大，由于最近也进入复习阶段，没那么多时间练习，上的课也多，昨天朗诵的时候，嗓子还是有点哑，诗歌还是不太熟练，以至于没有发挥到最好。但是我也尽力了。我真的觉得评不评奖不是那么重要，重要的是去锻炼自己。无论结果怎样，都要用心去做。

这一个学期以来，参加太多的活动，一个接着一个，很多都没有结果，没有下文，更别说获奖。但是，每一次参与活动，我都全身心投入。三月份的思品课比赛，没有一个固定套路，也没听过思品的公开课，无从下手，但我还是大胆地发挥创造性思维，精心设计游戏，设置环节，准备道具。连杨副校长都亲自出马给我做道具，晚上抽空听我把整个流程讲上好几遍，给我意见；学校广播站的潘老师在课堂上激情洋溢地为我做场外播音，之前在办公室练了好几遍，生怕出错；庄老师是节节试教课都捧场，她的听课记录很快记满了；刘校长更是在最后的关头亲自到万丰（另一个学校）给我借摄像设备。这些我都铭记在心，所以非常努力去准备。虽然这个比赛已石沉大海，但是在这个过程中，我感受到了领导的关怀，同事之间、朋友之间的关爱与帮助，我更是得到了锻炼，这是第一次尝试思品课，以后要上此类的课，我想我应该会有更清晰的思路了。

思品课结束，我还没有喘过气来，第二天就录语文的说课，第三天录小连环实验课。我都坚持了下来。原本想休息一下，另一轮的白板课又来了，不过说是可以用以前的录像，终于可以缓一下。这时同事晓言要参加英语演讲比赛，要我帮她一起弄。我二话不说，花了一个礼拜六给她写了一篇中文演讲稿，她很喜欢，很快就翻译过来，给我演绎了一遍。我也甚是欢喜，因为我写的东西就那么适合她，应该说她完全能感受到我文字里所流露出的情感，她把握得非常好，同事、朋友之间的这种默契让我感动。

接下来，我们又在一起按照演讲稿做幻灯片，因为要设置自动切换，要计时，她一遍一遍地反复背，我一遍一遍地掐时间，设置幻灯片。后来因为科组给她做了一些改动，幻灯片又要重新做，反复几次，但我们都没有气馁，一遍一遍地改着，她一遍一遍地背着，有时候连水都忘记喝。我真佩服她的毅力和耐性。记得最后一次演示的那一天晚上，我们俩弄得很晚，因为着急和疲惫，加上胃不舒服，我吐得一塌糊涂。我很是担心她会不会和我一样身体受不住。

没想到第二天早上她精神得很，最后获得了一等奖。那天，我一下课就赶往比赛现场，没赶上看她演讲，但一直等到结果出来，我比她还高兴。这个过程，因为用心，她成长了，我也跟着成长，而同事、朋友之间的这种友谊更深了，也更有了默契，就连幻灯片也做得更好了。真可谓朋友同心，其利断金。

比完赛，我原以为可以缓一下。网络课程开发来袭，这是一个新的领域，从没有接触过。但任务下来了，没办法，硬着头皮也要上。好不容易弄好了，也得到了教学处负责老师的表扬，结果评奖的时候，我什么奖都没有。我哭笑不得，但我没有时间去理会，因为还有其他任务等待着我。我对自己说：无论结果如何，用心去做。这个过程，使我弄明白了什么是网络课程开发，也是一种收获。下一次再叫我弄，应该更得心应手。

网络课程开发完了，白板课又说要重拍，好吧，拍吧。拍摄前一天，试设备的时候，接到电话说学生的手弄伤了，我赶紧丢下课本往医务室赶。学生伤势严重，我又急忙带着上医院，联系孩子的爸妈，还找医院的家长帮忙进行手术，我和校医全程陪同，直到孩子手术结束才回学校，已是快上班的时间，扒拉两口面条就上课去了。第二天早上趁第一节没课去试设备，但有同事先到了，等轮到我的时候，刚把资料存进去，第二节课就来了。

那一周恰逢期中考试，我想还是带孩子们复习比较重要，于是没试设备就回到班上，连上了三节课。中午草草吃完饭，简单地化了妆，急忙赶到多媒体室试设备。刚熟悉，就到点上课了。因为是复习阶段，孩子们都比较疲惫，我也匆匆准备，不太充分，大家状态都不太好，但我还是尽量轻松地带着孩子们把课上完了。虽然这个课没有上好，但是这个过程，我学会了淡定，知道学生才是最重要的，也知道分清事情的轻重缓急。

白板课、期中考试、改卷结束后，我想着这回可以喘口气了，谁想大运知识竞赛来了。我这边又要准备开家长会，只好用晚上和周末的时间见缝插针地给孩子们每人准备一小段中期小结和建议，要在会上发给家长。家长会后，全力进行知识竞赛的备战。原以为是知识竞答，我选了个反应灵敏的、智慧型的男孩子。去彩排的前一天中午，组织者告诉我还有一个讲大运故事的环节。没办法，只得急急忙忙找了一个故事，还没来得及润色，就彩排去了。没想到参加比赛的男孩竟如此稀少，大概女孩子天生表现力强些，而男孩子就差一点。为了在比赛中能出彩，我让谙熟文学的男孩子爸爸把文章润色了一下，平时每天我都抽一到两节课时间训练他的语气和手势。小男孩起初有些不太重视，稿子不太熟，而比赛在即，我急得找班主任训他，大队辅导员也急得要换人。但考虑到孩子的情绪，还有笔试部分大运知识重新复习已来不及，还是对他进行严厉批评和严格训练，并进行战略部署。前一段时间全部训练他薄弱的故事演讲部分，晚上回家让他自己背知识部分，爸爸妈妈抽背。

最后一天，我带他进行知识梳理，强化记忆。比赛那天他的爸爸妈妈全程陪同。我鼓励他，不要在乎结果，尽自己的最大努力，知识部分没有问题，故事部分放开来讲。笔试开始五分钟，我们在考场外面张望了一会儿，只见小男孩悠闲地看着试卷，没有做题的意思。我们急忙让监考老师去提醒他，结果他不是没做，而是做完了，真是让人哭笑不得。最后他以笔试第四、综合第七的成绩获得全市一等奖，还进入了电视总决赛，真是让我们惊喜不已。这个过程虽然出现很多意外，但收获颇丰。因为，我们从没有想过要有一个怎样的结果，只是努力地去准备，认真地去对待，连家长都这样支持，这样全力以赴。所以，老天非常眷顾我们，最后给了我们最好的惊喜。

在比赛的过程中，国际理解教育实验的任务又降临到了四年级语文备课组，要在12天之内完成一个章节的教材编写，还要完成一个录像课。起初是分配给三个人，但这毕竟是编教材，不是说着玩的，校长还亲自开会，说是政治任务，必须完成，大家都不敢轻易动手。我又在带学生比赛，先搁置着。比完赛就还剩下8天的时间，大家把希望都寄托在我身上，没办法，我每天晚上查资料查到学校断网，早上起床就继续找资料。白天上课改作业，做学生工作，还要陪着学生上体育课，学新的武术操，晚上就窝在房间里找资料。5天时间找了大量的文字、图片、视频资料，还认真地研究了思品、综合实践、历史课本的体例。还有3天，周末终于把13页的教材憋了出来，并做好了课件，设计好了教案。

最后一天录像，效果还挺不错，气氛挺好。晚上我整理好所有资料，打包，告诉信息老师要刻盘。就这样一条龙服务，完成了国际理解教育实验的任务。这个过程看似不可思议，但我怀着一种尝试、挑战的态度，体验了一回编教材的痛苦与乐趣，这是对自己的一种全新的挑战，经过这次经历，以后有再大的困难我也不会畏惧。

编完教材，"六一"来临，好在我的宝贝们多才多艺，又能干，整个"六一"编排完全由他们做主，整个班会让我非常满意，也让我感受到了这帮孩子的才干和活力。不过"六一"前学校要出一本《红树林》荣根专刊，要学生的文章和介绍班级优秀学生。我根据孩子们的文章，选择了好的进行仔细的修改，总算完成了任务，也让孩子们高兴了一把。这个过程，有些仓促，但是能让孩子们开心快乐，也就够了。

"六一"结束后，班主任专业化课题的比赛也拉开帷幕，而学生的广播操比赛也在即。一上体育课，我就和孩子们在一起努力练习广播操和武术操。有我在那里，孩子还是会认真一点，同时，我也想借此机会增强班级凝聚力，毕竟我和他们待在一起的时间太少了。而专业化比赛的生命教育的班会，我早在上个学期，已经给孩子们上过了，于是只把原来的资料整理好就行，而且那还是原创的，独一无二。最后，我的课件获得了特等奖，班级广播操比赛获得了第二名。这个过程比较从容，因为平时我们就有积累，我积累了孩子们生活的点滴，而孩子们每节体育课都认真练习，有了基础，所以比赛是从容淡定的。任何时候都要用心地去做好每一件小事，积累每一个点滴。

很快就到了期末，抽考让人忐忑不安。我们四年级抽考美术，就在"六一"的第二天。学生放完假回来，好多孩子忘了带彩笔。除了赶紧给家长发信息，中午我还特地去给每个孩子买了一根大头笔，预备了三盒彩笔以备不时之需。上午做好考场安排和部署，给孩子们训练涂答题卡。一切都紧张而有序地进行着。下午看到孩子们笔下那一幅幅多彩的画卷，心里还是很安慰，也深深感受到：用心浇灌出来的花朵，才会美丽鲜艳。

抽考完，大运知识竞赛的电视决赛来了，而我的后备干部培训考试也来临了，那一周我们班还要训练升旗，而升旗手偶尔又要去训练舞蹈，所有的事情又挤到了一起。我一边带孩子训练，一边上课，一边复习心理学教育学，还有一分钟英语演讲，这对语文老师是个不小的挑战，还有热点教育问题。我有点撑不住，但还是给事情排了个序，后备干部培训考试可不是什么时候都有，这个是第一位，先复习，背英语。训练升旗仪式的时候还背英语给孩子们听。考完试，立刻训练知识竞赛。结果，星期一那天，下雨了，没升旗，一周都下雨，连站岗都免了，让我少操不少心；大运知识竞赛也顺利完成，三等奖是意料之中；后备干部培训考试也顺利通过。而半路杀出的国际理解教育任务验收也完成了。这个过程，差点崩溃，但是，撑过去了，就什么都好了。借用一句很俗套的话：坚持就是胜利！其实，还是要用心，而且，不去想结果。这样做起来，才会得心应手，思维才会清晰、开阔。

接下来的复习、诗朗诵、期末工作，让我的嗓子、身子都招架不住，但还是坚持到了最后一天。

回望这个学期，事情多得让我不敢相信，但就这样挺过来了。想要休息却睡不着，于是留下点记忆，鼓励一下自己。想想未来，路漫漫其修远兮，吾将上下而求索。无论怎样，都要用心，累并快乐着。

成长感悟

说放弃很容易，坚持下去很难。若放弃了永远不知道后面会错过多少机会；坚持了，不知道后面还有多少美好的事情发生。有时候想着自己快挺不过去时，一咬牙一跺脚挺过去了。在行动中成长，累并快乐着。

表演训练

当语文老师的免不了要指导孩子们参加一些语言类的比赛，如读一本好书的感悟演讲、朗诵、讲故事比赛等等，所以表演训练成为常态。

第一是基本功的训练，先训练舌头。进行舌头的力量练习，不断在嘴里顶、绕、伸、刮。"伸"，有点小狗吐舌一样，一定要感受舌头的力度。做这个练习时，孩子们总是笑。顺时针、逆时针各八组，这是基本量，练完了肌肉有股子发酸的感觉。孩子们练完了总说累，但我说这样练才能在演讲时"快而不乱，竹筒倒豆子，干脆利落"。再是舌头的放松练习，它会让口腔气息更通畅。从接到任务那天起，开始练。

接着练气息。气息下沉后，感受两肋已经张开充盈后，屏住呼吸三秒钟，吐气发出一个"S"的音，让气息缓慢地、均匀地、自己能控制地释放出来，以控制气息的平稳度。然后是极速呼吸法，就像狗喘气一样，这是学生起的名，很形象。十五秒一组，一天练两组。

练好气息才能做到中气十足，字正腔圆。怎样中气十足，我分享给孩子们一个小诀窍：闻花香。先假设手中的稿子是一朵你最喜欢的花，这朵花慢慢向你靠近，然后你全身放松，开始闻花香。深呼气，腹部自然膨胀；深吸气，腹部自然收缩。闭上眼睛，来回三次。字正腔圆的小诀窍：上下齿练绕口令。意思就是上下齿对齐，贴紧不松开。完全通过自己的口腔内部来练习绕口令，我给几段经典的绕口令让孩子们回家练。

关于共鸣法，我就放一些音频给孩子们听，然后和孩子们一起练，往往学生练得比我好。练头腔共鸣和喉腔共鸣时学生准会笑喷。喉腔共鸣是模仿老年人沙哑的发音。当他们听到音频里的鼻腔共鸣发音时，纷纷模仿。因为较少用到，只是让他们知道就好。口腔共鸣适合小孩的声音，舌位比较靠前，不用多练，孩子就懂了。最重要的是胸腔共鸣法，这个是小学生练演讲时的重中之重。气息下沉，腰腹用力，用气息撑着声音。经过这个练习的孩子，腔调会有明显的进步。孩子们听音频时，经常能一下子指出用的什么发声法。

讲五腔共鸣法时，我分享给孩子一个小窍门：悄悄话法。孩子们惊叫：这也叫小窍门？说悄悄话谁不会呀？其实，悄悄话法是用说悄悄话的方式交流和读文章。但是真正练起来时，才发现有点难。我告诉孩子们，练五腔共鸣时，这个方法特别管用。不是为比赛，平时也可以练。

接着练仪姿。练笑容时，我会一遍遍告诉孩子们，当年大运会训练礼仪小姐时，那可不容易，那些女孩子很厉害。其中练笑露八颗齿时，嘴里得衔住一根筷子，刚好露八颗齿，练得牙齿发酸。练站姿时，要求两条小腿自然夹住一张 A4 纸不掉下来。孩子惊呼那么难啊，我告诉孩子没有那么严格的标准，但是心中要有这个意识。然后练眼神，眼神要停留在会场的中央高一点的地方，不能盯着哪一个人看。看太远了，眼神容易空。不看会场，反而容易紧张。但是在演讲过程中，还要注意眼神，要进行大交流和小交流。小交流是两个孩子在台上演讲时，得用眼神交流，是真交流，躯干偏向对方约 30 度。大交流，就是和全场的观众用眼神交流，扫视全场，这个时候语速要有停连部分。你眼中有了观众，观众才会有你这个人。千万不可自顾自从头演讲到尾。但是这个大交流不能频繁，一次两次就够了，由演讲的时长决定。三分钟的稿子一分半钟时，有一次大交流就好了。

妙用肢体语言。有好多孩子，可能是从爸爸妈妈那里学来的，手势总是特别多，很明显是加上去的，看着很不自然，观众如果总是去注意你的手势，必然会忽略你的语言表达，那就得不偿失了。手势的运用要贴合文本，起辅助作用。小学生的演讲中不用那么专业，比如讲到我给爸妈做了个鬼脸，这个时候得真做鬼脸。比如讲“我很不开心”，嘴巴先噘，让观众看到这个微表情，身体、头配合着转个角度，衔接要自然，这个姿态就增强表现力了。当我讲到这些时，孩子们基本有了自创力，他们会拿着稿子自己找这样的点，想象生活中的自己，我往往鼓励他们的个性表达。学生会问：“跳起来时要真跳吗？”我回答说，一般不建议，太过夸张削弱表现力。双手握拳就可以表现出来这个状态。低年级的孩子肢体语言可稍多一些，增加活泼度。而高年级的孩子只在重要语句上增加肢体语言。

着装也能增加印象分。除干净、整洁、大方、得体外，可根据内容定制自己的服装。一场国学朗诵比赛，简直是唐装、汉服的比赛。重形更要重质。

第二是语速、重音和节奏的训练。这个是根据表达的需要来定的。重音我事先帮孩子标好，并讲解为什么要重一些。当然不是满篇都标，没必要，孩子们记不住，有几处注意突出一下，效果就很不错。节奏就很麻烦，有长短、快慢、浓淡、轻重的问题。轻快型，语节少而词的密度大。凝重型，词疏平缓，然而强而有力，多抑少扬，与轻快型形成对比。低沉型与凝重型有区别，音节多而且长，如《卖火柴的小女孩》多采用这种节奏。高亢型，多扬少抑，一般朗诵结尾句段时用得多。没训练前，好多孩子以为一首诗通篇采用高亢型，我告诉他们这样不利己也不利人。自己嗓子累，观众耳朵累，得分不高。舒缓型，就是很自然的日常讲话。孩子们往往很疑惑，这还要练吗？我说："说话谁都会，可是你们一朗读，就拿腔拿调，不会讲话了，所以得练。朗读的最高境界就是还原生活。"我放了一些优质的小音频，让他们听一下音色，同样是女性，年轻的，年老的，脾气急的，脾气温和的，华丽的，暗沉的，听完了分析一下大体能明白。紧张型，就是有点结巴、紧张、说话语速快而急促，有的时候气不够，连接起来就会经常中断，孩子总是喜欢去模仿这种紧张的节奏，往往模仿不好，不懂得声断中间不能换气，声断气不能断，而且表情露了馅。

第三是演讲的基本技巧。精彩的稿子，一般是有不少于七种标点符号的。否则不算是好的稿子。标点符号有表情达意的功能，一篇稿子中的几处标点要刻意练习，达到自动化，才能让观众听出演讲中情感的起伏。

开头采用提问法容易吸引住观众的注意力，赢得好感。对大家都熟悉的作者和书，可以顺着讲，直奔主题，节省时间。但是对于大家不太熟悉的作者和书，得倒着讲，先演讲他的影响力，一步步，声音逐步增强，正如一个美丽的女郎逶迤而来，揭开神秘面纱。语言要幽默且富有生活气息，又不能满篇大白话，这是写稿时要注意的，也是训练之前就得敲定的。

还要巧用互动。如举手互动、游戏互动、分享互动等。比如，我指导一个学生演讲时，有意设计几个问题：《三国演义》中你最喜欢的人物是谁？请举手示意一下。是神机妙算的诸葛亮还是大意失荆州的关羽？是终生忠于刘备的赵云还是生子当如孙仲谋的孙权？这样保证互动时现场的热烈气氛，这就是互动的作用与魅力。

技巧性的东西讲完了，孩子有疑问："我平时背得很熟很熟，可是上台时一紧张就忘词了，什么原因？"我对他们说："只有一个原因，就是背得不够熟，或者说你以为背熟了。一首《赋得古原草送别》，你随时随地，不管人多人少，不管你有多紧张，你闭着眼张嘴就能来。为什么？因为你重复的次数太多了，多到了自动化的程度。你的大脑根本不用思考，背这首诗是一个智力劳动转成体力劳动的过程。"学生问："那怎么达到自动化程度呢？"我吐出一个字：练！再吐出四个字：刻意练习。孩子吐了吐舌头。我赶紧安慰他们："其实上台时心跳加速，有紧张感是一种正常反应，可以帮助我们很好地完成任务。练给同学们听，练给老师听。对着镜子练，对着爸爸妈妈练，对着手机练，对着空无一人的广场练，对着陌生的人练。手机录制法可以清楚地看到自己的进步。练得很熟练的状态下，达到43遍时想忘都忘不掉。因为你的肌肉有了记忆，将智力劳动又一次变成了——"

"——体力劳动！"学生异口同声地回答。

一场表演训练下来，可真的把老师给累垮了。

　　表演训练既是在训练孩子，也是在训练老师自己。任何事情都不可能一蹴而就。我常把著名文化大师余秋雨的一段名言改装后送给孩子们：表演训练就是说话训练，对于未来的你们太重要了。这件事是早一天练习就多一份人生的精彩，迟一天练就多一天平庸的困扰。

剧本创作二组

相声合说《病情诊断书》

　　两人（美食甲、胖子乙）同时上前打招呼，拥抱。

　　甲：我发现过了个寒假，咱们敬爱的王校长更富态了，我们的班主任更年轻了，咱们的老班长王雯雯的笑容更甜美了，资深优秀生刘昊的个子又蹿一大截了，（停顿，上下扫视）你的身材是富得流油了。（乙一直点头称是）

　　乙：嘿，也不瞧瞧你这身材——哼！

　　甲：我是瘦得不明显。

　　乙：得了，咱俩是五十步笑百步，半斤对八两。

　　甲：李老师让咱俩分享，说点啥好呢？

　　乙：刚刚我们品尝了张亮亮的鸡蛋面，又随王毅知去了趟北国。我有个想法——

甲：记得有本书叫《钢铁是怎样炼成的》，你是不是准备分享《胖子是如何炼成的》？

乙：这个嘛，台下的"胖友们"——你们都懂的，就不占用大家宝贵的时间了。你看哈，我们小学生活马上就要结束了，学习才是最重要的事。

甲：聊聊学习？

乙：对。

甲：唉。你是优秀生呀，而我就是传说中的那啥。（抓头）

乙：能清醒认识自我，很了不得啊！

甲：你夸我？

乙：得夸呀！一个人最可怕的是明明自己很差却认为自己很牛！

甲：有道理。

乙：中医讲究望、闻、问、切。来，我先给你诊断诊断。

甲：我还生病啦？

乙：你病得不轻啦！俗话说眼睛是心灵的窗户。瞧你，两眼呆滞，双目无神，说话声音漂浮不定，可见内心浮躁。

甲：这你都看出来了。

乙：发病时间？

甲：我一年级时很爱学习的，三科经常考一百分——

乙：请问发病时间？

甲：（挠头）从二年级开始吧。

乙：症状？

甲：拿起课外书就犯困，写起作业就头痛，老师说我的字体是前无古人，后无来者。上课提问，我是徐庶进曹营——一言不发。下课我是进了蟠桃园的孙猴子。（配合做动作）试卷发下来，跟飞机炸过似的，全线飘红，那叫一个惨！

乙：你患了学业障碍综合征。主要病因是：学习目标不明确，学习动力不足。现在给你开药方——

甲：还有药方？

乙：你听好了——每天读五页书，坚持服用七天。每节课举一次手，回答一个问题，坚持服用七天；每节下课，安静地坐在座位上坚持多学习三分钟，持续七天；每天认真完成作业，持续七天；每天早上读英语十分钟，坚持七天；每天晚上复习十分钟，坚持服用七天；（甲一直点头称是）

乙：（有意停顿）注意了——（甲抬头望他）

乙：有一天没读书，病情加重一分；上课说小话不听讲，病情加重两分；抄同学作业一次，病情加重三分；不完成作业一次，病情加重五分。

乙：记住没有？（甲：记住了）七天为一个疗程，坚持服药，病情有起色；两个疗程，病情有好转；三个疗程，也就是 21 天，病情基本稳定。后面再巩固三个疗程，恭喜你，病情痊愈。

甲：请问，我现在努力还来得及吗？

乙：只要开始努力，什么时候都不晚。唐宋八大家之一的苏洵，27岁开始发愤学习，终成一代名家，名垂千古。

甲：我脑瓜子那么笨，你看我还有救吗？

乙：爱迪生小时候反应奇慢，是公认的差生；俄国作家托尔斯泰大学时因成绩太差被退学；英国首相丘吉尔六年级还留过级；艺术家罗丹考了三次都没有考进艺术学院呢！

乙：现在就看你的啦！（交换行走两个来回）

甲：坚持服药效果好！头晕犯困没有了！天天阅读有奇效，眼神明亮心不躁。思维跟着老师跑，回答问题积极了！

乙：只要你的态度好，考分一定低不了！

齐：天若有情天亦老，你离优秀生不远了！不远了！谢谢大家！

成长感悟

写完这个剧本时，心里特别开心。自创的作品搬上舞台并得到赞赏时，就好比怀孕的母亲生下了宝宝。创作不易，可是体验跨界的美事怎么能轻易放过呢？教育学生的方式很多，利用讲相声的方式，潜移默化，让学生在一阵阵开怀的笑声中获得成长。而孩子们排练节目打磨节目的过程既促进了师生关系融洽，又深化了对作品的理解，同时又是自我教育的过程。这不就是教育的艺术吗？

珍爱生命，预防溺水

道具：垫子两块、洋娃娃、浮板、每人穿的游泳裤等一系列装备，一个游泳圈。

表演人数：12人

（报幕后，几个孩子从里面跑出来。）

第一幕

梓毅：啊，乡村的空气真是太新鲜了！

毅知：瞧，真正的蓝天白云。

清清：不用听爸妈的唠叨。

毅知：没有写作业的烦恼。

梓毅：目标——正前方，小淮河。GO！

燕君：哥——等等我！（背洋娃娃拿浮板上场）

毅知：你不在家陪奶奶，跟着我们男孩子瞎掺和什么？回家去！快！（燕君不动，低头）

梓毅：哼，背洋娃娃去游泳！幼稚！

清清：没有大人陪同，小孩子不能去游泳，万一淹死了，可不是好玩的！

燕君：我爸是旱鸭子，去了也没用！

梓毅：唉，我爸可是会游泳，他都答应了一百次了，一次都没陪我去过游泳馆。他总说忙，还说什么你们小孩子就知道玩。大人要挣钱，不然你学主持，学跆拳道，参加冬令营、夏令营，这钱从哪儿来呀？唉。

清清：别提了，每次游泳不是我爸就是我妈陪，拿我当三岁小孩子似的，一点自由都没有。那大运体育馆里人多得就像下饺子一样，真没劲。

毅恒：我爸是手机狂，陪我去游泳也就是坐一边玩游戏，刷微博。他在那儿玩手机呢，一会儿就会来的。

燕君：太好了，有大人陪，这下我可以跟你们一起去了吧？

（男孩子眼神互相示意）

梓毅：我来考考你，腿抽筋了，应当怎么做？

燕君：下水前一定要先做好热身运动。预备：一二三四，一二三四！腿抽筋时，扯住脚趾，用力向上蹬，尽快游回岸边。（燕君说话时，几个男孩子同时表演动作）

毅恒：那万一溺水了怎么办？我们到时候可管不上你呀？

燕君：遇到有人溺水，千万不要着急，要大声呼救。先把人抬到岸上，仰卧，然后把他的头侧到一边，抠出嘴里的泥沙。然后用手反复按压腹部积水，进行口对口的人工呼吸，帮助心肺复苏。同时，拨打120等待急救。（拿出手机）

男孩子们：懂得还蛮多的。

燕君：呵，告诉你，我五岁就会游泳了，哪像你，男生还带游泳圈。嘻。我可是市里少年组的仰泳冠军！我哥是蛙泳组的冠军！哥，是不是呀？（毅知点头：她说得没错。）

燕君：（摇晃毅知胳膊）哥让我去吧，让我去吧。（毅知抓脑袋，做为难状）

梓毅：那你拿浮板做啥呢？

燕君：这可是给你们准备的，以防万一。（几个男孩子做生气状：太小瞧我们啦！）燕君笑：要是有人溺水，千万不能用手去拉，搞得不好反而会被拉下水。正确方法是：丢个浮板给他，让他抓住慢慢游过来。

燕君：（笑，转话题，边说边抓起洋娃娃给毅知背上）告诉你们一个秘诀，这是听我奶奶说的土法子。这十里八乡的要是有人溺水了，就像这样倒抓住他的双脚，背在背上跑，溺水者腹部的积水就会哇地吐出来，一会儿就没事了。（男孩子做 OK 手势）

小磊（拿手机出场）：等等我！

LET'S GO——！孩子们一起出发！

第二幕

（士兵突击音乐起）

大脑：各部门准备，开启游泳模式！（梓毅几个走到一边，做热身运动）

口鼻：报告！这里不是游泳池，而且有一段时间，各部门没有进行配合训练了。能行吗？

大脑：这里水面平静，出不了什么问题的。口、鼻、肺各部门注意防水！

各个器官依次：收到！收到！

（梓毅：哇，真是太舒服了！太爽了！）

大脑：游泳进行得很顺利嘛，各部门情况怎么样？

四肢：四肢划水情况正常！肺：肺部状态良好！心：心脏状态良好！

（清清：我们比赛游泳，看谁先到河对面！好！）

大脑：注意，注意！开始潜水了！开始潜水了！请各部门做好准备！

各部门依次：收到！收到！

大脑：氧气含量低于20%，准备浮出水面，口鼻部门开始吸气！开始吸气！

口鼻：收到！准备吸气！

四肢：报告！报告！左腿卡住了，应当是水草！怎么办？现在怎么办？

（燕君：哎呀，什么东西缠住我的脚啦？哥——哥——毅知：可能是水草，赶紧往岸边游！我们来救你——等两分钟。几个男孩子奋力游泳）

大脑：氧气含量15%，口鼻部门还没有完全露出水面，不能吸气！不要吸气！

口鼻：收到！收到！（燕君：哥，水草！水草！）

口鼻：请切断进水口，请切断进水口！

喉咙：喉咙痉挛反应已经自动启动！

大脑：喉咙和鼻子都进水了，现在已经自行关闭了！氧气含量10%，肺部情况怎么样？

肺：肺部有少量进水，氧气含量不够，需要赶紧进气！

心：肺部提供的动脉血氧含量不够，再不提供氧气量，我们就要停机了。

大脑：情况很紧急，心脏停机的话，很容易产生不可逆转的损伤。喉咙准备，发声求救，发声求救！

喉咙：喉咙进水导致痉挛，设备故障，无法发声，无法发声！

大脑：四肢全力推进！

四肢：四肢动力不足！

肺：氧含量已接近零了，怎么办？

大脑：我也不知道怎么办。

（燕君拼命蹬腿，几个男孩子拼合呼救，小磊打120叫救护车）

喉咙：报告，痉挛怎么解除了！啊，大脑处于昏迷状态。

肺：肺部沦陷！肺部沦陷！大量进水！

心脏：心脏停机，心脏停机，等待机会重启。（所有器官固定造型）

（彩：停止动作，所有男孩子跪下做抢救的姿势，毅知捡起洋娃娃做哭泣状。）节目结束。

 成长感悟

珍爱生命主题展演令人耳目一新。珍爱生命预防溺水的主题教育形式很多，有看视频，做手抄报，举行主题演讲，等等。这个剧本最出彩的地方是再现溺水时各个器官受大脑指挥的过程，生命的失去真的是瞬息之间的事情。指导学生演中悟，悟中演，作用远比单纯道德说教的影响更深远。

踏　青

早上好！我今天跟大家聊一个轻松的话题——春游。关键词是"踏青""意义"和"经历"。"踏青"是春游的另一种比较文艺的说法，就是寻春、探春的意思，我们周五相约到郊外去游春也叫作踏青。

古时候人们踏青时间一般在农历二月二、三月三，清明前后。民间还有把清明节叫作踏青节的习俗。像北京、东北等地春天来得比较迟，所以踏青一般在五月初五。现在踏青的时间比较随意一些。

踏青的习俗由来已久，上溯先秦时代，下盛于唐宋时期。古书上记载："大历二年二月壬午，幸昆明池踏青。"这是唐代宗在昆明池边的踏青。"三月三日天气新，长安水边多丽人。"长安是唐王朝之都，这是杜甫诗中的踏青。白居易以马代步，沿钱塘江踏青，他这样写道："乱花渐欲迷人眼，浅草才能没马蹄。"可见踏青文化已是源远流长。

其实一年四季都可以出游，但踏青却不是一年四季都可以的。踏青究竟有什么特殊的意义呢？从中医学的角度来说，春天，万物萌发，阳气上升，空气中富含负离子，此时踏青润泽心肺，舒筋活络，解春困，除疲累，加快新陈代谢，有益身心。踏青不但能使身体吐故纳新，还能开阔心胸，怡情养性。想想看，平时工作与学习较忙，偶尔放松一下，融入大自然，听清水潺潺，见杨柳依依，花儿虫儿赶集似的，那勃勃生机，热腾腾的生命力怎么能不让人怦然心动呢？

前两天，我们去了大鹏乡间赏花踏青。那樱花红的似霞，白的如雪，那娇弱、娇俏一如孩子们粉嫩的小脸。连那普普通通的油菜花、平平凡凡的小草都美丽成一道风景。漫步田边，一片片夺目的金黄，一缕缕清香直往我们眼里、心里钻。我们没法不跳、不叫、不笑、不闹，我们像回到童年。

有人说，春天是一幅画，一首歌，一首诗，孩子们，踏青去吧。它可以教给你们课堂上学不到的知识。请带上我们特有的摄像机——眼睛，让春光牵引着你们的脚步，把千种红，万种绿摄入我们心底。你们可以驻足观赏，见别人之未见；你们也可以放眼田间，会发现"草色遥看近却无"的踏青诗写得多么贴切。你们尽可以摸摸泥土，听听微风，嗅嗅花香，闻闻虫鸣，或许顿悟了"拂堤杨柳醉春烟""几处早莺争暖树，谁家新燕啄春泥"的意境，与几百年前的诗人有了一次心的契合。

踏青归来，你们还是会和从前一样学习生活，可是经历了就是经历了，经历了就是不一样。你们的眼神会更专注，你们的内心会多一些沉静，多一些平凡的感动，会更珍惜眼前的生活。

一位诗人说：人类应该诗意地栖居在大地上。没错，踏青是一种诗意地栖居，我们的日常生活何尝不是诗意地栖居？

孩子们，踏青去吧！

成长感悟

教师在"国旗下的讲话"是学校德育的一部分。每一年都会有春游、秋游等外出实践活动，让学生走出校园，与大自然亲密接触，陶冶身心，教育效果还不错。为了避免此次德育活动流于形式，在学生春游前，特作了一次诗意的讲演，点燃学生游玩的热情，融春游活动、语文生活与德育于一体，提升学生感悟生活、发现美、鉴赏美的能力。

师生家校之间的沟通艺术

沟通的前提是倾听。沟通能力强的老师一定是个善于倾听的老师。

倾听就是全力以赴地听。这句话来自著名作家毕淑敏。所以我时常问自己，我与学生沟通时，是否做到了全力以赴去听？怎样才是全力以赴地听？

那一定是事情再多、再忙也要先放下手头工作，眼神专注热切地望着学生，不随意打断，有时点头，有时伸出大拇指。因为老师倾听的时候，老师的肢体语言传递的信息也在不断地被学生收集。除此之外，学生表达不清的地方，要适时探问，帮助学生厘清思路。学生表达结束，有必要时需重复学生的重要观点。要问"我说清楚了没有？"而不是问"你听明白了吗？"脑科学理论告诉我们，当学生发现老师特别关注他，认真倾听，表现出对他的接纳与共情，他的大脑就会不自觉地分泌一种激素，这时候，他就会在和你的沟通中觉得有安全感，从而更加平静友好地和你相处，也更容易被你说服。

举个例子：

老师，我们组就剩下余侠没交作业了。我们叫他交作业，他就像没听见一样，还使劲地拍桌子喊"不交不交"。

由于我认真地倾听了，我马上抓住了孩子要表达的主要观点，他们组只有余侠一个人没交作业，组长已经尽到了责任。但这样就行了吗？不行，孩子的表达中带着明显的不满情绪。所以得首先安抚组长的情绪。孩子的表达中还有不解，他想请教，他潜意识里不知道如何处理这件事。因此我一边听一边分析原因：组长要么催交得太频繁，态度不太好，引起余侠的对抗情绪；要么是余侠本身没做完，怕老师批评；还有就是余侠可能是个情绪不稳定的孩子；再或者余侠只是今天情绪欠佳，所以与同学交流有了冲突。这是组长不理解余侠做法的原因。以上这些分析都是在倾听中获得的信息。

师生沟通原则 1：全力以赴地听。 全力以赴地听，是尊重学生的表现。全力以赴地倾听，会让学生感受到此刻他就是最重要的人，他的事此刻就是最重要的事。同时也为老师妥善处理问题赢得宝贵的思考时间。话未始，先有情。

接下来我们先来看几个例子；

1. 你为什么没有做作业？

2. 你难道不知道要做第 20 页的第 4 题吗？

3. 你总是把字写得这么差，说过多少遍了？一点都不改！

学生没有完成作业，有时做漏了题目，字写得很潦草等是十分常见的学习问题。

改成这样表达：

某同学，你这次没有做作业，我很生气；你忘了做第 20 页的第 4 题，我很难过；这次作业书写很差，我很伤心。

师生沟通原则 2：坚持少用反问句，采用"我"的说法。 这个方法是借鉴教育名师于永正的做法。采用"我"的说法，形成表达习惯，需要不断地修炼。坚持采用"我"的说法，可以调控自我情绪，表达方式不同，学生感受完全不一样。

再来看这个例子：

你看一看，这件事情还可以怎么做？

这道题你做错了，我来给你讲一讲。

这次足球比赛，大家要齐心协力，争取团体总分第一名！

改成这样表达：

咱们来看一看，这件事情还可以怎么做。

这道题确实有点难度，咱俩一起来探讨一下，怎么样？

这次足球比赛，我们齐心协力，争取团体总分第一名！

师生沟通原则3：少用"你"，多用"咱们、咱俩、我们"。这样师生之间容易共情，采用商量的语气沟通效果会更好。

再来看一个例子：

这次作文选材挺好，开头也不错，但是这个书写还需要加强。

你们这个节目动作编排很新颖，但是音乐配得不太好。

两次表达中加了"但是"这个转折词，久而久之，学生会知道，老师一般先说优点，他们害怕听到"但是"，因为后面就是缺点了。如果这样表达：

这次作文选材挺好，开头也不错，同时把书写加强一下就更好了。

你们这个节目动作编排很新颖，同时把音乐配得舒缓一些，与动作设计就更协调了。

师生沟通原则4：少说"但是"，多说"同时"。这样沟通，批评指责的意味明显减轻，欣赏期待的意思更明显，学生也乐于接受。

还是刚才的例子：

你们这个节目动作编排很新颖，但是音乐配得不太好。

改成这样表达：

咱们这个节目动作编排很新颖，如果选择抒情一些的音乐会不会更好呢？我这里有几首曲子，提供给你们参考一下。

再举个例子：

这次黑板报的设计确实挺有创意，能不能在内容方面加强一下？

改成这样表达：

这次黑板报的设计确实挺有创意，如果这两个板块的标题用黄色字体突出一下，色彩会更丰富，而且也挺显目，把你们的创意更能充分体现出来。要不试一试？

师生沟通原则 5：指出问题多用商量的语气，重在激励，提建议切忌空洞，感情平淡。还有一种无声的、用体态语言进行沟通，有时效果更好。

比如，上课期间经常要用到小组交流法，组内成员交流后学生要停下来，进行全班展示交流。

低年级老师通常的做法是拍手或者一边喊暂停并配合手势。高年级老师通常做法是喊口号：小组交流——学生整齐地回答：现在结束！也有的采用说古诗：书山有路勤为径——学生接下句：学海无涯苦作舟。这句古诗的内容与当下的小组合作内容完全无关。也有的采用统一的述语：这里的天空——学生回答：静悄悄。还有的采用倒计时，黑板屏幕上有个倒计时的钟表，时间到时，会发出提示声，听到这个声音时，学生组内交流就会停止。

这些做法都挺不错。我用得比较多的沟通是无声的语言沟通。当小组间交流时，我会在整个教室里走动，到各个组巡视，参与到小组活动中去。看看时间差不多了，我一定捧着书站在讲台正中间，微笑着。这是我和学生约定的体态语言。学生看到老师的这个姿势，就知道小组内的交流要停下来了，此时无声胜有声。我再举个例子：

午间自习时，一般是班干部管班。我到达教室时，没有特别的事情绝对不言语。即使看到有学生交头接耳，或者地面上有扔的纸片，我也是不吭声。

因为我和学生约定，只要我中午进教室在组内穿行，眼睛时不时瞅一下地面，那就是检查卫生，学生自然知道该如何做了。只要我停在某个同学身边，并摸摸他的头，意思就是提醒他纪律不太好，需要改正。如果我拍拍他的肩背，就是提醒这个孩子坐姿要端正一些。如果我看一看黑板，就是在提醒这个负责劳动的同学"三查"，一查黑板是否按要求擦干净；二查电脑是否打开；三查同学们的课本是否提前摆好，是否做好了下午第一节课的准备。要是我站在教室讲台正中间传声筒下一动不动，那就表明检查完毕。我会在黑板边上相应检查栏里画个红色的笑脸，表示全班卫生、纪律特别好，老师对班干部的管理非常满意。

偶尔需要传达学校的突然的临时性任务，我会写在纸条上，用眼神示意班干部，交给他们处理。这些稍加训练，不断强化，师生之间就会配合默契。

所以我午间自习花上几分钟走上一圈，什么话都没说，可是我又明明完成了一轮沟通，同时激发学生自我管理的能动性。

师生沟通原则6：牢记言多必失，善用体态语言。这一原则实质上是尊重学生，平等对待学生的具体体现。而我也养成不随便张嘴批评、指正学生，不随意占用学生的学习时间的习惯。这样的沟通会让班级管理更安静有序，师生关系更加融洽。

先举个表扬学生的例子：

陈欣同学做事踏实，他带领的小组每次值日是最认真的。值得表扬！

上面的沟通效果不错，但如果这样沟通：

陈欣担任小组长做事非常认真负责。昨天他们小组值日速度很快，我留意了一下，15分钟就完成了。不仅如此，地面扫得干净，书柜整理得格外细致。讲台、投影仪都擦得干干净净的。桌子横成行，竖成列，摆得格外整齐。整个教室收拾得又干净，又整洁。（描述事实）陈欣小组成员协作能力强，时间观念清晰。非常感激陈欣小组的辛勤付出！（诉说感受）以后轮到他们组值日我就完完全全放心了。其他小组也可以向他们借鉴经验，把值日工作完成得又快又好。（表达期待）

师生沟通原则7：描述事实+诉说感受+表达期待。

怎么样，对比下来，这一番沟通的效果明显优于前者。

总之，沟通可以促进良好的师生关系，而良好的师生关系是影响学生身心发展的重要前提。因为孩子是未成年人，是还在发展中的人，所以营造良好师生关系的首要责任还是在老师身上。

下面谈谈家校沟通的艺术。

家校沟通原则1：电话沟通时，再生气也要调整情绪，拿起电话时先微笑。

举个例子：

师：家长，不知是否打扰到您？

家长：没有，没有。老师，有什么事您说吧。

师：您的孩子今天动手打同学了。您先别急，对方伤得不严重，已经到学校医务室处理了，整个事件也平息了。但是我觉得还是有必要跟您沟通一下，需要占用您几分钟时间，跟您讲一下大致情况，咱们商量如何作进一步的处理，我也想听一听家长的想法。您看怎样？

同学之间发生打架事件，老师在第一时间内先平息并初步处理事件，再跟家长沟通会比较好，不然家长会比较着急，家校之间容易引发矛盾。

像这种打架事件的沟通，我们老师说着说着往往就控制不住情绪了，嗓门高了几度，语气急了几分，而自己不自知或不受控。所以老师要懂得控制情绪。

怎么控制情绪呢？打电话前先微笑，老师的笑脸家长看不到，但是声音会传递出来，语言就有了温度，沟通的效果会很不一样。

怎么保持良好的心态？孩子们的心理成长规律告诉我们，犯错是每个孩子的权利，孩子们就是在不断地试错中成长的。所以这些小错误不是不可原谅的。有了毛病，有了坏习惯可以慢慢来改，急也急不来。微笑是沟通的润滑剂，与家长打电话，拿起电话前先微笑。

家校沟通原则 2：沟通不是反对对方的立场，认同家长更容易表达自我观点。我们的德育主任常常教导我们：每个家长的教育做法一定是他当下能力所能做到的最好，家长是帮助老师，又反过来感谢老师的一群人。

有了这个理念，我与家长不论是面对面地沟通还是电话沟通，就顺畅得多了。我不轻易反对家长的做法，也不轻易指导家长，在还没有想好或者没有特别成熟的想法时不轻易表达。

说个例子：

师：家长，田嘉然的作业没有做。他说因为要完成爸爸布置的阅读作业，所以没时间完成老师布置的作业。我想了解一下情况。

家长：老师，是这样的。他的学习成绩一直不稳定。我就想多让他做点阅读作业，他的阅读太薄弱了。他每天做作业都很磨蹭。唉。

师：做个家长不容易，为了孩子真的是用心良苦。只要能促进孩子学习，方法完全可以变通。如果孩子能把他头一天在家里做的阅读作业带到学校里来跟同学分享，让他产生成就感，我想这样会不会促进孩子更积极地学习？上课时，老师评讲阅读练习时，会有一个训练的重点。他也可以上台有针对性地展示讲解自己的阅读作业，作为全班的阅读拓展，这样他就不至于上课没事干了，反而学得扎实而灵活。

家长：老师，那以后还是先让他把老师布置的作业先完成。这个阅读作业，我想还是要继续做。现在的问题是他做作业很慢，照道理说，做完学校作业是可以加一点阅读作业的。可他就是不情愿。不知老师有什么好的方法。

师：那您比我更了解孩子，您觉得他做作业很慢是什么原因呢？是近段时间慢，还是一直很慢？不过在学校里，他做作业速度跟其他同学差不多。他的慢跟他的不情愿是不是有关系？家长，在这方面，您比我更有发言权。

我这次打电话的目的，是想要家长先让孩子做完学校作业，再练习课外拓展题，让家长理解学校作业训练的针对性。我的这一番沟通，不容易引起家校对立，又能引发家长更多的思考，他会主动积极配合老师。

家校沟通原则 3：沟通要经常让家长感受到自己是优秀的。

我举个例子：

师：我发现张哲对老师特别有礼貌。一般高年级的孩子，不太好意思用招手的方式跟老师打招呼了。他总是笑眯眯地招手，"李老师王老师，早上好！"或者"老师们，再见！"

他虽然很调皮，不过我发现他从不爆粗口。无论多生气，就算是与同学打架他也不会。您真是会教育孩子，这方面他真的是做到了彬彬有礼，不简单，不简单。同时我也有兴趣想了解您是如何教育孩子的。

家长：在哲哲很小的时候，我这样做……

其实张哲是一个非常调皮的孩子，纪律方面一直让低年级的班主任甚至是学校德育处头痛。因为孩子不爱学习，自制力相当差，经常无端扰乱课堂纪律，几乎每天都要发生几起事件。很多家长纷纷指责张哲家长自以为是，教育方法极端错误。因此在开学一周后的第一次家长见面会结束后，我特意找家长单独交谈，这是我的开场白。家长那天与我交谈很融洽。我的表扬，不是作秀，不是虚情假意，是发自内心的真诚的赞美。这样的沟通也为我提建设性的意见奠定良好的情感基础。

如果有这样的家长，我们都能让他们感受到他们自己教育的成功之处，感受到他们的优秀，那么其他孩子的家长在老师面前怎能不产生这样的自豪感呢？这样的沟通就是高度共情，渴望得到别人的肯定与认可是人的天性。只要我们心中有这样的沟通法则，并付诸实践，就能有很多意想不到的收获，因为美好总是伴随良好的沟通艺术而来。

 成长感悟

缺乏有效沟通一直是全社会的痛点，也是学校教育的痛点。老师教学任务繁重，沟通会消耗我们很多时间。如果沟通不畅，就会引发师生关系、家校关系的对立，也会给我们带来不少心理压力。一个没有受过沟通训练的人，仅凭经验和直觉做事，往往会陷入沟通困境。师生、家校沟通不同于人们所说的"说漂亮话"或者"会来事"。只要有责任心，尊重学生与家长，沟通得法，就能走进他们的心灵。